LUN BAOHU ZEREN ZHONG DE
WULI SHIYONG

论保护责任中的武力使用

朱世宏 著

法律出版社
LAW PRESS·CHINA

目录

导　论

一、研究对象与选题依据

本书研究的是保护责任中的武力使用。

保护责任(responsibility to protect)[1]是2001年12月"干预与国家主权国际委员会"(The International Commission On Intervention and State Sovereignty, ICISS)通过其名为《保护的责任》的报告向国际社会推介的旨在调和"干预"与"国家主权"之间关系的一个概念。它主张主权国家有责任保护本国公民免遭可以避免的灾难,但是当它们不愿或者无力这样做的时候,必须由更广泛的国际社会来承担这一责任。[2] 该报告及概念甫一面世,在国际社会引起重大反响。得益于其无可辩驳的道德基础,面世十余年来,保护责任得到国际社会越来越多的承认与运

---

〔1〕 通常缩写为"R2P"或"RtoP",中文译为"保护的责任",本书为行文方便,略作"保护责任"。

〔2〕 See ICISS. *The Responsibility to Protect*. Ottawa: International Development Research Centre, 2001. foreword VIII.

用:联大辩论发言中越来越多的国家趋向承认保护责任;联合国秘书长持续推动保护责任向机制化方向发展;涉及不同国家和地区安全局势的多项安理会决议引用保护责任……特别是2005年,有170个国家元首和政府首脑参加的世界首脑峰会通过的成果文件接受了保护责任。尽管如此,对于保护责任的反对意见一直存在,其中最大的争论是关于保护责任中武力使用的[1]——ICISS认为,国际社会有责任在各国不能或不愿意履行其保护人民的基本责任时采取包括武力使用在内的干预措施。围绕这一主张的争论来自各方面,从国际法研究的角度看——保护责任中武力使用首先对国际法,尤其是武力使用法形成挑战,对其从法律规范角度进行定性,是国际法研究者不容回避的理论课题。

保护责任提出至今,发展迅速。有学者认为它已是"一个被广泛接受的国际规范,最终将发展成为一个新的国际习惯法"。[2] 相反的意见则认为保护责任目前是"一种政治性大于法律性的理论",就其"在国际法上的地位而言,可以说,它至今没有一席之地"。[3] 那么,保护责任究竟在当今国际法体系中的地位如何?需要给出一个定性分析。而关于武力使用,人类历史表明,其经历了一个从为所欲为到依法使用的过程。19世纪末以前,武力被认为是国家推行政策、解决国际争端的当然手段。但武力对于人类文明的巨大破坏力促使国际社会开始了以法律约束武力使用的尝试。从19世纪末20世纪初的两个海牙公约对战争权进行限制开始,到1928年的《非战公约》废弃战争作为实行国家政策的工具,最终在历经"惨不堪言之战祸"后的

---

〔1〕 See Zhu Wenqi. "Responsibility to Protect: a Challenge to Chinese Traditional Diplomacy". *China Legal Science*, Vol. 1:97(2013).

〔2〕 Gareth Evans. "From Humanitarian Intervention to the Responsibility to Protect". *Wisconsin International law Journal*, Vol. 24 No. 3(2006):704.

〔3〕 黄瑶:《从使用武力法看保护的责任理论》,载《法学研究》2012年第3期。

1945年《联合国宪章》中，国际社会决定：除了自卫和安理会根据第七章采取的执行行动外，禁止一切形式的武力使用。至此，“以禁止使用武力原则为核心，以非法使用武力的例外为重要组成部分”[1]的武力使用法在国际法中的地位得以确立，一切形式的武力使用都必须接受这一规则的检验。那么，保护责任中的武力使用到底是贬损武力使用法的行为，还是反映了武力使用法的一些新内涵？这是国际法研究者需要回答的理论问题。

另外，保护责任中武力使用对包括中国在内的各国国家利益将不可避免地产生影响，如何在国际规则变换中切实维护国家利益，是给中国理论工作者提出的实践课题。

在国际社会，虽然国际法的强制性饱受质疑，也因此被称为“软法”，但国际行为体仍然会选择去遵守法律，除非他们愿意承担国际不义之责。从这个意义上讲，保护责任中武力使用的合法性将影响国际行为体的行为选择。中国作为国际社会负责任的一员，遵循国际法和公认的国际关系准则，既符合我国和平发展的国家利益，也是我国负责任大国应尽的国际责任。历经30多年的改革开放，中国已经发展成为具有一定综合国力，在区域和国际舞台具有举足轻重地位的大国。但与发达国家相比，我国的经济和政治实力的提升空间还很大，实现中华民族伟大复兴的“中国梦”还有很长的路要走。我们必须紧紧抓住20世纪头20年这一重要战略机遇期，深化改革开放，加快发展步伐，坚定不移地推进全面建设小康社会进程。在对外关系上，坚定奉行独立自主的和平外交政策，在和平共处五项原则基础上发展同各国的友好合作，是适应中国国情、符合国家利益的战略选择。在国际法领域，以积极姿态参与国际体系变革和国际规则制定，参与全球

---

[1] 宋新平：《武力使用法面临的困境与挑战》，载《南京政治学院学报》2011年第3期。

性问题治理,支持发展中国家发展,维护世界和平稳定,是中国积极有为的国际责任观的体现。面对保护责任理论自提出以来的迅猛发展,尤其是其中的武力使用已经被用于国际实践,从维护国家利益来讲,如何将这一理论对中国和平发展的消极影响降到最低、积极作用放到最大? 从履行国际责任来看,如何更好地规范这一理论发展,使其在和谐世界的建设中发挥积极作用? 这是国内理论工作者需要解决的实践课题。

对此研究对象,有必要做如下说明:

本书研究的武力使用是作为保护责任中反应责任实现手段之一的国际社会的武力使用。根据 ICISS 和联合国秘书长的有关阐述,完整的保护责任包括预防责任、反应责任和重建责任。其中,反应责任主要是对国际社会而言,国际社会为履行反应责任可以采取包括政治、军事、经济、司法等各种强制措施。本书所研究的武力使用就是这系列反应措施中以武力方式实施的强制行动。因此,极端情况下主权国家为履行对本国国民的保护责任而使用武力的情况不属于本书讨论范围。

对国际社会的这种武力反应行动,ICISS 的报告、秘书长报告,以及联合国其他文件中有多种表述。例如,强制军事力量的使用(use of coercive military force)、军事力量的使用(use of military force)、强制军事干预(coercive military intervention)、军事干预(military intervention)、武力干预(intervention by force)……当然也有称作武力使用(use of force)的。本书选称"武力使用",而未用其他,原因在于:(1)武力,英文 force,在做名词解时,意为:"power, violence, or pressure directed against a person or thing",[1] 含有强制之意,而当作动词用时,意为"to compel by

[1] Bryan A. Garner. *Black's Law Dictionary*. 7th edition. West Group, 1999. 656.

physical means or by legal requirement”,[1]本身就是强制的意思,故用“武力”可舍弃“强制”,避免重复。(2)弃用“军事”一词,主要是为了将军事非强制措施排除在本书研究范围之外。因为军事力量的使用并不一定涉及强制性的武力措施,如出于预警目的的巡航侦察,如预防性部署,[2]如军事人员和军事观察员实施的维和行动。尤其是维和行动,由于其要遵守“各方同意、中立、不使用武力”三原则,因此被认为不属于强制行动之列,当然也就不在本书研究范围之内。(3)“干涉”与“干预”二词或多或少带有贬抑的主观色彩,没有“武力使用”显得客观中性,为增益文章论证之客观性,用后者而舍前者。当然,“干涉”与“干预”在语气强烈程度上也有区别,通常认为“干涉”比“干预”的贬义色彩更浓,[3]故基于同样的原因,除非在非涉及不可的场合,本书选用“干预”而非“干涉”。

二、国内外研究综述

对于保护责任这样一个重要概念,在2001年ICISS提出之初,国内学者普遍将它看成是“人道主义干预”的代名词,并未予以更多的学术关注。及至2005年世界首脑会议上,大部分国家接受了保护责任,并以会议成果文件的形式对保护责任做了阐述之后,保护责任才进入国内学者的研究视野。[4] 综观公开发表的研究成果,国内学者

---

〔1〕 Bryan A. Garner. *Black's Law Dictionary*. 7th edition. West Group, 1999. 657.

〔2〕 预防性部署是指经有关政府同意,在出现冲突危险的地方部署部队。其主要目的是阻止这种局势升级为武装冲突,其威慑力量不在于部队的军事能力,而在于安理会通过授权部署表现出来的关注——将有关当事方置于严密的国际审查之下,如果诉诸暴力国际社会愿意采取进一步行动的影响。1995年在马其顿的联合国预防性部署部队(UNPREDEP)是迄今预防性部署最明显的实例。

〔3〕 参见刘胜湘主编:《国际政治学导论》,北京大学出版社2010年版,第278~279页。

〔4〕 目前可检索到的国内公开发表的关于保护责任及其武力使用的研究成果均见于2005年之后。

关于保护责任及其武力使用的研究兴趣主要集中在保护责任的概念、保护责任与人道主义干涉的关系、保护责任的理论依据及法理基础、保护责任是否构成具有法律约束力的国际法规范、保护责任的实践、保护责任理论与实施中存在的问题、保护责任是否构成禁止使用武力的例外、中国对待保护责任的立场与态度等。[1]

对于保护责任概念的界定,国内学者基本有两种观点:第一种观点是将主权国家的保护责任限于特定的四种罪行,即"灭绝种族、战争罪、族裔清洗和危害人类罪",国际社会履行保护责任的主体限于联合国;[2]第二种观点则不做这种限制,广泛地主张国际社会和主权国家在保护人权方面的责任。[3] 在保护责任与人道主义干预的关系问题上,部分学者认为,两者没有本质区别,保护责任相对于人道主义干预只是视角和措辞的改变。[4] 其他学者则从不同方面肯定了保护责任相对于人道主义干预的进步性。[5] 关于保护责任的理论依据和法理基础,国内学者的研究结论为以下几点:(1)保护责任是国家主

---

〔1〕 参见朱世宏:《"保护的责任"国内研究述评》,载《西安政治学院学报》2013 年第 6 期。

〔2〕 参见李杰豪、龚新连:《"保护的责任"法理基础析论》,载《湖南科技大学学报》(社会科学版)2007 年第 5 期;李杰豪:《保护的责任对现代国际法规则的影响》,载《求索》2007 年第 1 期;颜海燕:《保护的责任解析》,载《西部法学评论》2010 年第 1 期;刘霞:《新型安全观视角下的"保护的责任"》,载《经济研究导刊》2011 年第 25 期。

〔3〕 参见高凛:《论保护责任对国家主权的影响》,载《江南大学学报》2011 年第 2 期;邱美荣、周清:《"保护的责任":冷战后西方人道主义介入的理论研究》,载《欧洲研究》2012 年第 2 期;付海娜、姜恒昆:《保护的责任与国家主权的实质——兼论达尔富尔冲突及其出路》,载《国际关系学院学报》2012 年第 2 期。

〔4〕 参见宋杰:《"保护的责任":国际法院相关司法实践研究》,载《法律科学》2009 年第 5 期;邱美荣、周清:《"保护的责任":冷战后西方人道主义介入的理论研究》,载《欧洲研究》2012 年第 2 期;颜海燕:《保护的责任解析》,载《西部法学评论》2010 年第 1 期。

〔5〕 参见黄瑶:《从使用武力法看保护的责任理论》,载《法学研究》2012 年第 3 期;蒋琳:《保护的责任:利比亚问题的国际法实践研究》,载《黑龙江政法管理干部学院学报》2011 年第 5 期;汪舒明:《"保护的责任"与美国对外干预的新变化——以利比亚危机为个案》,载《国际展望》2012 年第 6 期;兴成鹏:《保护责任之国际法问题探析》,外交学院 2009 级硕士学位论文;张晓晔:《人道主义干涉与保护责任》,复旦大学 2007 级硕士学位论文。

权的固有属性;[1] (2)是国家承担国际义务的体现;[2] (3)是《联合国宪章》中集体安全机制的反应。[3] 在保护责任是否已经成为具有约束力的国际法规范问题上,国内学者分歧明显。观点有三:一是完全否定保护责任的规范效力;[4] 二是认为保护责任是一项正在发展中的规范;[5] 三是肯定保护责任具有国际法规范的地位。持这一观点的研究者大多认为保护责任已经成为国际习惯法。[6] 关于保护责任及其武力使用的实践,国内研究者注意到,安理会第一次援引保护责任是在2006年4月28日就武装冲突中平民保护问题(POC)所作的决议中,而安理会首次在一国的情势中提及保护责任的是2006年8月通过的关于苏丹达尔富尔危机的第1706号决议。由于安理会有关利比亚的决议强调了利比亚政府对其人民的保护责任,并且北约据此

---

〔1〕 参见李寿平:《"保护的责任"与现代国际法律秩序》,载《政法论坛》2006年第3期;杨永红:《论保护责任对利比亚之适用》,载《法学评论》2012年第2期;颜海燕:《保护的责任解析》,载《西部法学评论》2010年第1期。

〔2〕 参见颜海燕:《保护的责任解析》,载《西部法学评论》2010年第1期;高凛:《论保护责任对国家主权的影响》,载《江南大学学报》2011年第2期。

〔3〕 参见李寿平:《"保护的责任"与现代国际法律秩序》,载《政法论坛》2006年第3期;杨永红:《论保护责任对利比亚之适用》,载《法学评论》2012年第2期。

〔4〕 参见蔡从燕:《联合国履行R2P的责任性质:从政治责任迈向法律义务》,载《法学家》2011年第4期;邱美荣、周清:《"保护的责任":冷战后西方人道主义介入的理论研究》,载《欧洲研究》2012年第2期;杨永红:《论保护责任对利比亚之适用》,载《法学评论》2012年第2期;黄瑶:《从使用武力法看保护的责任理论》,载《法学研究》2012年第3期。

〔5〕 参见李斌:《评析保护责任》,载《政治与法律》2006年第3期;赵洲:《国际保护责任机制的建构与实施——苏丹达尔富尔问题的实证分析》,载《法商研究》2008年第3期;赵洲:《强迫失踪与国家的人权保护责任》,载《中南大学学报》2012年第2期;赵洲:《在国内武装冲突中履行"保护的责任"的规范依据及其适用》,载《法律科学》2012年第4期;刘波:《国际人权保障机制中的"保护责任"研究》,载《国际关系学院学报》2011年第4期;杨永红:《从利比亚到叙利亚:保护责任走到尽头了?》,载《世界经济与政治论坛》2012年第3期。

〔6〕 参见郭冉:《"保护的责任"的新发展及中国的对策》,载《太原理工大学学报》(社会科学版)2012年第5期;李杰豪、龚新连:《"保护的责任"法理基础析论》,载《湖南科技大学学报》(社会科学版)2007年第5期;高凛:《论保护责任对国家主权的影响》,载《江南大学学报》2011年第2期;刘波:《国际人权保障机制中的"保护责任"研究》,载《国际关系学院学报》2011年第4期。

对利比亚实施了空中军事行动,因此,利比亚战争被普遍认为是保护责任中武力使用的唯一实践,也有学者据此认为这才是"'保护的责任'的首次实践"。[1] 关于保护责任理论及其实施中存在的问题,国内学者的观点可总结为以下几点:(1)保护责任对现有国际法原则形成冲击;[2](2)保护责任存在被滥用与选择性适用的风险;[3](3)保护责任不能从根本上实现人道目的;[4](4)保护责任在实施中存在安全威胁的判断与预警缺陷;[5](5)保护责任存在执行意愿和执行力量不足的问题等。[6] 关于保护责任及其武力使用与现行武力使用法的关系,首先,学者们承认,保护责任"使现行的使用武力规则面临新的挑战和发展"。[7] 其次,保护责任及其武力使用与禁止使用武力原则的关系取决于对宪章规定的"和平之威胁"、"和平之破坏"的理解。[8] 最后,至于内部的人权危机是否是国际和平之威胁,学者指出,因为宪章中的和平与安全是指的传统安全、军事安全,而保护责任侧重人类安全、人的安全,国内人权状况本身一般不会对国际和平

---

〔1〕 参见黄超:《框定战略与"保护的责任"规范扩散的动力》,载《世界经济与政治》2012年第9期。

〔2〕 参见杨泽伟:《国际社会的民主和法治价值与保护性干预——不干涉内政原则面临的挑战与应对》,载《法律科学》2012年第5期;李斌:《保护的责任对"不干涉内政原则"的影响》,载《法律科学》2007年第3期;李杰豪:《保护的责任对现代国际法规则的影响》,载《求索》2007年第1期。

〔3〕 参见阮宗泽:《负责任的保护:建立更安全的世界》,载《国际问题研究》2012年第3期。

〔4〕 参见汪舒明:《"保护的责任"与美国对外干预的新变化——以利比亚危机为个案》,载《国际展望》2012年第6期;赵洲:《国际保护责任机制的建构与实施——苏丹达尔富尔问题的实证分析》,载《法商研究》2008年第3期。

〔5〕 参见赵洲:《在国内武装冲突中履行"保护的责任"的规范依据及其适用》,载《法律科学》2012年第4期。

〔6〕 参见杨永红:《论保护责任对利比亚之适用》,载《法学评论》2012年第2期。

〔7〕 李寿平:《"保护的责任"与现代国际法律秩序》,载《政法论坛》2006年第3期。

〔8〕 参见黄瑶:《从使用武力法看保护的责任理论》,载《法学研究》2012年第3期;朱奕锋:《浅谈"保护的责任"与国际法若干基本原则的关系》,载《中山大学研究生学刊》(社会科学版)2012年第3期。

安全直接造成威胁或破坏。所以,内部冲突和人道主义危机不构成国际和平与安全。[1] 国内学者对我国应对保护责任提出的对策建议可归纳为以下几点:(1)积极参与规范形成过程,个别研究者甚至主张我国应尽快推动国际社会缔结有关保护责任的普遍性国际条约;[2] (2)反对保护责任在实践中的扩大化和滥用。[3]

相较于国内研究现状,国外关于保护责任及其武力使用的研究要更早——2005年之前的研究成果并不鲜见;更有组织——成立有多个专门的研究机构;[4] 研究成果更有分量——已经有多部关于保护

---

[1] 参见赵洲:《"保护的责任"机制中的武力强制措施》,载《南通大学学报》(社会科学版)2012年第3期。

[2] 参见杨帅:《论"保护的责任"与和谐世界的构建》,载《中外企业家》2009年第10期。

[3] 参见郭冉:《"保护的责任"的新发展及中国的对策》,载《太原理工大学学报》(社会科学版)2012年第5期。

[4] 目前,国际上致力于保护责任的学术研究机构有加拿大"保护的责任"中心(The Canadian Centre for the Responsibility to Protect)和澳大利亚昆士兰大学"保护的责任"亚太研究中心(Asia-Pacific Centre for the Responsibility to Protect)。前者位于加拿大多伦多大学蒙克全球事务学院,是一所致力于保护责任的学术研究与政治运用的非营利研究组织。其主要职能是:对保护责任原则开展规范的、概念的和政治维度的研究;跟踪加拿大政府关于保护责任原则的政策演变;作为一个关于保护责任的信息、研究与分析中心,与学术机构、政治团体、民间社团和大众媒体就保护责任有关成果开展交流;为围绕保护责任开展讨论与辩论提供论坛平台。后者位于澳大利亚,于2008年2月由加拿大前外长 Lloyd Axworthy 和联合国秘书长前保护责任特别顾问 Edward Luck 博士发起,得到"澳大利亚国际发展机构"(The Australian Agency for the International Development)资助,致力于通过研究与政策对话,促进保护责任原则。此外,还有两个致力于保护责任宣传与推广的非政府机构。它们都位于美国纽约的"保护的责任"国际联盟(The International coalition for the responsibility to protect)和"保护的责任"全球中心(The Global Centre for the Responsibility to Protect)。前者的目标是:"在国际、区域、次区域和国家层面增进关于 R2P 的规范化共识;推动政府、区域与次区域组织和联合国加强预防与阻止种族灭绝、战争犯罪、种族清洗和反人道罪的能力;促进政府、非政府和公众对保护责任的理解;帮助建立和强化支持保护责任的政府集团;激励非政府组织采取行动去拯救陷入保护责任情形的具体国家的人民"。后者由一些来自人权领域的持支持态度的政府、领导人物和国际组织——如 International Crisis Group, Human Rights Watch, Oxfam International, Refugees International, WFM-Institute for Global Policy 支持成立,致力于把保护责任由原则向行动指南转化。这些机构通过自己的研究人员,以及与世界上的其他国际组织、政府组织、学术团体等开展交流与合作,通过专题研究,召开国际研讨会,参与联合国、世界人权组织及其他区域国际组织的对话交流等形式,取得了一定的研究成果,也促进了保护责任在世界范围内的传播。

责任的学术专著面世。[1] 下面对国外研究者关于保护责任及其武力使用的观点做一概述。

对于保护责任概念本身,澳大利亚国立大学名誉校长加雷思·埃文斯教授强调要避免两种误解:一是理解得过窄,只认同军事干涉,将保护责任等同于人道主义干涉;二是理解得过宽,认为保护责任适用于一切人类安全问题,如自然灾害、流行病。[2] 他从三个方面揭示了保护责任与人道主义干涉的区别:[3](1)保护责任重点在预防,而人道主义干涉只是反应;(2)保护责任包括一系列连续反应行动,从外交说服、施压到制裁和国际刑事法庭程序这样的非军事手段,只是在极端、例外情况下作为最后手段才使用军事行动,而人道主义干涉只涉及军事反应行动;(3)保护责任涉及广泛的行为体,而人道主义干涉只关注那些有能力采取军事强制措施的行为者的作用发挥。关于保护责任及其武力使用的理论基础,在西方学者眼中,正义战争理论当然可以算是保护责任的理论源泉,有学者直接将 ICISS 报告中关于武力使用的有关内容称为是"改进版的正义战争理论"。[4] 也有学者从国际秩序与国际安全对个人权利的重视趋势述及保护责任的理论

---

〔1〕 代表性的有 Gareth Evans 教授著的《the Responsibility to Protect: Ending Mass Atrocity Crimes Once and For All》(Brookings Institution Press, 2008),Alex J. Bellamy 教授的《Responsibility to Protect》(Polity Press, 2009),James Pattison 著的《Humanitarian Intervention and the Responsibility to Protect》(Oxford University Press, 2010)等。

〔2〕 Gareth Evans. "The Responsibility to Protect: Holding the Line". available at http://www.globalr2p.org/media/files/gareth_-the-responsibility-to-protect-holding-the-line.pdf.

〔3〕 Gareth Evans. "The Role of the Human Rights Council in Implementing the Responsibility to Protect", Opening Presentation to Human Rights Council Side Event Sponsored by Australia, Hungary, Nigeria, Thailand and Uruguay, Palais des Nations, Geneva, 19 June 2012. available at: http://www.globalr2p.org/media/files/genevhrr2psideventge19vi12rev.pdf.

〔4〕 Thomas Weiss. *Humanitarian Intervention*. London: Polity, 2007. 106.

基础。[1] 从实在国际法的角度认识保护责任的缘起也是西方学者的重要方法——保护责任“萌芽于现有的国际人权法和国际人道法,种族灭绝、战争罪、族裔清洗和反人类罪属于国际刑事法院管辖范围,在任何情况下都会引起严重的国际法律后果”。[2] 关于保护责任及其武力使用的规范化发展过程,国外学者认为,保护责任被写入 2005 年世界首脑峰会成果文件,“是冷战后西方国际干预理论中最突出的进展”,[3] 当前,保护责任已经在联合国和非盟获得了广泛的接受与承认。[4] 其中武力使用的内容并没有对现行国际法有关武力使用的法律限制构成削弱,[5] 恰恰是赋予国际社会在必要时通过军事干预对主权国家人民实施保护的责任,而不是权利,构成了保护责任概念最新奇的方面。[6] 在是否已发展成为国际法规范问题上,国外学者观点基本一致:保护责任还没有成为有约束力的国际法规范,[7] 尤其是

---

〔1〕 See Douglas Brommesson, Henrik Friberg Fernros. "Individualisation and destabilisation of the international order: the case of the responsibility to protect". *International Review of Sociology*, 2009, Vol. 19 (6):315 – 330; El Hassan bin Talal, Rolf Schwarz. "The Responsibility to Protect and the Arab World: An Emerging International Norm?". *Contemporary Security Policy*, 2013, Vol. 34 (6):1 – 15.

〔2〕 Dorota Gierycz. "The Responsibility to Protect: A Legal and Rights-based Perspective". *Global Responsibility to Protect*, 2010, Vol. 2(3):250 – 266.

〔3〕 Cristina Gabriela Badescu. *Humanitarian Intervention and the Responsibility to Protect: Security and Human Right*. Abingdon: Routledge, 2011. 11.

〔4〕 Natalie Zähringer. "Norm evolution within and across the African Union and the United Nations: The Responsibility to Protect (R2P) as a contested norm". *South African Journal of International Affairs*, 2013, Vol. 20 (6):187 – 205.

〔5〕 Luke Glanville. "In Defense of the Responsibility to Protect". *J Relig Ethics*, 2013, Vol. 41(1).

〔6〕 Luke Glanville. "The International Community's Responsibility to Protect". *Global Responsibility to Protect*, 2010, Vol. 2(3):287 – 306.

〔7〕 See Jennifer M. Welsh, Maria Banda. "International Law and the Responsibility to Protect: Clarifying or Expanding States' Responsibilities?". *Global Responsibility to Protect*, 2010, Vol. 2(3):213 – 231; Ekkehard Strauss. "A Bird in the Hand is Worth Two in the Bush-On the Assumed Legal Nature of the Responsibility to Protect". *Global Responsibility to Protect*, 2009, Vol. 1(3):291 – 323.

关于武力使用的争论与不一致的实践限制了保护责任向法律规范的发展。[1] 对于保护责任的实施程序，尤其是使用武力实施保护责任，国外学者旗帜鲜明地分为两个阵营：一方主张应当在联合国框架内实施，[2]另一方坚持在安理会不支持使用武力实施保护责任时，可以在区域组织的要求与支持下实施。[3] 关于保护责任存在的问题，概括起来有这几个方面：(1)保护责任只关注现实的危机事件，而忽视了全球非正义与混乱等长期问题在危机事件中的影响；国际社会采取的干预措施只会鼓励受压制人群继续从事武装斗争，而不关心包括预防、民主化、经济与政治发展在内的政策措施。[4] (2)保护责任的实施受国家自身利益的影响，军事扩张和战略考虑总是优先于人道目的。[5] (3)保护责任易成为特权国家的责任，成为大国干预小国的

---

〔1〕 See Jutta Brunnée, Stephen J. Toope. "The Responsibility to Protect and the Use of Force: Building Legality?". *Global Responsibility to Protect*, 2010, Vol. 2 (3): 191 – 212; THERESA REINOLD. "The responsibility to protect-much ado about nothing?". *Review of International Studies*, 2011, Vol. 36 (S1): 55 – 78.

〔2〕 See Mary-Wynne Ashford. "The Responsibility to Protect: a New Notion of State Sovereignty". *Medicine, Conflict and Survival*, 2003, Vol. 19 (1); Matt Deutscher. "The Responsibility to Protect". *Medicine, Conflict and Survival*, 2005, Vol. 21 (6): 28 – 34.

〔3〕 参见[澳]拉梅什·塔库尔：《世界对利比亚人的保护责任》，袁军译，载耶鲁大学全球在线（复旦版）网，http://www.yaleglobalfd.fudan.edu.cn/; Dorota Gierycz. "The Responsibility to Protect: A Legal and Rights-based Perspective". *Global Responsibility to Protect*, 2010, Vol. 2 (3): 250 – 266.

〔4〕 See Alexandra Bohm. "Responding to Crises: The Problematic Relationship between Security and Justice in The Responsibility to Protect". *Global Policy*, 2013, Vol. 4 (3); Roberto Belloni. "The Tragedy of Darfur and the Limits of the 'Responsibility to Protect'". *Ethnopolitics*, 2006, Vol. 5 (6): 327 – 346.

〔5〕 See Johanna Damboeck. "Humanitarian Interventions: Western Imperialism or a Responsibility to Protect?: An Analysis of the Humanitarian Interventions in Darfur". *Multicultural Education & Technology Journal*, 2012, Vol. 6 (4): 287 – 300; Thomas G. Weiss. "R2P after 9/11 and the World Summit". *Wisconsin International law Journal*, Vol. 24, No. 3 (2006): 741.

责任。[1] 针对存在的问题,加雷思·埃文斯教授提出相关对策,即概念上,要确保对保护责任的范围与限制有充分的理解;制度上,要确保当出现新情况时有足够的外交、民事、军事能力做出有效的反应;政治上,要确保当需要采取预防或反应行动时,有足够的政治意愿去激发能力。[2] 另有学者建议建立一个必要的制度机制,以有效履行保护责任。[3] 在是否应设立武力使用的标准问题上,国外学者有不同意见,加雷思·埃文斯教授从利比亚战争中得出经验教训,认为必须精确地界定使用武力的标准。[4] 反对意见则认为,应该"放弃关于武力使用决策标准的研究。标准问题从来不可能获得国际支持,也不太可能提高关于如何最好地对主要人道危机做出反应的决策水平"。[5] 最后,还有国外学者从中国一贯外交实践和发表的有关声明中分析了我国对于保护责任的态度,认为中国坚定但谨慎地支持保护责任,中国在促成保护责任由原则向实践转化方面,发挥着建设性但有保留的作用。[6]

---

〔1〕 See PHILIP CUNLIFFE. "Dangerous duties: power, paternalism and the 'responsibility to protect'". *Review of International Studies*, 2011, Vol. 36(S1):79 - 96; JAMES GOODMAN. "Humanitarian collective security: restoring order?". *Global Networks*, 2013, Vol. 13(3):345 - 362.

〔2〕 See Gareth Evans. "When Nations Kill their Own". available at: http://www.globalr2p.org/media/files/gareth-_when-nations-kill-their-own.pdf; "The Responsibility to Protect: Holding the Line". available at: http://www.globalr2p.org/media/files/gareth_-the-responsibility-to-protect-holding-the-line.pdf.

〔3〕 See Dieter Janssen. "Humanitarian intervention and the prevention of genocide". *Journal of Genocide Research*, 2008, Vol. 10(6):289 - 306.

〔4〕 See Gareth Evans. "the lesson of Libya". available at: http://www.globalr2p.org/media/files/the_lesson_of_libya_-_nytimes.pdf; "Hypocrisy and War". available at: http://www.globalr2p.org/media/files/gareth_-hypocrisy-and-war.pdf.

〔5〕 ALEX J. BELLAMY. "Responsibility to Protect and the problem of military intervention". *International Affairs*, 2008, Vol. 84(4).

〔6〕 See Sarah Teitt. "Assessing Polemics, Principles and Practices: China and the Responsibility to Protect". *Global Responsibility to Protect*, 2009, Vol. 1(2):208 - 236.

三、研究方法与基本结构

本书主要采取的研究方法是：

实证分析方法。从实践中来到实践中去是解决问题的科学方法。任何科学的理论都不是凭空想象的，而是建立在特定历史环境和社会条件基础之上的。保护责任中武力使用研究既是理论性课题，也是实践性很强的现实课题。对保护责任中武力使用存在问题与争议的准确把握，以及规范保护责任中武力使用的路径研究都不仅需要厚实的理论知识做支撑，更需要在事实研究的基础上展开。本书阐述观点时，采取事实与法理相结合的方法进行实证分析，以保护责任中武力使用的实践为事实依据，运用国际法基本原理对之进行分析与评价，以期得出有理有据的结论。

文献分析方法。文献分析方法是指通过对文献的收集、鉴别、整理，形成对事实的科学认识的方法，它是社会科学领域广泛采用的一种研究方法，也是本书贯穿始终的一种研究方法。本书主要分析运用了两方面的文献资料，以满足研究需要：一是借助联合国书目信息系统（UNBIS），研究了相当数量的联合国决议、会议记录、调查报告等文献，为研究结论增强了说服力；二是利用现代信息手段，广泛掌握了国内外相关研究课题的研究成果，避免了重复劳动和保证了研究结论的创新性。

逻辑论证方法。逻辑反映了思维的规律性，逻辑论证即将逻辑推理的方式运用于科学论证。其中从个别或特殊事物中概括出一般结论的归纳方法和根据已知的一般原则去推导个别事物的演绎方法是科学研究常用的逻辑推理方式。本书中，根据联合国安理会以往的实践，推论出其对宪章相关条款的一般理解，这就是归纳方法的体现；而依据国际法基本原则对保护责任中武力使用的合法性做出判断，则涉及演绎法的运用。

本书除导论和结语外共分五章：

第一章属于基本理论阐释。它首先介绍了保护责任理论的缘起与提出背景。接着以联合国有关文件为线索，考察了保护责任在联合国获得承认与发展的过程，对国际社会目前关于保护责任已经达成的共识做了梳理，进而引出本书研究对象——目前国际社会关于保护责任争议最大的部分——保护责任中的武力使用，对武力使用在保护责任中的地位和区别于其他武力使用形式的特征做了总结，以期对文章研究对象有一个清晰的界定。

第二章着重提出问题。以迄今为止保护责任中武力使用的唯一实践——利比亚战争为线索，介绍了国际社会关于保护责任中武力使用的争论。争论内容分两方面：一是从实体上看，应否因人道目的而使用武力实施干预；二是从程序上看，因人道目的如何使用武力进行干预。

第三章就第二章提出的实体性问题从国际法的角度做出了回答。文章首先针对西方学者关于保护责任中武力使用起源于正义战争理论的观点，分析了正义战争理论作为保护责任中武力使用法理基础的适用性；接着以当代国际法若干基本原则为标准，比较了保护责任中武力使用与国际实在法的关系，其中重点分析了保护责任中武力使用与"禁止使用武力"原则的关系，从武力使用法的视角对保护责任中武力使用的合法性问题做了评判；最后运用国际法渊源的有关理论，分析认为保护责任及其武力使用目前尚不是具有普遍约束力的国际法规范，但其规范化趋势不容忽视。

第四章就第二章提出的程序性争论做了释疑，对如何使用武力实施保护责任提出了具体建议。认为应该严格界定保护责任及其武力使用的适用范围与程序；从严把握保护责任中武力使用的"门槛"；注重联合国相关配套制度的改革完善;重视发挥区域组织的作用等。目的是对保护责任中武力使用进行严格规范,以避免"滥用"和"选择性适用"。

第五章在前文分析结论的基础之上,对中国应对保护责任中武力使用的策略做了思考。文章以维护重要战略机遇期的国家利益为出发点和立足点,认为面对保护责任及其武力使用理论的发展与适用,中国应立足自身发展,提高主权能力;加强保护责任研究,在保护责任理论建构中争夺话语权;维护联合国权威,坚持联合国框架下的集体安全体制;承认国家人道责任,反对保护责任的扩大与滥用。

第一章　武力使用的新理由
——保护责任

一、保护责任理论的历史考察

（一）保护责任理论的缘起

1. 人权国际化与国际安全观向“人的安全”的转向构成保护责任形成的理论背景

物质的极度匮乏，生产力的极端低下，使个人的生存与生存改善成为早期人类社会的最高追求。可人类一旦突破生存的桎梏，以国家为基础形成国际社会之后，国家价值就一举超越个人价值，成为不二信条。国际间的和平、平等、自治、独立等无不是以国家为价值主体，国际合作是国家间的，国际竞争是国家间的，所追求的利益也都是国家间的。诚然，国家价值的实现可能对该国居民的权益产生影响，这种影响可能是积极的。例如，国际和平符合人类安全，国家平等与独立可以保护国家居民免受外来压迫与奴役，国际合作与竞争也许能够改善国民境遇。但这种影响是派生的、从属的，是国家间合作与竞争的副产品，尚且未论国家间的互动给个人权益带来的消极影响。而作为国际社会关系的反映，国际法不管是称作 international law，还是 law of nations，顾名思义，它都只能是国家间的法律，处理的是国家层面的国际关系，而与个人无关。[1] 此现象正如路易斯·亨金教授所说，"国际体系及其法律不渗入作为单一整体的国家，也不直接处理——或考虑——个人的问题……。个人不是国际法的主体（或主体之一），他（她）不是国际法上的'人'"。[2]

个人价值获得重生得益于十七八世纪权利与宪政观念的传播。洛克、孟德斯鸠、卢梭等资产阶级启蒙思想家们的鼓噪，以及英国光荣革命的成功、美国宪政制度的确立和法国《人权与公民权宣言》的诞生，使近代人权观念获得思想与制度上的承认。但这种承认主要还是国家内部的，并没有实质性地进入国际政治与法律系统。20 世纪上半叶那场惨不堪言的战祸中，纳粹德国以及阿道夫·希特勒的残暴罪行无论如何都构成了世界人权保护史上的黑暗一幕。战胜的同盟国为此将"反人道罪"纳入《欧洲国际军事法庭宪章》，从而使第二次世界大战成为在人权保护方面开始巨大变革的"分水岭"。[3] 而战后联合国的成立以及《联合国宪章》的制定，则标志着人权全面进入国际政治与法律系统。宪章规定人权是联合国宗旨之一。[4] 这反映了对人的价值而不是国家价值的推崇。以此为起点，1948 年 12 月 9 日联

---

〔1〕 早期国际法上关于战争中人道主义、国际贸易中的国民待遇、国际政治中的外交官地位等规定也关乎到相关个人权益。此现象一是如上所述，可以看作国家间互动的派生物；二是此等个人权益也仅仅是因为影响到他国利益而为国际法所关注，单纯一国国内的个人权益是不会进入早期国际法视野的。

〔2〕 Louis Henkin, *International Law: Politics and Value*. Dordrecht: Martinus Nijhoff Publishers, 1995. 168.

〔3〕 Louis Henkin, *International Law: Politics and Value*. Dordrecht: Martinus Nijhoff Publishers, 1995. 173.

〔4〕 参见《联合国宪章》第 1 条、第 55 条。

合国大会通过了第一个关于人权问题的国际公约——《防止及惩治灭绝种族罪公约》;同年同月,迄今为止在人权保护方面最重要的一份国际文件——《世界人权宣言》也获得联合国大会通过。该宣言促成了人权观念在国际上得到自愿和普遍的接受,也表明国际政治体系已经接受人权为一个价值体系。该宣言虽然不是具有强制约束力的国际公约,但是它为之后的两份具有强制性的联合国人权公约——《公民权利和政治权利国际公约》和《经济、社会及文化权利国际公约》做了铺垫。20 世纪 90 年代以来,联合国还通过特别法庭,实现了对大规模侵犯人权负有责任的人的司法追究。总之,宪章之后的国际人权保护史表明,人权已经成为国家间体系不可分割的一部分,个人无可争议地成为国际法的一个"主体",[1]人权成为国际政治的主要议题。

人权国际化带来国际安全观的转向,即由传统的国家安全转向更为强调"人的安全"。联合国的建立者们谈论建立一个新的集体安全体系时,他们基于对法西斯侵略战争的警惕,设想"由各国参与该体系并作出保证,对一国之侵略便是对所有各国之侵略;各国承诺,如果发生此种侵略,他们将作出集体反应"。[2] 这种安全体系应对的安全威胁主要来自外国军事侵略,实现安全的途径是集体应对,安全目标是保护各个主权国家的安全,从而实现国际社会的安全。这一安全观以主权国家为基本关注点,因此被称为"国家安全",它至今都是联合国集体安全体制的理论基础,在维护国际和平与安全方面发挥着重要作用,在战后相当长的时间内,它也一直是

〔1〕 参见[美]路易斯·亨金:《国际法:政治与价值》,张乃根、马忠法、罗国强、叶玉、徐珊珊译,中国政法大学出版社 2005 年版,第 258 页。

〔2〕 *A More Secure World: Our Shared Responsibility*, Report of the High-level Panel on Threats, Challenges and Change. the United Nations Department of Public Information, 2004. Synopsis, 1.

国际关系学界与实务界占主流地位的安全理论。而"人的安全"理念建立的前提是,"在安全话语中,个体的人是唯一不可褫夺的中心,其他任何对象(团体、社区、国家、地区和全球)的要求都是从人的神圣性和生命尊严的权利中派生出来的"。[1] 它视个体为基本安全对象,认为个人应该享有生活在所有人无歧视的社会的权利,个人应该享有免予匮乏、免予恐惧、尊严生活的自由,安全意味着对个人这些基本权利的尊重与保护。自从联合国开发计划署《1994年人类发展报告》[2]提出了与人类发展相关的"人的安全"的综合解决途径,"人的安全"观念得到越来越多国家和学者的接受,他们试图以人的安全替代国家安全,重组国际安全体制,重新构建国际秩序。

在此等人权观与安全观的共同影响下,一国国内发生的大规模种族灭绝、族裔清洗,以及战争和危害人类等罪行不再被单纯地视为是一国国内问题,而是需要引起国际社会严重关切的国际问题。

2. 关于人道主义干预的争论是保护责任理论产生的直接诱因

20 世纪 90 年代,在非洲、亚洲、拉丁美洲和东欧多国国内接连发生大规模人权事件,国际社会对此反应不一。尤其是在卢旺达和科索沃局势中,国际社会截然不同的极端反应,引发人们关于主权与人权关系的大辩论和联合国在新的国际安全环境中角色的思考,从而直接催生了 ICISS 的诞生和《保护的责任》报告的出炉。

国际社会对卢旺达局势的反应可部分归因于之前联合国在索马

---

〔1〕 [英]奈尔·麦克法兰、[英]云丰空:《人的安全与联合国:一部批判史》,浙江大学出版社 2011 年版,导论第 2 页。

〔2〕 United Nations, *Human Development Report* 1994, New York: United Nations Development Programme, 1994.

里维和行动的挫折。[1] 正是索马里行动的挫折动摇了国际社会的干预意志，及至卢旺达大屠杀，国际社会选择了不干预。1994年卢旺达总统空难，引发了胡图族与图西族之间规模空前的部族大屠杀：百日之内有80万人死于非命，200多万难民逃往国外，另有300多万人流离失所，[2]酿成了令世界震惊的人间惨剧。卢旺达大屠杀事件震惊了整个国际社会，在其第3368次会议上，安理会通过决议，谴责屠杀行为。[3] 安理会此后还采取了多种努力以解决危机，但拒绝实施武力干预。多年后，联合国独立调查委员会的报告显示，"一支有2500人的部队应当能够阻止或至少限制卢旺达总统和布隆迪总统因飞机坠毁身亡后，在卢旺达开始发生的那种屠杀"。[4] 但当时联合国连这2500人的部队也不愿派出。卢旺达大屠杀就此成为国际社会在严重人道灾难面前袖手旁观的典型事件被书写在人类文明的历史卷册里，联合国的权威也因此不作为事件广受质疑，就连秘书长安南也不得不承认世界在这一事件上犯了错误。[5]

---

〔1〕"冷战"后，随着外部控制势力的退出，索马里陷入了国内各派武装力量争权夺利的混乱之中。到1993年年初，索内战共造成35万人死亡，100万人逃往国外，200万百姓处于饥饿状态。为应对人道主义危机，1992年12月安理会通过第794号决议，断定这种灾难由于分发人道主义救援物资受阻而进一步加剧，从而构成了对国际和平与安全的威胁。以美国为首的联合特遣队与后来接替它的联合国维和部队随后采取了武力维和行动，但行动加剧了维和部队与当地军阀之间的冲突，造成较大伤亡，导致联合国在索马里的维和行动最终遭遇重大挫折，被迫结束。

〔2〕ICISS, *The Responsibility to Protect*: *Research*, *Bibliography*, *Background*. Ottawa: International Development Research Centre, 2001. 101.

〔3〕参见联合国文件S/RES/912。

〔4〕"Report of the Independent Inquiry into the Actions of the United Nations during the 1994 Genocide in Rwanda", UN Doc. S/1999/1257, p. 30. available at: http://www.un.org/zh/documents/view_doc.asp?symbol=S/1999/1257&referer=http://www.un.org/zh/documents/index.shtml&Lang=E.

〔5〕1998年5月7日安南在卢旺达议会发表的演说，参见孙永明、郭明芳：《卢旺达种族大屠杀10年祭：一场本可避免的悲剧》，载http://news.sina.com.cn/w/2004-04-06/14283100255.shtml。

事物的发展常从一个极端走向另一个极端。与卢旺达事件相反，1999年北约对科索沃局势的超常规干预，引发了国际社会的激烈争论。科索沃是南斯拉夫联盟塞尔维亚共和国的一个省，人口约200万人，其中90%是阿尔巴尼亚族人。1992年，在前南斯拉夫解体过程中，阿族人宣布成立科索沃共和国，运用暴力手段谋求独立，而以米洛舍维奇为首的南联盟和塞尔维亚当局则采取强力措施予以反制。1999年3月24日，因南联盟拒绝在北约单方拟定的和平协议上签字，北约绕过安理会擅自发动了对南联盟的空袭，北约宣称其空袭是出于人道主义目的，[1]但持续78天的轰炸却使当地的人道灾难进一步加剧。北约的军事行动取得了胜利，但其行动的理由——保护阿族居民的人权，却受到国际社会大量的批评与质疑，国际社会关于人道主义干预的争论空前激烈，它们围绕"主权"和"人权"的关系问题展开。

2000年，时任联合国秘书长安南在千年报告中对人道主义干预和主权的关系进行了反思，[2]他建议国际社会就人道主义干预问题展开讨论，尽快达成共识。作为对秘书长这一呼吁的回应，2000年9月，ICISS在加拿大政府和数个基金会的支持下成立了。

总之，人权国际化使人权超越国家成为世界政治议题，进而引领安全观由国家安全向人的安全转向，最终使一国国内发生的人道灾难与国际安全实现对接，以接受国际社会的检视。在此理论铺垫的基础上，为破解卢旺达和科索沃局势等给国际社会带来的在人道主义干预问题上的尴尬处境，为在主权与人权的激烈冲突中寻找出路，保护责任理论堂皇面世。

---

〔1〕 参见黄世席：《北约对南联盟动武的国际法思考》，载《今日东欧中亚》1999年第5期。

〔2〕 See "We the People: The Role of the United Nations in the 21st Century", Millennium Report of the Secretary-General of the United Nations. available at: http://www.un.org/millennium/sg/report/ch3.pdf.

(二)保护责任理论的主要内容

1. ICISS 的成立与《保护的责任》的起草[1]

2000 年 9 月,加拿大总理让·克雷蒂安宣布,将成立一个独立的关于干预和国家主权问题国际委员会,以响应秘书长安南的上述呼吁。[2]

加拿大政府邀请了国际危机小组主席、澳大利亚前外长加雷思·埃文斯和联合国秘书长特别顾问、前索马里和非洲大湖地区问题秘书长特别代表穆罕默德·萨努恩担任联合主席领导该委员会。经与两主席磋商又任命了另外 10 名委员。这些委员有着不同的地区背景、不同的观点和看法以及经历,以保证有能力处理委员会将面对的一系列法律、道德、政治和行动方面的复杂问题。此外,加拿大政府还任命了一个由现任外长和前外长以及其他著名人士组成的国际顾问委员会,国际顾问委员会的职责是为国际委员会的委员们提供帮助,提供一种政治衡量标准,以使他们的报告能建立在当前政治现实的基础之上,协助建立跟踪其建议所需要的政治势头和推动公众参与。

关于 ICISS 的任务,时任加拿大外交部长劳埃德·阿克斯沃西做了解释:"推动在调和为保护人类目的的干预和主权关系问题上的全面讨论,促进国际社会由经常处于停顿的辩论状态向国际体系内的行动转变达成政治共识。"[3] ICISS 希望能够借鉴 20 世纪 80 年代"环境

---

[1] 该部分内容主要参考了 ICISS 报告的补充卷:*The Responsibility to Protect: Research, Bibliography, Background*, Ottawa: International Development Research Centre, 2001, 第 341 ~398 页。

[2] See Bill Graham's keynote speech to symposium, "Ten Years after the ICISS: Reflections for the Past and Tuture of the R2P", sponsored by Canadian Centre for the Responsibility to Protect, Toronto, 12 November 2011. available at: http://ccr2p.org/? page_id=20.

[3] ICISS, *The Responsibility to Protect: Research, Bibliography, Background*. Ottawa: International Development Research Centre, 2001. 341.

和发展布伦特兰委员会”的成功经验,[1]找到能调和看上去是不可调和的干预和国家主权概念的新途径。

ICISS 成立后,共举行了五次正式会议:2000 年 11 月 5 日至 6 日在渥太华;2001 年 3 月 11 日至 12 日在马普托;2001 年 6 月 11 日至 12 日在新德里;2001 年 8 月 5 日至 6 日在加拿大韦克菲尔德;2001 年 9 月 30 日在布鲁塞尔。另于 2001 年 2 月 1 日在日内瓦举行过一次非正式会议,参加会议的有委员本人和会议邀请的其他人士。在第一次会议上,委员们审议了一系列核心问题,从中确定了关键问题,并就总体方针做出了决定,拟定了最初的报告提纲草稿,随后分发给有关人员。在 2 月初的日内瓦会议上,对该提纲进行了审议。3 月在马普托会议上作了进一步的扩充。5 月产生了一份较为完善的草稿,随之分发给委员们,供他们审议和提出初步意见。6 月在新德里会议上对其进行了更为详细的审议,会上同意对报告的内容和结构做出重大调整。在此基础上,于 7 月初又产生了新的草稿并分发给委员,请他们提出具体的书面意见。最终补充进许多委员重要书面意见的草稿于韦克菲尔德会议召开前一周发给各位委员,随后进行了 4 天极其详细的审议,就报告的措辞达成了一致意见。9 月底在布鲁塞尔召开了又一次委员会会议,考虑在报告中加入该月早些时候发生的对纽约和华盛顿哥伦比亚特区进行的恐怖主义袭击所带来的影响,并因此对报告最后发表的文本作了若干调整。

为了鼓励讨论并尽可能听取广泛的意见,在五次正式会议之外,

---

[1] 环境和发展布伦特兰委员会,即联合国环境特别委员会,1984 年 5 月成立,由联合国秘书长提名挪威工党当时领袖布伦特兰夫人(Brundtland)任委员会主席,委员会的主要任务是:审查世界环境和发展的关键问题,提出解决这些问题的现实行动建议,提高个人、团体、企业界、研究机构和各国政府对环境与发展的认识水平。该委员会在处理明显不可调和的发展与环境保护问题时,通过认真理智的政治讨论,创造性地提出了“可持续发展”的概念。

ICISS 并于 2001 年 1 月至 7 月在世界各地举行了 11 次地区圆桌会议和国家级磋商。分别是:1 月 15 日在渥太华;1 月 30 日在日内瓦;2 月 3 日在伦敦;3 月 4 日在马普托;5 月 2 日在华盛顿哥伦比亚特区;5 月 4 日在圣地亚哥;5 月 21 日在开罗;5 月 23 日在巴黎;6 月 10 日在新德里;6 月 14 日在北京;[1] 7 月 16 日在圣彼得堡。每次会议都邀请了国家和地区的各类官员以及民间社会、非政府组织、学术团体和智囊机构的代表。ICISS 还定期到各国首都给感兴趣的政府,以及给各国驻纽约和日内瓦的外交使团介绍情况。2001 年 1 月 30 日又在日内瓦同主要国际组织(联合国日内瓦办事处、联合国难民事务高级专员署、人权委员会、世界卫生组织、国际移民组织、国际红十字委员会/国际红十字同盟和红新月会国际联合会,以及人道主义事务协调厅)的负责人或资深代表进行了磋商。

在加拿大政府和一些重要的国际基金会提供的经费支持下,[2] 经过一年的工作,2001 年 12 月 ICISS 向安南提交了《保护的责任》的报告。

2.《保护的责任》报告的主要内容[3]

报告的正文部分共 8 章,交代了提出保护责任的政策背景,分析了保护责任的组成,讨论了保护责任的实施——由谁行使、由谁授权,以及何时、何地和如何进行等问题,最后就联合国当前可发挥的作用

---

[1] 其中 2001 年 6 月 14 日在北京,应 ICISS 的请求,中国国际问题研究所邀请部分中国前外交官员和研究机构学者与 ICISS 代表进行了磋商,交换了意见。中国方面表达了自己的观点:在理论上,人道主义干预概念化是个完全的谬论,必须严格区分人道主义援助和人道主义干预。中国方面并就在地区冲突中开展人道主义援助提供了几点具体建议。

[2] 为 ICISS 提供经费的国际基金会包括:纽约卡内基公司、威廉和弗洛拉·休利特基金会、约翰·D. 和凯瑟·T. 麦克阿瑟基金会、洛克菲勒基金会、西蒙基金会。此外,瑞士和英国政府也为 ICISS 的工作提供了部分经费和实物支持。See ICISS. *The Responsibility to Protect*. Ottawa: International Development Research Centre, 2001. 85.

[3] See ICISS, *The Responsibility to Protect*. Ottawa: International Development Research Centre, 2001.

提出了具体建议。其主要内容可做如下概括：

一个中心议题，即“保护的责任”。报告认为，自冷战结束以来，“出于保护人类目的的干预的问题”是备受关注的问题，并因此导致了国际社会的分歧。而“一个新的指导原则”——保护责任，将讨论的焦点转移到那些需要帮助的人的迫切需求上，在干预和主权之间架起了桥梁，有助于消除国际社会的分歧，促成共识。报告承认仅仅推出一个新的指导原则并不能一劳永逸地解决所有难题，但保护责任“将有希望产生关于实现和维持有效和适当行动的途径的创新思维”。

两个基本原则。报告将保护责任的基本原则总结为两条：第一，国家主权意味着保护本国人民的责任；第二，当国家不能或不愿保护人民时，不干预原则要服从于国际保护责任。

三项具体责任，即预防的责任、反应的责任和重建的责任。

六条军事干预标准。报告认为在极端和非同寻常的情况下，做出反应的责任可能涉及需要诉诸军事行动。在考虑军事干预前，应满足严格的起点条件，报告将此条件归纳为六个方面，它们是正当的理由、正确的意图、最后的手段、均衡性、合理的成功机会和合理的授权。

对于此报告内容，ICISS 联合主席之一的加雷思·埃文斯认为其对上述国际政策争论做出了四个方面的贡献：[1]第一，同时也许是最具政治效用的一个，就是提出了一个谈论人道主义干涉的新方法。把争论从干涉权力引向责任，从干涉者转向需要帮助者。第二，也许是最具理论意义的，是对主权的新解读，强调主权的本质是责任而不是控制。第三，指明了“保护的责任”不限于“干预”，尤其是军事干预，而是一个完整的义务统一体。第四，提出了如何判断“适当的军事行

---

〔1〕 See Gareth Evans, “From Humanitarian Intervention to the Responsibility to Protect”. *Wisconsin International law Journal*, Vol. 24 No. 3(2006):703.

动”的指导意见。

(三)联合国对保护责任的承认与发展

ICISS 的报告面世之后,尽管受到的质疑与赞誉一样引人注目——质疑者中既有西方大国的政治人物,如时任美国国务卿科林·鲍威尔,他对保护责任的前景并不看好,也有广大第三世界国家政府,他们普遍认为,保护责任只是帝国主义的另一种表述。[1] 但令人惊奇的是,相较于一项国际法规则形成动辄百年的漫长过程,保护责任借助联合国得到承认与发展的速度惊人,从一个学术概念[2]到被联合国世界首脑峰会成果文件认可,仅仅用了 10 年时间。除了得益于无可辩驳的道德基础,两任秘书长的努力推动和联合国大会以及安理会的积极实践是保护责任在联合国范围内不断聚拢共识的主要因素。

1. 安南秘书长促成保护责任获得接受与认可的努力

安南对保护责任的贡献可以从三个方面来理解:

第一,ICISS 应安南的呼吁而成立的。前已述及,ICISS 是应时任秘书长安南的呼吁而成立的,才有其后《保护的责任》呈现在世人面前。

---

〔1〕 See Bill Graham's keynote speech to symposium, "Ten Years after the ICISS: Reflections for the Past and Tuture of the R2P", sponsored by Canadian Centre for the Responsibility to Protect, Toronto, 12 November 2011. available at: http://ccr2p.org/? page_id = 20.

〔2〕 普遍认为保护责任的思想基础始于 1995 年弗朗西斯·登在其《主权的边界》(Frontiers of Sovereignty)一书中提出的“作为责任的主权”理念。参见袁娟娟:《从干涉的权利到保护的责任——对国家主权的重新诠释和定位》,载《河北法学》2012 年第 8 期;Gareth Evans,"From Humanitarian Intervention to the Responsibility to Protect". *Wisconsin International law Journal*, Vol. 24 No. 3(2006):704; Ban Ki-moon,"Responsible Sovereignty: International Cooperation for a Changed Word", addressed at an event in Berlin, Germany, 15 July 2008, available at: http://www.un.org/News/Press/docs/2008/sgsm11701.doc.htm; Alex J. Bellamy, *Responsibility to Protect*. Cambridge: Polity Press, 2009. 21 - 23. 等。

第二,亲自成立“威胁、挑战和改革问题高级别名人小组”,并推荐其报告《一个更安全的世界:我们的共同责任》。[1]

2003年3月,美国以反恐为名,绕过安理会,发动了对主权国家伊拉克的进攻。战争不但炸毁了伊拉克的主权,也对联合国的权威构成了重创。为应对挑战,秘书长安南在2003年9月的第58届联合国大会上宣布成立“威胁、挑战和改革问题高级别名人小组”,[2]以“对国际和平与安全面临的威胁做出评估,评价现有政策和机构在应对这些威胁方面的表现,并为加强联合国提出建议”。[3] 2003年11月该名人小组正式成立,一年后向安南提交了一份名为《一个更安全的世界:我们的共同责任》的研究报告。报告的核心是集体的反应与共同的责任,在所涉及的范围上要比ICISS的报告广得多。

关于保护责任,名人小组的报告认同了ICISS关于主权责任的理论基础;接受了保护责任的两项基本原则,即保护本国人民的首要职责在主权国家和不干预原则要服从于国际保护责任;支持保护责任应包括预防责任、反应责任和重建责任。在论述面对国内威胁使用武力的合法性问题时,名人小组直接将保护责任接受为是一项可以证明此情况下武力使用合法性的新规范。与ICISS报告不同的是,名人小组

---

〔1〕 “A More Secure World: Our Shared Responsibility”, Report of the High-level Panel on Threats, Challenges and Change, delivered to the General Assembly, UN Doc. A/59/565 (Dec. 2, 2004). available at: http://www.un.org/zh/documents/view_doc.asp? symbol = A/59/565&referer = http://www.un.org/zh/documents/index.shtml&Lang = E.

〔2〕 该名人小组由来自世界各地具有广泛经验和专门知识的16位名人组成,其中泰国前总理阿南·班雅拉春担任主席,其他成员还有钱其琛(中国)、罗贝尔·巴丹泰(法国)、若昂·巴埃纳·苏亚雷斯(巴西)、格罗·哈莱姆·布伦特兰(挪威)、玛丽·奇内里-赫斯(加纳)、加雷思·埃文斯(澳大利亚)、戴维·汉内(英国)、恩里克·伊格莱西亚斯(乌拉圭)、阿姆鲁·穆萨(埃及)、萨蒂什·南比亚尔(印度)、绪方贞子(日本)、叶夫根尼·普里马科夫(俄罗斯)、萨利姆·艾哈迈德·萨利姆(坦桑尼亚)、纳菲丝·萨迪克(巴基斯坦)和布伦特·斯考克罗夫特(美国)。

〔3〕 联合国文件A/59/565。

的报告在保护责任的适用情形与授权程序上有所修正。名人小组将保护责任的适用情形更精确地界定为“大规模屠杀和强奸、采用强行驱逐和恐吓方式进行的族裔清洗、蓄意制造的饥馑和故意传播的疾病”，将国际社会实施军事干预的授权主体赋予安理会，排除了安理会之外的干预程序。这些修正从实体和程序两方面提高了保护责任的有效性，有助于消除疑虑、促进共识。

名人小组的报告完成后被专递安南秘书长并获秘书长向联合国各会员国推荐。

第三，亲自做《大自由：实现人人共享的发展、安全与人权》[1]的报告，向国际社会推荐保护责任。

2005 年 3 月，为报告《联合国千年宣言》的执行情况，安南在第 59 届联大上作了题为《大自由：实现人人共享的发展、安全和人权》的报告，并提交给了随后的世界首脑会议审议。报告中，秘书长同意由主权国家承担保护人民的首要职责，认为灭绝种族、族裔清洗和其他类似危害人类罪，是对国际和平与安全的威胁，国际社会必须采取行动，接受并履行对大规模暴行的潜在和实际受害者的保护责任。该报告作为当年世界首脑峰会的基础工作文件，清楚地表明了对 ICISS 提出的保护责任的认可，对高级别名人小组工作的赞同，是保护责任走向被广泛接受的发展过程中的一重要“里程碑”。[2]

安南的报告和《一个更安全的世界：我们的共同责任》为保护责任被编入 2005 年《世界首脑会议成果》铺平了道路。

---

〔1〕 “In Larger Freedom: Towards Development, Security and Human Rights for All”, Report of the Secretary General, delivered to the General Assembly, UN Doc. A/59/2005 (Mar. 21, 2005). available at: http://www.un.org/zh/documents/view_doc.asp? symbol = A/59/2005&referer = http://www.un.org/zh/documents/index.shtml&Lang = E.

〔2〕 Gareth Evans, “From Humanitarian Intervention to the Responsibility to Protect”. *Wisconsin International law Journal*, Vol. 24 No. 3(2006):703.

2. 联合国对保护责任的正式承认:2005 年《世界首脑会议成果》和联大第 63/308 号决议

第一,2005 年《世界首脑会议成果》(获联大第 60/1 号决议通过)。为纪念联合国成立 60 周年,并借此对联合国系统和全球政策做一全面的检视,2005 年 9 月,世界各国元首和政府首脑在纽约隆重集会。令人失望的是,由于分歧严重,峰会几乎没有就任何实质性问题达成一致。[1] 但“对于保护责任的支持者来说,这次绝对是一个欢庆的场合”,[2]秘书长在上述报告中关于保护责任的建议几乎被完整地接受下来,它们集中表现在《世界首脑会议成果》文件第 138 段和第 139 段。这两段文字与前面三份文件(ICISS 的《保护的责任》、名人小组的《一个更安全的世界:我们的共同责任》、安南的《大自由:实现人人共享的发展、安全与人权》)比较起来,在表达上有些变化,但并没有偏离保护责任的核心思想,值得关注之处表现在以下方面:(1)在有关大规模暴行犯罪范围的描述上有一些变化,将保护责任适用的大规模暴行限于种族灭绝、战争罪、族裔清洗和危害人类罪。(2)更加明确地强调国家在保护其人民方面的首要责任——“我们接受这一责任,并将据此采取行动”。(3)强调国际社会对处于紧张状态国家的帮助责任,这一点是 ICISS 所忽略的。(4)更加强调预防、强调国家之间互相帮助以提高各自预防能力的责任。(5)涉及反应责任时,更强调低于武力行动的反应措施。(6)与秘书长的建议一致,坚持联合国在这所有事务中的中心地位和涉及军事强制措施时安理会的关键角色。(7)与之前的报告相比,《世界首脑会议成果》文件没有就军事

[1] See Gareth Evans, *the Responsibility to Protect: Ending Mass Atrocity Crimes Once and For All*. Washington, D. C.: Brookings Institution Press, October 2008. 47.

[2] See Gareth Evans, *the Responsibility to Protect: Ending Mass Atrocity Crimes Once and For All*. Washington, D. C.: Brookings Institution Press, October 2008. 47.

干预的标准作出规定,没有采用任何关于武力使用的条件建议。

《世界首脑会议成果》文件虽然是一项宣言性质的文件,不具备条约的性质,但它对国际社会的政治影响力是前面几份报告所无法比拟的。这次世界首脑会议是有史以来最为盛大的一次国家元首和政府首脑集会,由联合国170多个成员国近200位首脑参加。经过艰苦谈判,《世界首脑会议成果》首先在大会高级别全体会议获得通过,又于2005年10月24日获得联大第60/1号决议通过。从某种程度上来说,尽管《世界首脑会议成果》不具有国际法上的约束力,但国际社会关于这一问题的初步共识通过它得以体现,这表明保护责任已逐渐得到国际社会越来越多的认可。《世界首脑会议成果》成为目前为止,保护责任发展道路上最重要的"里程碑"。[1] 按照 Alex J. Bellamy 教授的结论,2005《世界首脑会议成果》文件对保护责任的接受,"标志着保护责任已经从一个由相对少数的具有相同立场的那些国家积极支持的委员会建议,转变成为一个被所有联合国成员国认可的国际原则"。[2]

第二,联大第63/308号决议。[3] 2009年1月,秘书长潘基文在第63届联大上作了题为《履行保护的责任》的报告。7月,该报告被提交联大辩论。在这次辩论中,联合国会员国压倒性地重申了2005年世界首脑会议的承诺,此后又由危地马拉代表团联合67个成员国共同发起推动大会一致通过了第63/308号决议。该决议是联大关于保护责任的第一份决议,决议回顾了2005年世界首脑会议成果文件关于保护责任的内容,表示注意到秘书长的有关报告以及成员国就保

〔1〕 See Gareth Evans, "From Humanitarian Intervention to the Responsibility to Protect". *Wisconsin International law Journal*, Vol. 24 No. 3(2006):703.

〔2〕 Alex J. Bellamy, *Responsibility to Protect*. Cambridge: Polity Press, 2009. 95.

〔3〕 UN Doc. A/RES/63/308, available at: www. un. org/zh/documents/view_doc. asp? symbol = A/RES/63/308&Lang = C.

护责任问题展开的及时和富有成果的辩论,决定继续审议保护责任问题。

3. 潘基文秘书长将保护责任推向实施

如果说科菲·安南的工作主要为促成保护责任获得国际社会的承认而做,那么,继任者潘基文则继承其衣钵,为推动保护责任在世界范围内获得"全面、均衡和持续的履行"[1]而努力。正如2008年1月31日他在非盟高峰会上发表演讲所称,"我将不遗余力地推动保护责任的实施"。[2]

第一,委任了保护责任问题特别顾问并成立了防止灭绝种族问题和保护责任问题联合办公室。

2007年8月,秘书长潘基文给安理会主席写了封信,建议设立保护责任特别顾问职位。经安理会同意,2008年2月21日,Edward Luck博士被任命为秘书长专职于保护责任的特别顾问,他的主要职责是从事于保护责任的概念发展和建立共识,并协助联大审议保护责任这一规范。

考虑到保护责任问题特别顾问与之前委任的秘书长防止灭绝种族问题特别顾问的工作职责虽然不同,但相辅相成,"出于效率的考虑和职责相互补充的需要",[3]潘基文建议两位特别顾问共用一个办公室和辅助工作人员,将他们之间的合作制度化,建立了防止灭绝种族问题和保护责任问题联合办公室。

---

〔1〕 "Responsibility to protect: State responsibility and prevention", Report of the Secretary-General, UN Doc. A/67/929 – S/2013/399, para. 75. available at: http://www.un.org/zh/documents/view_doc.asp?symbol=A/67/929&referer=http://www.un.org/zh/documents/index.shtml&Lang=E.

〔2〕 Ban Ki-moon, "Address to the Summit of the African Union", Addis Ababa, January 31, 2008. available at: www.un.org/apps/news/infocus/sgspeeches/search_full.asp?statID=180.

〔3〕 参见联合国文件A/63/677,附件第7段。

联合办公室在保持与各区域团体就保护责任领域和具体国家的情况进行联系方面做了很多工作。目前他们已建立了与欧安组织少数民族问题高级专员、非洲联盟、大湖区国际会议和欧洲联盟的关系，与东盟、西非经共体、政府间发展管理局、美洲国家组织和阿拉伯国家联盟等组织的关系也正在发展中。2013 年 3 月 11 日，秘书长保护责任问题特别顾问为征求会员国和其他主要伙伴对于秘书长相关报告的意见，发出照会邀请所有会员国以及区域和次区域组织，就其为加强国家履行保护责任预防能力的现有措施、执行这些措施的挑战和预防性做法实例提出意见，同时也邀请非政府组织提出意见。最终这些意见被吸纳进秘书长的报告。[1] 类似卓有成效的工作，有助于秘书长就履行保护责任向联合国提出政策建议。此外，特别顾问在预警机制中也承担重要角色。当特别顾问主要通过联合国其他实体提供的信息和与之协商后得出结论认为，某个局势可能导致灭绝种族、战争罪、族裔清洗或危害人类罪，他们将向秘书长并由秘书长向安理会和其他相关的政府间机构提供预警，并在局势持续恶化的情况下，应秘书长要求召集并筹备由主要副秘书长参加的紧急会议。[2]

第二，连续发表了有关保护责任的年度报告。

潘基文关于保护责任的系统公开阐述可追溯到 2008 年 7 月 15 日他在德国柏林做的题为《负责任的主权：为变化了的世界开展国际合作》(Responsible Sovereignty: International Cooperation for a Changed

---

〔1〕 See "Responsibility to protect: State responsibility and prevention", Report of the Secretary-General, UN Doc. A/67/929 - S/2013/399. available at: http://www.un.org/zh/documents/view_doc.asp?symbol=A/67/929&referer=http://www.un.org/zh/documents/index.shtml&Lang=E.

〔2〕 See "The role of regional and sub-regional arrangements in implementing the responsibility to protect", Report of the Secretary-General, UN Doc. A/65/877 - S/2011/393. available at: http://www.un.org/zh/documents/view_doc.asp?symbol=A/65/877&referer=http://www.un.org/zh/documents/index.shtml&Lang=E.

World)的演讲。在这次演讲中,他提出了著名的"三个支柱"理论,即不同于人道主义干预,保护责任以"作为责任的主权"为理论基础,它基于三个支柱:(1)国家负有保护其人民的责任;(2)国际社会负有协助国家履行义务的责任;(3)成员国有责任以与宪章相一致的方式做出及时果断的反应以帮助保护人们免受上述四类犯罪与暴行的危害。演讲中,他还坚称保护责任没有改变成员国应避免用与宪章不符的方式使用武力的法律义务;相反,是强化了这一义务。[1]

以此柏林演讲阐述的思想为基础,从2009年起,潘基文在联大连续发表了有关保护责任的年度报告。2009年1月29日,在第63届联大上所做的《履行保护的责任》是其中的第一份。报告对《世界首脑会议成果》第138、139段关于保护责任的表述予以全部接受,认为"将保护责任的构想付诸实践的时机已经成熟"。[2] 报告更加具体地阐述了保护责任的三大支柱,探讨了如何取得进展的问题,对联合国大会审议有关议题提出了具体建议。[3]

2010年7月,潘基文在第64届联合国大会上作了题为《预警、评估及保护责任》的报告,专门探讨了保护责任的预警和评估机制。报告认为过去10年联合国预警能力取得了实质性进展,但是,在为平衡、负责和积极履行保护责任及时提供所需的信息和评估方面,仍有明显不足。他强调指出:"预警并非总能导致及早行动","不过,在没

---

〔1〕 See Ban Ki-moon, "Responsible Sovereignty: International Cooperation for a Changed Word", addressed at an event in Berlin, Germany, 15 July 2008. available at: http://www. un. org/News/Press/docs/2008/sgsm11701. doc. htm.

〔2〕 "Implementing the responsibility to protect", Report of the Secretary-General, UN Doc. A/63/677, Para. 72. available at: http://www. un. org/zh/documents/view_doc. asp? symbol = A/63/677&referer = http://www. un. org/zh/documents/index. shtml&Lang = E.

〔3〕 See "Implementing the responsibility to protect", Report of the Secretary-General, U. N. Doc. A/63/677. available at: http://www. un. org/zh/documents/view_doc. asp? symbol = A/63/677&referer = http://www. un. org/zh/documents/index. shtml&Lang = E.

有预警的情况下很难及早行动”,及早行动必须是充分知情下采取的行动。报告还呼吁联大就区域与次区域组织在履行保护责任方面的作用开展非正式互动对话。[1]

为了给联大非正式互动对话提供资料,秘书长潘基文于 2011 年 6 月发布了他关于保护责任的第三份报告——《区域和次区域安排对履行保护责任的作用》。报告认为作为联合国的完全平等的合作者,区域和(或)次区域安排为履行保护责任做出了重要贡献,对三大支柱而言,区域和次区域组织对其中任何一个都可以大有裨益,并依次讨论了三大支柱的区域与次区域层面。[2]

2012 年 7 月,《保护责任:及时与果断的反应》作为潘基文的第四份关于保护责任的报告面世。报告聚焦于保护责任的“第三支柱”——及时果断的反应,对联合国宪章第六、七、八章下可用于履行保护责任第三支柱的广泛工具作了评估,认为对于第六章和第八章规定的可用措施需要更好地了解,在必要时增强这些工具,更好、更明智地使用它们,而第七章规定的强制执行行动,只有在其他措施不大可能成功或已经失败时,才可以考虑,即在不得已而为之时,才应当使用武力。[3]

---

〔1〕 See “Early warning, assessment and the responsibility to protect”, Report of the Secretary-General, UN Doc. A/64/864, available at: http://www.un.org/zh/documents/view_doc.asp?symbol=A/64/864&referer=http://www.un.org/zh/documents/index.shtml&Lang=E.

〔2〕 See “The role of regional and sub-regional arrangements in implementing the responsibility to protect”, Report of the Secretary-General, UN Doc. A/65/877-S/2011/393, available at: http://www.un.org/zh/documents/view_doc.asp?symbol=A/65/877&referer=http://www.un.org/zh/documents/index.shtml&Lang=E.

〔3〕 See “Responsibility to protect: timely and decisive response”, Report of the Secretary-General, UN Doc. A/66/874-S/2012/578, available at: http://www.un.org/zh/documents/view_doc.asp?symbol=A/66/874&referer=http://www.un.org/zh/documents/index.shtml&Lang=E.

《保护责任问题：国家责任与预防》是秘书长潘基文自2009年以来连续发表的第五份关于保护责任的报告。2013年7月的这份报告强调了实践保护责任开展预防暴行工作时，“把预防列为优先”的极端重要性。报告评估了肇因及违法行为的起因和发展，审查了各国防止这些暴行罪行可以采取的各种结构措施和行动措施，并确定了防止暴行可能采取的其他方法，呼吁各国和国际社会为防止暴行罪而持续不断地努力。[1]

2014年7月发布的《履行我们的共同责任：国际援助与保护责任》概述了国家、区域和国际行为体能够在哪些方面协助各国履行其责任，以保护人民免遭灭绝种族、战争罪、族裔清洗和危害人类罪的危害，详细介绍了国际社会提供支持的三个主要形式，即鼓励、能力建设、保护援助。

在2015年7月的《一个重要与持久的承诺：履行保护责任》中，潘基文总结了10年来为推动保护责任所作的努力，提出了今后10年里保护责任的六个核心优先事项：(1)在国家、区域和全球各级发出保护民众免遭暴行罪侵害的信号；(2)将预防工作提升为保护责任的一个核心内容；(3)明确说明在作出及时果断反应方面的选项并扩大选项范围；(4)消除复发风险；(5)加强区域行动以防止和应对暴行罪；(6)加强专用于防止灭绝种族罪和推动保护责任的国际网络。

第三，敦促联合国就保护责任开展辩论与非正式互动对话。

在2009年《履行保护的责任》的报告最后，秘书长潘基文建议为履行各国元首和政府首脑在2005年做出的承诺，联大要对保护责任

---

〔1〕 See “Responsibility to protect: State responsibility and prevention”, Report of the Secretary-General, U. N. Doc. A/67/929 - S/2013/399, available at: http://www. un. org/zh/documents/view_doc. asp? symbol = A/67/929&referer = http://www. un. org/zh/documents/index. shtml&Lang = E.

进行继续审议,并提出期待与会员国进行建设性的互动对话。当年7月,持续3天的围绕《履行保护的责任》的建设性辩论与非正式互动对话在第63届联大举行,共94名发言者代表当时联合国所有192个会员国中的180个会员国和两个观察组织在大会上做了发言。总体上,大家都表达了对保护责任的浓厚兴趣,认为2005年所认可的关于保护责任的概念不必再讨论,保护责任的范围应当限定于四种罪行。各与会政府表明他们在认真考虑秘书长报告中提出的提议,同时也给联大、安理会、联合国各部门、区域组织和政府提出了自己的建议。会上也对保护责任的履行表现出普遍的关心,认为要防止被选择性适用问题。

此后,每年在秘书长发表关于保护责任的报告之后,联大都要举行会员国(包括一些区域组织、民间社会组织在内)之间的非正式互动对话,就秘书长的报告展开讨论。秘书长本人和他的特别顾问参加了所有这些对话。

这些对话为会员国(包括区域与民间社会组织)提供了分享观点的机会,"有助于会员国完全地理解保护责任并寻求进一步的共识",[1]更重要的是为如何最有效地履行保护责任开展政治对话创造了一个良好开端。

4. 保护责任在安理会决议中的运用

联大决议对界定保护责任及其相关原则当然是有益的,但安理会作为联合国最重要的政治机关,它对于决定保护责任何时投入执行行动具有更为关键的意义。自2006年以来,安理会已经在其涉及世界多国和区域安全事项与局势的多项决议中援引了保护责任。

---

〔1〕 Statement by Ambassador Liu Zhenmin at the Plenary Session of the General Assembly on the Question of "Responsibility to Protect", 2009/07/24, available at www. globalr2p. org/media/files/china - 2009 - r2p - debate. pdf, 20/10/2013.

2006 年 1 月 27 日，在有关非洲大湖区的和平、安全与发展的第 1653 号决议中，安理会强调了“该区域各国政府负有保护其人民的首要责任”。同年 4 月 28 日，安理会一致通过了关于武装冲突中保护平民（POC）的第 1674 号决议。通过重申《世界首脑会议成果》第 138 段和第 139 段的相关规定，1674 号决议首次在安理会文件中正式提及保护责任。决议还表达了安理会对于粗暴违反国际人道法和人权法的行为可能对国际和平与安全构成威胁的担忧。8 月 31 日，安理会在关于达尔富尔危机的第 1706 号决议序言部分第二段中回顾了上述决议，授权将部署在苏丹达尔富尔的联苏特派团增至 17000 人，这一决议同样参考了《世界首脑会议成果》第 138、139 段。

2009 年 11 月 11 日，安理会在第 1894 号决议中重申了防止武装冲突中平民受害和终止世界范围内正在发生的针对平民暴力犯罪的承诺，承认国家在保护其居民方面负有首要责任，并重申了《世界首脑峰会成果》第 138、139 段关于保护责任的条款。

2011 年 2 月 26 日，安理会一致通过了第 1970 号决议，回顾了利比亚当局保护其人民的责任，决定将利比亚局势移交国际刑事法院，实施经济制裁和武器禁运。由于这些非军事措施未对利比亚局势产生实质影响，安理会又于 2011 年 3 月 17 日通过了第 1973 号决议，重申利比亚当局有责任保护利比亚民众，重申武装冲突各方负有采取一切可行步骤确保平民受到保护的主要责任，认定利比亚局势继续对国际和平与安全构成威胁，要求设立禁飞区，强制执行武器禁运和采取一切必要措施保护处于威胁与攻击下的平民与平民居住区，但排除任何形式的外国军事占领。

为了对科特迪瓦不断升级的针对平民的选举后暴力活动做出反应，安理会于 2011 年 3 月 30 日一致通过了第 1975 号决议。决议谴责了科特迪瓦时任总统洛朗·巴博和候任总统阿拉萨纳·德拉马纳·瓦塔拉双方支持者所实施的侵犯人权的暴行,决议声称:“目前在科特迪瓦袭击平民的行为可能构成危害人类罪”,认定“科特迪瓦局势继续对国际和平与安全构成威胁”,重申“每个国家负有保护平民的主要责任”,敦促巴博立即让位,并重申了“联合国科特迪瓦行动(UNOCI)”的使命——“使用一切必要手段保护生命和财产”。1975号决议还授权了针对巴博及其紧密支持者的定向制裁,重申了联合国在科特迪瓦防止重武器使用和使用一切必要手段保护平民的使命。

2011年7月8日,在关于设立联合国南苏丹共和国特派团的第1996号决议中,安理会通过强调当地政府在保护平民方面的义务和国际社会的协助义务,再次实践了保护责任。决议谴责了南苏丹持续存在的冲突与暴力行为对平民的影响,确认必须支持建设和平工作,认为各国当局负有确定优先事项和冲突后建设和平战略的主要责任。

2011年10月21日,针对也门国内冲突局势,安理会通过了第2014号决议,决议“回顾也门政府在保护本国民众方面负有主要责任”。

2011年10月27日,安理会第2016号决议“特别指出利比亚当局有责任保护其民众,包括外国国民和非洲移民”。

2012年3月12日,安理会第2040号决议再次“强调利比亚当局负有保护利比亚民众以及外国人、包括非洲移徙者的主要责任”。

2012年12月20日,安理会第2085号决议强调马里当局负有保护马里平民的首要责任,认定马里局势对国际和平与安全构成威胁,决定批准部署一个非洲主导的马里国际支助团,支助团的任务包括:协助马里当局履行保护居民的首要责任。

(四)保护责任:争论中趋向共识

通过以上对保护责任理论由缘起、提出到联合国承认与发展的历史考察，一个基本结论可以得出：保护责任的基本内涵正得到越来越多国家的承认，国际社会对保护责任的认识趋向统一。

2005 年世界首脑峰会的广泛国际代表性毋庸置疑。尽管会前的商议过程和会议期间的讨论过程很激烈，各方关于保护责任的分歧很大，但经过磋商和妥协，各方最终达成了第 138、139 段那样的文字表述，就保护责任的基本内涵达成了一致，因此，峰会成果文件的通过本身就表明了国际社会对保护责任的原则性支持。而随后的联大第 60/1 号和第 63/308 号决议则清晰地表明了联合国——这一世界上最大最具代表性的国际组织——对于保护责任的认可，达成了国际社会的多数一致。如果说联大决议只具有建议性质，不能对其会员国产生实质性约束力，那么，根据《联合国宪章》，安理会的决议是各会员国必须执行的。安理会在涉及不同国家和区域局势的多项决议中援引保护责任的事实至少说明：1. 国际社会尝试在其概念被广泛接受的基础上将保护责任用于指导国际实践；2. 在有关文件对保护责任概念做出清晰界定的前提下，即使对于强烈反对保护责任的国家，接受保护责任的约束也将成为其国际义务。

秘书长关于保护责任的系列报告也许会被辩称为只代表了其本人的喜好，但随后在联大举行的年度非正式互动对话，则客观地反映了与会各国的观点。在 2009 年第一次对话中，被 94 名发言者所代表的 180 个陈述意见的联合国会员国中，只有委内瑞拉、古巴、苏丹和尼加拉瓜四国对保护责任的价值和国际社会深入讨论这一议程的意愿提出了挑战，其他绝大多数国家都原则接受了保护责任的核心原则。[1] 及至 2013 年的第五次非正式互动对话，对于保护责任在预防

---

〔1〕 See "UN General Assembly Debate on Implementing the Responsibility to Protect, 2009", Global Centre for the R2P, 18 Oct. 2012, available at: http://www.globalr2p.org/resources/343.

触及良知的国际罪行方面的指导原则地位的质疑声更少，绝大多数与会国专注于讨论保护责任的实施，而不愿再去争论其理论基础，即使是反对的声音也趋于缓和。[1]

通过对上述国际文件的形成与内容以及国际成员互动过程的考察，对国际社会已经初步达成的关于保护责任基本内涵方面的共识可做如下梳理：

1. 国家负有保护其民众的首要责任；

2. 在发生大规模人道主义危机或大规模严重违反人权情况时，迅速采取措施加以缓解和制止是国际社会的正当关切；

3. 预防暴行的发生始终置于优先考虑；

4. 保护责任的范围限于保护人民免遭灭绝种族、战争罪、族裔清洗和危害人类罪之害；

5. 保护责任应当在联合国框架内，以符合宪章与国际法的方式实现；

6. 武力使用应是和平方法穷尽后的最后手段。

当然，基本共识的达成并不能使我们忽略在这一重大问题上尚存的分歧和保持的警觉。保护责任从它在 ICISS 的报告中诞生那天起，就饱受诟病，即使在被《世界首脑会议成果》和联大决议认可，并在安理会决议中得以援引后，保护责任仍然受到一些国家的质疑。在最近的 2013 年联大非正式互动对话发言时，古巴就表达了对保护责任可能损害《联合国宪章》和国际法基本原则，以及被大国用以干涉别国

[1] See "'State Responsibility and Prevention': Summary of the Informal Interactive Dialogue of the UN General Assembly on the Responsibility to Protect held on 11 September 2013", Global Centre for the R2P, 22 Oct. 2013, available at: http://www.globalr2p.org/media/files/summary-of-the-r2p-report-2013.pdf.

内部事务的担忧。[1] 委内瑞拉政府表达了同样的担忧，认为成员国间关于保护责任还有很多分歧，这些分歧在政府间框架内得到解决之前，急于推动保护责任的实施是不可取的。[2] 尼加拉瓜政府在讨论这一问题时，反对关于此类行为正当性的讨论，强调"不干涉内政"作为宪章中最重要原则的地位。[3] 总结起来，质疑者的关切点主要在于对保护责任被选择性适用和双重标准的担忧，这样的担忧同样存在于一些对保护责任持总体肯定态度的国家。当然，目前为止，国际社会在这一议题上最大的分歧在于保护责任中武力的使用。[4]

二、保护责任中的武力使用

传统的人道主义干预最受批评者指责之处就在于用粗暴的武力形式对一国国内事务的干涉。作为意图沟通干预与主权关系的 ICISS 因此在其报告中以较多篇幅阐述了保护责任中的武力使用问题，试图消除人们在此方面的疑虑。ICISS 的报告全文共八章，第四章"反应的责任"中主要讨论的是以"军事干预"的方式做出反应；第五章"重建的责任"也重点强调了在武力干预之后向被干预国提

〔1〕 See Statement by H. E. Mr. Oscar Gonzalez, Deputy Permanent Representative of the Mission of Cuba to the United Nations, at Informal Interactive Dialogue on the Responsibility to Protect at the General Assembly, 11 September 2013, available at: www. globalr2p. org/media/files/cuba-transcription. pdf.

〔2〕 See Statement Delivered by AMB. Samuel Moncada, Permanent Representative of the Mission of Bolivarian Republic of Venezuela to the United Nations, at Informal Interactive Dialogue on the Responsibility to Protect at the General Assembly, 11 September 2013, available at: www. globalr2p. org/media/files/venezuela_en. pdf.

〔3〕 See Statement of Nicaragua, at Informal Interactive Dialogue on the Responsibility to Protect at the General Assembly, 11 September 2013, available at: www. globalr2p. org/media/files/nicaragua. pdf.

〔4〕 See Zhu Wenqi, "Responsibility to Protect: a Challenge to Chinese Traditional Diplomacy", *China Legal Science*, Vol. 1:97(2013).

供全面援助的问题。此外,报告还以专门两章(第六、七章)的篇幅讨论了军事干预的"授权问题"与"行动范围"。也许在 ICISS 看来——如其报告提要中所暗示的——保护责任就是一项关于军事干预的原则。

作为联合国千年首脑会议成果的后续行动,威胁、挑战和改革问题高级别名人小组的报告《一个更安全的世界:我们的共同责任》和秘书长安南的报告《大自由:实现人人共享的发展、安全与人权》全面展望了世界所面临的全面安全问题、发展与人权问题和联合国改革议题,述及保护责任的篇幅不多。关于保护责任中的武力使用,两份报告的基调是一致的——国际社会实施保护责任可以使用武力,但应通过程序限制和慎用武力。

及至 2005 年世界首脑会议,由于各国和各利益集团在保护责任中武力使用的授权以及标准等问题上分歧太大,尤其是部分国家对于武力使用造成干涉内政的担忧,为保证含有保护责任的大会成果文件能获得通过,最终采用的成果文件避免了提及武力使用。[1] 但认为国际社会有责任根据宪章,包括第七章,采取集体行动,并触及了采取第七章行动的条件与要求等。

联大第 63/308 号决议,重申了对《联合国宪章》原则与目标的尊重,回顾了《世界首脑会议成果》文件有关保护责任的规定,承诺将继续审议保护责任,未对保护责任中武力使用问题做出特别回应。

秘书长潘基文在其系列年度报告中,在《联合国宪章》第七章的范围内,从不同侧面阐述了履行保护责任时使用武力的前提条件、程序要求、作用等,并提出了有关建议。

据此,可对武力使用在保护责任中的地位做如下初步总结。

---

〔1〕 Alex J. Bellamy, *Responsibility to Protect*. Cambridge: Polity Press, 2009. 83-91.

（一）武力使用在保护责任中的地位

1. 武力使用是保护责任中反应责任的实现手段之一

对此，要将武力使用放在保护责任这一完整政治战略中来理解。面对某一成员国内持续发生的触及人类良知的人道灾难，国际社会是该旁观还是该干预？这一问题长期争论不决。为了结束争论、挽救生命，在联合国秘书长的呼吁下，保护责任被以一个委员会的名义提出，作为消除政治分歧、促进国际共识、实现人道主义的战略选择介绍到世人面前。根据 ICISS 的报告，保护责任要实现向处在危险中的人民提供保护及援助的战略目标，必须重视预防责任、反应责任与重建责任的统一，三者都是保护责任不可分割的重要部分。预防责任是履行保护责任最重要的方面，有效地预防人道灾难的发生可以防患于未然。但在预防措施未能生效，主权国家不能或不愿履行保护其人民的责任时，国际社会就要采取措施实施干预，这就是反应责任。反应责任包括使用武力实施干预。在武力干预之后，还要对干预目标国进行恢复重建。这样一个有始有终的过程构成了为处于危险境地的人民提供保护的完整战略。而在这三个战略组成中，分别又包含特定的策略选择。例如要实现预防责任，可能采取消除贫困、推进法治、促进增长等根源预防措施，也可能运用对话斡旋、经济资助、法律调解等直接预防手段；实现重建责任，也有提供安全保护、重建国家武装部队和警察、做出政治过渡安排等多种选择。而本书重点讨论的保护责任中的武力使用则是实现反应责任的手段之一，通过外来武力强制改变局势实现人道保护。除了以武力的方式实现干预，国际社会为履行反应责任可采取的干预措施还包括政治、经济或司法等措施。总之，武力使用是国际社会承诺的完整战略的有机一环，武力使用并不意味着保护责任的完成和终结，武力使用不能取代其他预防和重建措施。而且，武力使用只是实现反应责任的选择之一，但绝不是唯一选择，甚至谈不上最优选择。从这一角度观之，尽管它受到的争议最大，但与其他实现保护责任的手段并无二致。

2. 武力使用是国际社会履行反应责任的最后手段

“未能消除根本原因或未能采取直接干预措施以避免或遏制人道主义危机或冲突并不意味着必定需要采取军事行动。凡有可能，应首先审查不采取军事干预的强制措施，特别是包括各种类型的政治、经济和军事制裁。”[1]按照保护责任理论，当预防措施不能改变局势，而且有关国家当局显然不能或不愿改变现状时，国际社会就需要采取强制干预措施。但这时首选的干预措施不能是使用武力。首先，武力的特点决定了它将造成较大的不可避免的附带伤亡，这本身就是有违人道目标的；其次，武力的使用也必然对目标国社会造成更大的破坏，给冲突后社会的重建增加困难；最后，武力的使用容易导致分歧，包括干预者之间的分歧、国际社会的分歧、目标国民众的不支持等，最终影响干预的效果。因此，在干预的“工具箱”里，武力使用始终应排在最后，政治、经济、外交和司法的手段总是处于优先地位。只有当这些低于武力的强制措施不能发生效果时，才有用“武”之处。武力使用“只能作为所有非武力选择失败之后的最后手段”。[2] 当然也并不是非要机械地在其他手段都尝试并失败之后才能使用武力手段，在面对紧急情况需要国际社会做出反应时，如果已经有证据表明即使尝试其他非武力手段也不可能取得成功，或情况之紧急已经没有尝试其他非武力手段的空间，那么直接使用武力也是可以的，并不影响武力使用作为最后手段的地位。总之，国际社会在履行反应责任时，首要目标应

〔1〕 ICISS, *The Responsibility to Protect*. Ottawa: International Development Research Centre, 2001. para. 4. 3.

〔2〕 Mary-Wynne Ashford, “The responsibility to protect: A new notion of state sovereignty”. *Medicine, Conflict and Survival*, 2003, Vol. 19 (1).

该是以非武力的方式尽早和有效地做出回应,从而减少对武力的需求。只有在万不得已的情况下才能进行武力干预。

3. 武力使用是反应责任最终实现的强制保障措施

"有时在某些地方,威力不强的政策工具不足以保护广大民众免受伤害,不援用第七章中规定的方法就不能全面采取广泛战略以履行保护责任。"[1]保护责任理论认为,面对处于灾难境地失去保护的受害者,国际社会必须做出及时果断的反应。保护责任也认为,在时间和环境允许的情况下,武力使用应是最后的反应方式。于是,低于武力手段的强制干预手段被应用于灾难局势,它们既可能是限制外交代表权、限制旅行、中止成员资格等政治和外交手段,也可能是金融制裁、限制经营活动、限制出口等经济手段,既可能是通缉、起诉、移交国际法庭等司法手段,也可能是武器禁运、终止军事合作和培训计划等发生在军事领域的手段。这些手段在一定情况下,能取得预期效果,能促使灾难局势相关国家停止侵害行为、积极阻止局势的恶化等。但在很多情况下,这些强制性较低的手段并不能产生足够的压力促使相关责任者纠正局势。而一旦一国成功拒绝国际压力,对较低强制性的措施无动于衷,继续实施与保护责任有关的令人发指的犯罪和侵害行为,那实际上就是向国际社会挑战。这时,如果没有进一步的手段保障国际社会的反应意志得以实现,必将凸显国际社会的软弱无力,保护责任也成为没有任何执行力的空谈,保护受害人的愿望更无法实现。而只有具有最高强制性的武力使用能够避免这种尴尬局面的发生。从这个意义上讲,武力使用就是最终实现国际社会反应责任、达成国际意志的强制保障手段。正如 Alex J. Bellamy 教授所言,如果

[1] Ban Ki-moon, "The role of regional and sub-regional arrangements in implementing the responsibility to protect", para. 30, available at: http://www.un.org/zh/documents/view_doc.asp? symbol = A/65/877&referer = http://www.un.org/zh/documents/index.shtml&Lang = E.

不涉及武力的使用,那么保护责任对于受害者来说就没有什么意义。[1]

(二)保护责任中武力使用的特征

作为强行推行意志的手段,武力使用在文明时代,并没有消失,在可预见的将来,也还看不见消失的可能,甚至在某种程度上还出现扩散的趋势——武力使用的行为体由国家向非国家、超国家扩散。当今世界,既有国家实施的武力使用,如侵略战争、自卫战争、使用武力保护境外本国公民、单边人道主义干预、应宗主国邀请而实施干预等,也有非国家行为体实施的恐怖袭击、种族冲突、内战等武力使用形式,还有国际组织等超国家行为体实施的集体干预等。保护责任名义下的武力使用是又一种新形式的武力使用,它具有一些武力使用的共同特点,例如,都受一定政治意志的控制,是"政治的延续";都应受国际人道法的约束——国际人道法是适用于一切武力使用的强行法……但也有一些新的特点使之与其他形式的武力使用有所不同。

1. 超越分歧的人道目的是保护责任中武力使用区别于人道主义干预之外的武力使用的最大特点

国家实施的战争以维护国家利益为目的,非国家实体实施的武力行动以此特定团体的利益为目的。但保护责任中的武力使用,不论是ICISS的报告,还是《世界首脑会议成果》,抑或是秘书长的报告与安理会的决议,无不把"保护人类"这一超乎一切国家、团体利益分歧之上的目的作为出发点,从而承诺为此目的不惜动用武力。正是这样的超然目的使保护责任能够在最短时间内聚拢共识、消融分歧。因应这一人道目的,保护责任中的武力使用在适用范围、行动目标与行动方

〔1〕 See Alex J. BELLAMY, "Remarks to the Gengeral Assembly Informal Interactive Dialogue on the Responsibility to Protect", New York, 5 September 2012, available at: http://www.globalr2p.org/media/files/alex-bellamy-statement-2012.pdf.

式上都与其他的武力使用有所不同。因为人道目的,所以武力使用只限于发生特定的人道灾难;因为人道目的,所以行动目标是保护人民而不是打败一个国家;因为人道目的,所以行动方式不同于其他武力使用,出其不意、突袭,压倒性实力使用等战略战术并不适用,强调按照渐增渐进原则使用武力。

2.程序上的序列性是保护责任中武力使用区别于人道主义干预的重要特征

国内有学者系统分析了人道主义干预与保护责任的区别,认为以下两个方面的区别应包含其中:(1)从两者的内涵来看,人道主义干涉强调的是一种反应的责任,而不包括事先预防与事后重建的责任;保护责任不仅意味着反应责任,而且意味着预防责任和重建责任。(2)从两者采取军事行动的前提来看,人道主义干涉采取军事行动的前提是只要发生了人道主义灾难,不论该国是否有能力保护国民,或是该国是否处于不能自治的瘫痪状态;保护责任采取军事行动的前提只是基于有关国家不能或不愿意履行保护国内人民的责任。[1] 这两点区别客观上解释了在考察人道主义干预与保护责任中武力使用应采取不同立足点——考察保护责任中武力干预必须基于保护责任这样一个完整战略背景。预防冲突—有关国家在保护人民方面的明显失败—低强制力的干预—武力使用—重建恢复,这是保护责任实现的完整程序,武力使用是这一完整程序中的一个中间序列。在武力使用之前,预防与低强制力干预手段的实施是必不可少的前提;武力使用之后,重建责任的存在又对武力使用有所要求。而实施人道主义干预则没有类似的考虑。这就是保护责任中武力使用与人道主义干预的重要区别。

---

〔1〕 参见蒋琳:《保护的责任:利比亚问题的国际法实践研究》,载《黑龙江政法管理干部学院学报》2011年第5期。

3. 维持行动意志难度大是保护责任中武力使用与单个国家或团体武力使用的显著区别

单个国家或武装团体在决定为一定政治目的而使用武力时，从战略形势判断、作战企图与作战决心确定、作战计划制订、战役指挥与实施战术行动，到实施战役评估，是贯彻统一军令的过程，在执行上除了受制于政治环境与敌方的反制措施外，通常不会受到太多行动方内部的干扰。但保护责任，如当前国际社会达成的初步共识，必须在联合国框架内采取集体行动。其中的武力使用，由于联合国快速反应军事能力尚未形成，只能依托成员国的共同意志组成联合部队实施。但各成员国在面对此等局部形势时的国家利益不同，政治考量各异，军事实力有差异，必然导致这样的武力使用，从局势判断、召集意愿、组织部队、采取行动、持续行动，到评估行动后果都充满了不确定性。要自始至终保持这样“军事联盟”的团结，实现预期的干预效果，难度非常大。

第二章　保护责任中武力使用的实践与争论

与国内法不同，实践对于国际法规范的形成具有至关重要的作用。国际社会能否形成"一贯并一致"[1]的实践，是决定保护责任是否被接受为具有约束力的国际法规范的必要条件。如果以联合国决议在对有关事项及国家与地区局势所做判断与建议中是否援引保护责任为标准，那么，2006 年 4 月 28 日安理会就武装冲突中平民保护问题（POC）通过的决议应算是保护责任的第一次实践。而安理会首次在一国的情势中提及保护责任概念是在 2006 年 8 月通过的关于苏丹达尔富尔危机的第 1706 号决议。决议重申了 2005 年《世界首脑会议成果》第 138 段和第 139 段的规定，间接提到了保护责任问题。除此之外，安理会在有关利比亚、科

---

〔1〕［英］伊恩·布朗利：《国际公法原理》，曾令良、余敏友等译，法律出版社 2007 年版，第 6 页。

特迪瓦、南苏丹、也门和马里等国家局势的决议中,也都强调了有关政府履行他们对本国国民的保护责任。[1] 上述实践中,联合国在达尔富尔、科特迪瓦等采取的是非武力的措施,如观察团、经济制裁与司法程序等,派出的国际部队也是维和性质,与强制执行行动无关;联合国南苏丹特派团的任务是协助南苏丹政府消除冲突和保护平民,并没有授权使用武力;在也门,联合国派出了特使进行斡旋;马里支助团的任务是帮助恢复秩序,为保护平民和人道主义援助工作提供协助,都不涉及武力使用。只有在利比亚,北约国家依据安理会有关决议对利比亚实施了空中军事行动,因此,利比亚被普遍认为是迄今为止唯一一次真正意义上的实施保护责任中军事干涉行动的实践。[2] 国内学者黄瑶总结认为:"保护的责任提出虽已有10年,但到目前为止,真正实施保护责任中军事干涉的实例只有利比亚一国的暴力局势。"[3]

一、保护责任中武力使用的实践——利比亚战争

利比亚战争,是2011年发生在利比亚的武装冲突,原本是因利比亚国内不同部落和不同派别之间的争斗而引发的国内战争,后来由于西方国家的介入而发展为一场国际战争。事实上,利比亚战争是继科索沃战争、阿富汗战争、伊拉克战争后,西方国家为首的军事联盟对主权国家发动的第四次大规模军事打击。

(一)利比亚战争的基本情况

1969年,年仅27岁的穆阿迈尔·卡扎菲中尉发动革命,推翻了

---

[1] 参见联合国安理会关于利比亚的S/RES/1973、科特迪瓦的S/RES/1975、南苏丹的S/RES/1996、也门的S/RES/2014、马里的S/RES/2056决议。

[2] See Liliana L. Jubilut, "Has the 'Responsibility to Protect' Been a Real Change in Humanitarian Intervention? An Analysis from the Crisis in Libya", *International Community Law Review*, 2012, Vol. 14 (4):309–335.

[3] 黄瑶:《从使用武力法看保护的责任理论》,载《法学研究》2012年第3期。

亲西方的利比亚王国，开始了其在利比亚长达42年的专制统治。统治期内，依靠丰富的石油资源取得的巨额收益，利比亚的经济与社会发展水平相比邻国尚处优势，但由于卡扎菲的歧视政策，国内经济区域发展并不平衡，部族矛盾突出，尤其是其采取高压政治管制，残酷对待异见者，以及家族贪腐，招致国内民众长期不满。及至2011年，受发生于邻国突尼斯“茉莉花革命”的影响，利比亚民众要求利比亚政治变革的呼声更加强烈。2月15日，利比亚出现和平反政府示威。最初的示威抗议从利比亚第二大城市班加西开始，并逐渐向全国蔓延，民众要求统治长达42年的卡扎菲下台和进行民主变革。示威者与安全部队发生持续冲突。2月19日起，卡扎菲动用军队对示威活动进行武力镇压，引起反政府武装同利比亚政府军之间的军事冲突，利比亚战争爆发。

以北约国家对利比亚发动空袭为标志，利比亚战争可分为两个阶段。在北约空袭之前，利比亚战争是政府军与反政府武装之间的内战，此为第一阶段；北约实施对利比亚的空袭之后，利比亚战争进入第二阶段，演变为一场西方国家对一主权国家实施武力干预的国际战争。

在战争的第一阶段，反政府力量在班加西成立了以推翻卡扎菲独裁统治和建立民主政体为宗旨的“全国过渡委员会”，并在初期形成对卡扎菲政权的短暂包围。但很快，政府军就利用军事优势展开反攻，收复失地之外还控制了班加西周边地区，胜利在望。

但战局因安理会第1973号决议而发生逆转。西方国家眼见其代理人——利比亚反对派——无法撼动卡扎菲的统治地位，于是，迫不及待地亲自加入武力推翻卡扎菲政权的行动中。3月17日，在美、英、法等国的推动下，联合国安理会以10票赞成、5票弃权的结果通过第1973号决议，决定为保护平民目的在利比亚设立禁飞区。3月

19 日，以执行第 1973 号决议、保护利比亚平民和反对派组织、打击卡扎菲政权抵抗设立禁飞区的能力为名，法国率先发动了对利比亚的空袭，美、英随后也参与其中。截至 25 日，多国联军对以首都的黎波里为重点的区域进行了六轮空袭，英国并派出 100 多名特种兵进入班加西，美国对卡扎菲提出三要求：停火、撤退、下台。借助多国联军战机轰炸，利比亚反政府武装快速推进，但在靠近卡扎菲出生地苏尔特时受到政府军强烈抵抗，卡扎菲夺回两座石油城后，战争进入僵持阶段。

此后，北约正式接管了多国联军在利比亚军事行动的指挥权，加大了对政府军的空袭力度，并暗示为反对派提供军事装备。尤其是其虽未言明但实际实施的对卡扎菲本人及其家族的清除行动，使卡扎菲对军队的指挥与控制受到极大影响。进入 7 月，配合利反对派的攻势，北约战机继续轰炸，一方面重点打击政府军后勤补给线，另一方面加强对利比亚国家电视台等目标的精确打击，以削弱卡扎菲的宣传能力。在北约部队的全力配合下，反对派武装终于于 8 月 22 日晚全面控制了的黎波里。24 日，反对派宣布占领象征卡扎菲政权的阿齐齐亚兵营，从此利比亚开始正式进入后卡扎菲时代。“全国过渡委员会”逐渐得到国际和联合国承认。10 月 20 日卡扎菲在苏尔特被杀。10 月 23 日“全国过渡委员会”宣告全国解放，战斗结束。

（二）联合国对利比亚局势的反应

利比亚战争爆发后，联合国迅速作出了反应，主要是对利比亚政府军与反政府武装的冲突给平民造成的伤害表示关切，强调利比亚政府对其人民的保护责任。例如，在利比亚政府军与反政府武装正式交火之后第四天的安理会闭门会议上，成员国谴责了利比亚武力镇压反政府示威，要求利比亚政府承担其保护人民的责任。[1] 在 2 月 25 日

〔1〕 “Security Council Press Statement on Libya”, available at: http://www.un.org/News/Press/docs/2011/sc10180.doc.htm.

安理会第6490次会议上，秘书长潘基文警告称在利比亚，基本的和平与安全已受到威胁，敦促成员国考虑采取具体行动制止暴力、结束平民死亡。[1] 第二天的安理会会议上，第1970号决议获得15票一致赞成通过，[2]决议重申了利比亚当局对其人民的保护责任，认为目前在利比亚发生的针对平民的大规模系统的攻击可构成危害人类罪，决定把利比亚局势移交国际刑事法院，实施包括武器禁运、旅游禁令和资产冻结等在内的制裁措施。[3] 3月1日，联大通过决议，中止了利比亚人权理事会成员国资格。[4]

但对利比亚局势影响最大、迄今尚存争议的联合国反应行动当属安理会第1973号决议。该决议是国际社会希望对利比亚武装冲突中受伤害的平民实施有效保护的共同意志的体现，但却被西方国家利用为实施武力干预、推翻异己政权的“通行证”。该决议草案由法国、黎巴嫩、英国和美国共同提交，法国代表就决议草案做了说明。他回顾了国际社会，包括联合国对利比亚局势所做的努力，认为这些措施并没有产生效果，呼吁安理会成员支持决议草案，采取行动“在利比亚

---

〔1〕“Fundamental Issues of Peace, Security at Stake, Secretary-General Warns as He Briefs Security Council on Situation in Libya”, available at：http://www.un.org/News/Press/docs/2011/sc10185.doc.htm.

〔2〕中国常驻联合国代表李保东大使代表中国投了赞成票，并在投票之后的发言中表达了中国对利比亚动荡局势的关切，认为当务之急是立即停止暴力，避免进一步的流血和平民伤亡，尽快恢复社会稳定和正常秩序，通过对话等和平手段解决当前的危机，并必须确保各国在利比亚侨民的安全和利益。参见联合国安理会第6491次会议记录，载http://www.un.org/zh/documents/view_doc.asp? symbol = S/PV.6491。

〔3〕联合国文件S/RES/1970 (2011)。

〔4〕联合国文件A/RES/65/265。这是联合国大会首次中止人权理事会某一成员国的资格。中国常驻联合国代表团张丹参赞在决议通过后发言时说，考虑到利比亚当前极为特殊的情况和阿拉伯及非洲国家的关切和主张，中国代表团参加了决议的协商。同时，中国代表团认为，联大中止利比亚人权理事会成员国权利的行动不构成先例。参见《联大中止利比亚人权理事会成员国资格》，载《人民日报》2011年3月3日第13版。

使法律取代武力、民主取代独裁和自由取代压迫”。[1] 2011 年 3 月 17 日下午 6 时 30 分左右,安理会对决议草案进行正式表决。最终结果为 10 票赞成,5 票弃权,决议草案得以通过,成为安理会第 1973 号决议。[2] 决议重申了利比亚当局负有保护民众的责任;决定在利比亚领空设立禁飞区。[3]

利比亚反对派在西方国家的武力支持下取得对卡扎菲的军事胜利后,联合国承认了这一结果,并对利比亚战后恢复与建设进行帮助。9 月 16 日上午,第 66 届联大以 114 票赞成、17 票反对、15 票弃权的结果,同意利比亚“全国过渡委员会”作为利比亚在联合国的合法代表。[4] 下午,安理会全票赞成通过第 2009 号决议,决定设立联合国

---

[1] 联合国安理会第 6498 次会议记录,载 http://www.un.org/zh/documents/view_doc.asp?symbol=S/PV.6498。

[2] 波黑、哥伦比亚、法国、加蓬、黎巴嫩、尼日利亚、葡萄牙、南非、英国、美国投了赞成票,巴西、中国、德国、印度、俄罗斯投了弃权票。中国常驻联合国代表李保东大使作为主席主持了会议,并以中国代表的身份阐明了立场。

[3] 参见联合国文件 S/RES/1973。

[4] 赞成票:阿富汗、安道尔、阿根廷、亚美尼亚、澳大利亚、奥地利、阿塞拜疆、巴林、孟加拉国、比利时、伯利兹、贝宁、波斯尼亚和黑塞哥维那、博茨瓦纳、巴西、文莱达鲁萨兰国、保加利亚、布基纳法索、加拿大、佛得角、乍得、智利、中国、哥伦比亚、哥斯达黎加、科特迪瓦、克罗地亚、塞浦路斯、捷克共和国、丹麦、吉布提、埃及、爱沙尼亚、埃塞俄比亚、斐济、芬兰、法国、加蓬、冈比亚、格鲁吉亚、德国、希腊、危地马拉、洪都拉斯、匈牙利、冰岛、印度、伊朗伊斯兰共和国、伊拉克、爱尔兰、以色列、意大利、牙买加、日本、约旦、哈萨克斯坦、科威特、拉脱维亚、黎巴嫩、列支敦士登、立陶宛、卢森堡、马达加斯加、马来西亚、马尔代夫、马耳他、毛里求斯、墨西哥、摩纳哥、蒙古、黑山、摩洛哥、荷兰、新西兰、挪威、阿曼、巴拿马、巴拉圭、秘鲁、菲律宾、波兰、葡萄牙、卡塔尔、大韩民国、摩尔多瓦共和国、罗马尼亚、俄罗斯联邦、圣卢西亚、圣马力诺、塞内加尔、塞尔维亚、新加坡、斯洛伐克、斯洛文尼亚、南苏丹、西班牙、斯里兰卡、苏丹、瑞典、瑞士、阿拉伯叙利亚共和国、泰国、前南斯拉夫的马其顿共和国、东帝汶、多哥、突尼斯、土耳其、乌克兰、阿拉伯联合酋长国、大不列颠及北爱尔兰联合王国、美利坚合众国、瓦努阿图、越南、也门。反对票:安哥拉、多民族玻利维亚国、古巴、刚果民主共和国、厄瓜多尔、赤道几内亚、肯尼亚、莱索托、马拉维、纳米比亚、尼加拉瓜、南非、斯威士兰、坦桑尼亚联合共和国、委内瑞拉玻利瓦尔共和国、赞比亚、津巴布韦。弃权票:阿尔及利亚、安提瓜和巴布达、喀麦隆、多米尼加共和国、萨尔瓦多、印度尼西亚、马里、毛里塔尼亚、尼泊尔、圣文森特和格林纳丁斯、沙特阿拉伯、苏里南、特立尼达和多巴哥、乌干达、乌拉圭。参见第 66 届联大第 2 次全体会议记录,载 http://www.un.org/zh/documents/view_doc.asp?symbol=A/66/PV.2。

利比亚支助团(United Nations Support Mission in Libya,UNSMIL,以下简称联利支助团),以协助和支持利比亚恢复秩序、巩固国家权力和促进经济复苏。[1]

最后,在卡扎菲被杀和“全国过渡委员会”宣布利比亚解放后的10月27日,安理会通过决议,宣布“成员国采取一切必要措施保护利比亚平民和平民居住区”和设立“禁飞区”的授权于利比亚当地时间2011年10月31日23时59分终止。[2]

(三)国际社会的其他反应

1. 欧盟内部分歧严重

利比亚是“欧洲—地中海伙伴”国家,欧盟在利比亚有着很深的能源利益,利比亚在协助欧盟打击非法移民上也起到重要作用。可以说,利比亚局势牵动了欧盟神经,因此,欧盟的反应非常迅速。在利比亚国内冲突初期阶段,欧盟即向利比亚派出了危机应对小组,并强烈谴责卡扎菲政权对平民使用暴力,公布了包括冻结卡扎菲家族资产、对其家族成员的旅行禁令以及武器禁运和法律追究等内容在内的制裁方案。但在是否要求卡扎菲下台和军事干预问题上,欧盟成员国内部并不统一。相较于法、英等国积极打头阵,捷克则不主张欧盟介入利比亚局势,认为一旦卡扎菲下台,对整个世界都是一场灾难。意大利总理贝卢斯科尼也不愿意“打扰”他的亲密朋友卡扎菲。[3] 德国对安理会3月17日通过的有关在利比亚设立禁飞区的决议投了弃权

---

〔1〕 关于联利支助团的具体任务,参见联合国文件S/RES/2009。2011年11月22日利比亚过渡政府成立后,安理会通过第2022号决议,规定联利支助团的任务还包括在与利比亚过渡政府协调和协商后,协助和支持利比亚在全国努力消除各类军火和相关物资,尤其是便携式地对空导弹扩散的威胁。第2040号决议又对联利支助团的任务作了进一步的修改。

〔2〕 联合国文件S/RES/2016(2011)。

〔3〕 参见孙天仁:《利比亚局势牵动欧盟神经》,载人民网,http://world.people.com.cn/GB/57507/13970897.html。

票，并明确拒绝参与联军针对利比亚的军事行动。

在战争期间，除了部分国家参与了北约主导的军事行动外，欧盟更为关注的是利比亚战争引起的难民和移民潮对欧盟国家和边界安全的影响，并积极向利比亚提供人道主义救援。在北约正式接管军事行动后，欧盟决定将根据联合国的请求向利比亚派遣部队为人道主义援助提供军事支持，但联合国并没有回应欧盟的这一表态。[1]

2011年10月23日，利比亚"全国过渡委员会"宣布利比亚全国解放后，欧盟立即发表声明，对此表示欢迎，并表示欧盟支持利比亚的政治过渡进程。

2. 摇摆不定的阿盟

在对待利比亚问题的态度上，阿拉伯国家联盟的立场表现出前后矛盾和飘摆不定的特点。起初，阿盟在2月22日暂停了利比亚参加阿盟会议的资格。3月1日，阿盟在开罗召开会议，一致反对任何针对利比亚的外国军事干预和军事打击。紧接着于3月12日，阿盟又决定促请联合国安理会采取行动在利比亚设立禁飞区。在法国及北约国家凭借安理会的决议对利比亚实施轰炸后，震惊于轰炸造成的利比亚平民伤亡，阿盟又做出公开谴责，表示安理会通过的决议，是通过设立禁飞区以保护利比亚人民，而不是采取军事行动，空袭的做法已经超越了阿盟的意图，与阿盟原本的希望南辕北辙。[2] 不过随后，在西方国家的巨大压力面前，阿盟又表示支持针对利比亚的行动。最后，在利比亚全面控制的黎波里后，阿盟立即发表声明，表达了对"全国过渡委员会"的支持。针对阿盟这种前后不一的表现，埃及学者分

---

〔1〕 参见《出兵利比亚，欧盟为何更积极?》，载《解放日报》2011年4月23日，载http://newspaper.jfdaily.com/jfrb/html/2011-04/23/content_556434.htm。

〔2〕 参见《阿拉伯国家联盟谴责西方空袭利比亚行动》，载凤凰网，http://news.ifeng.com/world/special/libiya/content-2/detail_2011_03/21/5266648_0.shtml。

析认为:在禁飞区问题上,阿盟被西方国家欺骗了。[1]

3. 非盟的路线图计划

相较于阿盟的摇摆不定,非盟自始至终不赞成针对利比亚的军事行动,主张用和平方式,按照非洲的方案解决利比亚危机。针对北约的轰炸,非盟予以了强烈谴责,认为法、美、英等国滥用决议,指责空袭将攻击目标对准平民区、学校、医院,屠杀平民,引发了人道主义灾难。对于和平解决方案,非盟关于利比亚问题的专门委员会提出了五点路线图计划,具体内容包括:保护平民和结束敌对行动;保障受影响的人群接受人道主义援助;启动不同政党间对话,朝着结束危机的方向努力;设立过渡期;启动必要政治改革,满足利比亚人民诉求等。[2] 在卡扎菲政府军与反对派武装激战期间,由南非总统祖马率领的包括刚果(布)、马里、毛里塔尼亚等国的总统以及乌干达外长在内的非洲领导人代表团与双方进行了接触。对于该停火路线图,卡扎菲表示接受,但反对派拒绝了路线图,认为其中不包括卡扎菲下台或流亡的内容。非盟在调停期间一直呼吁北约停止空袭利比亚政府军,以给停火一个机会,并反对国际法院发布对利比亚领导人卡扎菲的通缉令,认为这将使终结利比亚内战的努力更加复杂化。

4. 国际刑事法院逮捕令

2011 年 2 月 26 日一致通过的安理会第 1970 号决议决定将利比亚局势提交国际刑事法院审理,并强调必须追究对袭击平民行为包括其所控制的部队的袭击行为负有责任者的责任。为执行该决议,国际刑事法院检察官办公室于 3 月 3 日展开了调查,先后向 10 个国家派

---

[1] 参见《利比亚之战矛盾重重,美国不愿挑头欧盟心怀鬼胎》,载人民网,http://news.sohu.com/20110329/n280036357.shtml。

[2] 参见黄培昭:《非盟向阿盟通报利比亚问题五点路线图计划》,载凤凰网,http://news.ifeng.com/world/special/libiya/content-2/detail_2011_03/27/5390635_0.shtml。

出了超过15个访问团。5月4日,国际刑事法院检察官路易斯·莫雷诺-奥坎波就检察官办公室为执行第1970号决议所开展的活动向安理会做报告。检察官认为,根据收集来的证据可以确认在利比亚发生有针对平民的大范围和系统袭击,包括屠杀与迫害等危害人类罪行,以及使用集束弹药等非精确武器、将平民用做人盾、虐待战俘等战争罪行。[1] 5月16日,检察官把案件提交给了国际刑事法院的预审分庭,申请对2月15日以来利比亚境内发生的侵犯人权罪行负有最大刑事责任的卡扎菲等3人发布国际逮捕令。6月27日国际刑事法院负责审理卡扎菲案件的3人法官小组宣布了逮捕卡扎菲、卡扎菲儿子伊斯拉姆以及利比亚情报部门最高负责人塞努西的通缉令。指控卡扎菲当局在2月的民众抗议活动中涉嫌通过国家机器和当局军队迫害和屠杀平民,而卡扎菲是这些罪行的主谋,伊斯拉姆是指挥者,塞努西是执行者。卡扎菲由此成为继苏丹总统巴希尔之后第二位遭到国际刑事法院通缉的在位国家领导人。

(四)战争后的利比亚

利比亚卡扎菲当局与反政府武装的战事结束后,全国过渡委员会宣布全国解放,成立过渡政府临时掌权,并宣布将在8个月内举行议会选举,实现权力移交。2012年8月8日,经选举产生的利比亚国民议会议长穆罕默德·阿里·赛里姆正式接受利比亚全国过渡委员会主席贾利勒代表的利比亚全国过渡委员会的权力移交,为期一年多的过渡委正式结束使命并立即解散。利比亚国民议会正式登上历史舞台,利比亚进入政治新时代,但利比亚的社会重建进程艰难而曲折。至今,利比亚展现给国际社会的仍然是国家面临分裂、人权保障不力、安全形势堪忧的局面。

---

〔1〕 参见安理会第6528次会议记录,联合国文件S/PV. 6528,载http://www.un.org/zh/documents/view_doc.asp? symbol = S/PV. 6528。

战后利比亚政府面临的最大挑战是平衡部族利益、制止分裂。在卡扎菲统治时期，由于强化中央集权，以班加西为中心的利比亚东部地区受到歧视性打压，因此在利比亚战争期间，该地区是反卡扎菲武装的基地，全国过渡委员会总部也设于班加西。战争结束后，卡扎菲政权被推翻了，但由于利比亚过渡政府的软弱和迟缓，在内战中做出重大牺牲的东部地区民众仍未享受到长久以来未曾得到的政治、经济利益，该地区要求自治的呼声高涨。2012 年 3 月 6 日，东部地区的部族、军事和政治领导人联合宣布利比亚东部的昔兰尼加地区实行自治，并呼吁利比亚恢复实行伊德里斯王朝时期的联邦制。过渡政府向国民议会实现权力移交后，由于对在议会中席位分配不满，东部地区有强烈的受排挤感，要求真正实现权力下放，结束东部在政治和社会经济上被边缘化的现象。2013 年 6 月 1 日昔兰尼加过渡委员会单方面宣布成为利比亚东部一个联邦地区。同时，南部民众中的不满情绪也有所加剧。民众指责政府未能提供足够的服务，这促使国民议会某些成员临时退席。利比亚新政府对南方充分行使管辖权的能力十分有限。

战后利比亚人权状况也不容乐观。由于政治和区域分歧严重，制宪进程艰难进行，公民权利保障法律在争论中无法出台，境内未经适当程序遭受羁押与拘捕的情况非常严重。在因冲突而被关押的数千名犯人中，很多人的处境仍成问题，关于拘押期间因酷刑或其他形式的虐待而死亡的报告令人关切，向国家当局移交拘留者的进程缓慢，境内数以万计的流离失所者安全返乡问题仍面临困境。

境内安全形势则是战后大多数利比亚人关心的主要问题。由于革命时期参加战斗的很多人——其中多数人仍有武器——对国家安全部队不信任，这些不受政府控制的武装团体拒绝被整编。政府特别是内政部的计划也遭到了这些尚未准备交出武器和融入国家机构的革命部队的抵制。同时,国家机构和安全协调机制薄弱,警察和军队力量远逊于庞大的民兵组织,民间散落武器数量庞大,治安混乱。在部分武装团体抵抗政府重新确立其权威努力的背景下,各地爆炸、暗杀和袭击不断,各种政治、部族和武装团体之间的对抗行为持续发生。加之境内民兵组织主要依靠出售武器发展壮大,在卡扎菲倒台后,民兵组织劫掠前利比亚军队的武器库,向马里的基地组织、加沙地带的巴勒斯坦激进组织哈马斯或者叙利亚的伊斯兰主义者出售武器,[1]构成地区安全威胁。

二、关于保护责任中武力使用的争论

利比亚战争是北约打着安理会授权决议的旗号发动的一场对主权国家的武力干预,是迄今为止以保护责任名义使用武力的唯一实践。利比亚战争将国际社会关于保护责任中武力使用的争论集中呈现,概括起来,这些争论主要表现为两方面:(1)实体正义之辩:应否因人道目的使用武力实施干预;(2)程序正义之惑:因人道目的如何使用武力进行干预。

(一)实体正义之辩:应否因人道目的使用武力实施干预

关于是否应当因人道目的而实施国际武力干预,基本上又可以分解为两个问题:一是是否应当干预;二是是否应当使用武力干预。

1.关于保护责任作为干预手段的不同意见

关于是否应当为了人道目的实施干预,反对的意见主要来自第三世界国家。首先,他们强调主权原则和"不干涉原则",认为保护责任违反了这些原则。强调自威斯特伐利亚以来,主权已经成为国家的根本属性和法理基础。"对国家主权的尊重是维持国际关系的基本要

---

〔1〕《利比亚深陷"无政府状态"》,载《参考消息》2013年11月19日第3版。

件之一,即使为了所谓神圣目的也不能置之不理。没有主权,就没有联合国;没有主权,广大弱小国家将被大国强国所抛弃。"[1]"人权高于主权"是西方强权国家借以推行霸权制造的谬论。在国际法上,主权意味着对内的最高权和对外的独立权,而人权是一国内政,人权的保护与改善最终得由主权国家来实现,以人权来否定主权是绝对不能接受的。打着保护人权目的对一个主权国家实施的干预,是对现有国际法原则,如主权平等原则、不干涉内政原则等的违背。在这点上,保护责任与人道主义干预并无二致。如苏丹政府所阐述的,"保护责任并不意味着有权利对一主权国家内部事务进行干预,宪章所确立的不干涉原则必须得到尊重。不干涉原则与威斯特伐利亚和约所确立的'国际关系基于相互尊重和各国都不得干涉别国事务'的精神相一致。不干涉原则是促使各国团结一致,为国际安全共同努力并最终创立联合国的'黏合剂'。只有在这项核心原则,即不干涉原则得到落实的情况下,国际和平与安全才不会受到威胁。当代对伊拉克和索马里的干预清楚地表明,干预之路不是由鲜花铺就,而是布满荆棘。保护责任本身并无新意,其新意只在于试图在国际法的框架内为人道主义干预做合法化的解释,但其实保护责任与人道主义干预只是同一枚硬币的不同侧面"。[2]

其次,他们认为干预并不是实现人权保护的根本手段,保护责任不能从根本上解决人道主义危机。因为以干预应对人道主义危机并没有触及产生人道主义危机的深层经济和社会原因,更回避了产生人

[1] Statement by Cuba at the July 2009 UN General Assembly Informal Interactive Dialogue on the Responsibility to Protect, available at: http://www.globalr2p.org/media/files/cuba-2009-r2p-debate.pdf.

[2] Statement by Sudan at the July 2009 UN General Assembly Informal Interactive Dialogue on the Responsibility to Protect, available at: http://www.globalr2p.org/media/files/sudan-2009-r2p-debate.pdf.

道主义危机的根源——不公正的国际秩序。它甚至可能导致国际社会出现恶性循环：次国家行为体叛乱—政府报复—国际干预—叛乱成功—刺激新叛乱，从而导致冲突的加剧和延长。[1] 很多对保护责任持有怀疑态度的国家都建议国际社会在寻求解决人道暴行之前应当首先解决贫穷问题和不发达问题。巴基斯坦指出，那些导致要适用保护责任去进行干预的局势往往都是不发达和贫穷的结果。[2] 古巴为此指责国际社会缺少发展援助。[3] 厄瓜多尔和马来西亚认为实施保护责任不应当对发展援助造成限制与影响。[4] 77 国集团坚持应当优先考虑发展问题。[5]

最后，他们还表达了对以保护责任名义实施的干预在现实国际环境下可能被滥用和采用双重标准的担忧。在理论上，保护责任因其概念解释宽泛、主观随意性强而极易被滥用。在将保护责任投入实施之前，必须进一步讨论、明确规定和提炼保护责任的概念，以防止它遭到

---

[1] 参见汪舒明：《"保护的责任"与美国对外干预的新变化——以利比亚危机为个案》，载《国际展望》2012 年第 6 期。

[2] Statement by Pakistan at the July 2009 UN General Assembly Informal Interactive Dialogue on the Responsibility to Protect, available at: http://www.globalr2p.org/media/files/pakistan-2009-r2p-debate.pdf.

[3] Statement by Cuba at the July 2009 UN General Assembly Informal Interactive Dialogue on the Responsibility to Protect, available at: http://www.globalr2p.org/media/files/cuba-2009-r2p-debate.pdf.

[4] Statement by Malaysia at the July 2009 UN General Assembly Informal Interactive Dialogue on the Responsibility to Protect, available at: http://www.globalr2p.org/media/files/malaysia-2009-r2p-debate.pdf; Statement by Ecuador at the July 2009 UN General Assembly Informal Interactive Dialogue on the Responsibility to Protect, available at: http://www.globalr2p.org/media/files/ecuador-2009-r2p-debate.pdf.

[5] Statement by Ambassador Stafford Neil, Permanent Representative of Jamaica to the United Nations, Chairman of the Group of 77, on Cluster 1 (Freedom from Want) of the Secretary-General's report 'In larger freedom: Towards development, security and human rights for all', New York, 25 April 2005. Quoted from: Alex J. Bellamy. *Responsibility to Protect*. Cambridge: Polity Press, 2009. 84.

滥用和误用,侵犯各国的主权、领土完整和政治独立。[1] 在实践上,受国家利益与国际政治的现实驱动,国际社会实施保护责任时容易采取双重标准,有选择地采取行动。例如,在巴林、也门和利比亚都出现了平民在国内武装冲突中受伤害的情况,但安理会仅决定对利比亚采取行动,而无视巴林和也门的情况。[2] 委内瑞拉政府则强烈谴责"保护责任最积极的捍卫者"实施和纵容对巴勒斯坦人民、伊拉克人民和阿富汗人民的暴力犯罪,表达了对保护责任在适用时采用双重标准的愤怒。[3] 在对抗大国强国时,任何干预的提议都可能被忽略,尤其是面对安理会常任理事国,否决权是国际社会实施干预无法逾越的障碍——这些担忧是无论支持还是反对保护责任的第三世界国家普遍持有的。因此,以印度为代表的一些国家指出:保护责任只是干预者的宪章,用来使西方对发展中国家内部事务进行的干预合法化。这一观点获得公开支持的不多,但 ICISS 组织的地区磋商表明,这恰恰是世界上很多地区,尤其是亚洲国家,潜在的重大关切。[4]

支持干预的观点则针锋相对。关于保护责任与主权原则的关系,支持者认为,"保护责任与主权并不冲突,两者是盟友而非对手。主权能力强的国家为它的人民提供保护,相反只有那些主权能力弱的国家才不能够或不愿意保护其人民。威斯特伐利亚体系和国家形成的核心目的之一就是提供保护,保护责任试图加强主权而不是削弱它"。[5]

---

〔1〕 伊朗代表在第 63 届联大第 105 次全体会议上的发言,见联合国文件 A/63/PV. 105。载 http://www. un. org/zh/documents/view_doc. asp? symbol = A/63/PV. 105&Lang = C。

〔2〕 参见杨永红:《论保护责任对利比亚之适用》,载《法学评论》2012 年第 2 期。

〔3〕 参见委内瑞拉代表在第 63 届联大第 105 次全体会议上的发言,见联合国文件 A/63/PV. 105。载 http://www. un. org/zh/documents/view _ doc. asp? symbol = A/63/PV. 105&Lang = C。

〔4〕 Alex J. Bellamy, *Responsibility to Protect*. Cambridge: Polity Press, 2009. 84.

〔5〕 Ban Ki-moon, "Responsible Sovereignty: International Cooperation for a Changed Word", addressed at an event in Berlin, Germany, 15 July 2008, available at: http://www. un. org/News/Press/docs/2008/sgsm11701. doc. htm.

同时,自威斯特伐利亚以来,行使主权的条件已经发生了巨大的变化。许多新的国家出现了,不断演变的国际法对国家所能做的事情规定了许多限制。尤其在全球化时代,人类面临的新旧威胁所具有跨越国境的特点,使得领土边界变得不是那么重要。[1] 大多数国家通过加入各种条约而自愿让渡一部分主权,使得在人权领域,主权已不再是暴行实施者得以藏身的壁垒。[2] 主权从来不是绝对的,主权不仅意味着权力还有责任。任何掌权者对其人民基本权利的冒犯都是对国际和平与安全的威胁。"不干涉"主权事务仍然是国与国之间关系的基本支柱,但基于国家对其人民的责任本质,"不干涉"必须让位于保护人民免遭人道罪行之害的责任。

关于保护责任能否最终解决人道危机问题,针对很多国家主张的在适用保护责任之前应优先解决导致人道灾难的根源问题的观点,支持保护责任的国家反驳说:没有持续的政治稳定与安全,实现不了发展。[3]

关于保护责任被滥用和双重标准问题,辩护者的意见是:不能在有正当理由进行干预的每种情况下进行干预的现实并不是在任何情况下都不进行干预的理由。[4]

---

〔1〕 Regional Roundtable Consultation with Nongovernment and Other Interested Organizations in Santiago, March 10, 2001, sponsored by ICISS. See ICISS. *The Responsibility to Protect: Research, Bibliography, Background.* Ottawa: International Development Research Centre, 2001. 369 – 373.

〔2〕 Roundtable Consultation with French Government Officials and Parliamentarians in Paris, May 23, 2001, sponsored by ICISS. See ICISS. *The Responsibility to Protect: Research, Bibliography, Background.* Ottawa: International Development Research Centre, 2001. 379.

〔3〕 Statement by South Africa at the July 2009 UN General Assembly Informal Interactive Dialogue on the Responsibility to Protect, available at: http://www.globalr2p.org/media/files/south-africa-2009-r2p-debate.pdf.

〔4〕 ICISS, *The Responsibility to Protect.* Ottawa: International Development Research Centre, 2001. para. 4.42.

2. 对于是否应当使用武力实施干预的分歧

如上所述，国际社会关于保护责任最主要的争论就在于保护责任是否与“主权平等”、“不干涉内政”等国际法原则相冲突，保护责任是否能从根本上解决人道问题，如何保持保护责任在适用上的一致性等问题。而武力使用由于其本身的破坏性和不可逆转性，决定了它只能为这些争论火上浇油，人们关于保护责任的一切分歧，当适用于武力使用时，都只会扩大，而无法取得消融。利比亚战争中的武力实践，就使得国际社会陷入新的分歧：在一具体局势面前，如何判断武力干预是正当的？

ICISS 就这一问题给出了他们的答案——使用武力进行干预的决定如果基于这六个标准，它就是正当的，即合理授权、正当的理由、正确的意图、最后手段、均衡性和合理的成功机会。由于合理授权是对于使用武力的程序性要求，并且安理会在维护国际和平与安全方面承担的主要责任和在决定使用武力方面的垄断地位得到宪章和绝大多数国家的认可。因此，威胁、挑战和改革问题高级别名人小组否定了在安理会授权之外的武力使用，承认由安理会批准或同意是使用武力取得合法性的基础。但名人小组认为，武力使用具有合法性，并不一定具有正当性；可以合法使用武力并不一定意味着应该使用武力。安理会在考虑是否批准或同意使用武力时，不管它可能会考虑的其他因素为何，至少必须考虑以下五个基本标准，这五个标准决定了武力使用的正当性，它们是：威胁的严重性、正当的目的、万不得已的办法、相称的手段和权衡后果。[1] 名人小组认为，确立这些基本标准将大大增加国际社会在决定使用武力问题上达成共识的可能性。安南秘

〔1〕 “A More Secure World: Our Shared Responsibility”, Report of the High-level Panel on Threats, Challenges and Change. the United Nations Department of Public Information, 2004. UN Doc. A/59/565. para. 207.

书长对此问题的建议是:"在考虑是否核准使用军事力量时,安理会应就以下问题取得共同看法:如何衡量威胁的严重性;拟议的军事行动的适当目的;不使用武力的手段有无可能遏制威胁;军事办法与面临的威胁是否相称;是否有合理的成功可能性。"安南认为采用这些标准来决定使用武力,有助于安理会的工作更加透明,其决定更可能得到各国政府和世界舆论的尊重。安南并建议将此原则标准吸纳进安理会决议,作为今后安理会批准使用武力的指导原则。[1]

上述关于保护责任中武力使用的正当性标准大同小异,但都比较原则和抽象,如果以此标准去套用每一次具体的局势以判断是否应该使用武力,则分歧在所难免。利比亚战争就突显了这一分歧。北约对利比亚卡扎菲政权实施打击的主要依据是安理会第 1973 号决议。决议虽然未遭反对获得通过,但由于涉及对主权国家使用武力,在讨论决议时各成员国分歧明显。不同意武力干预意见的主要关切点在于:利比亚局势的性质是否可以进行武力干预?和平解决利比亚危机的手段是否已经用尽?武力干预能否实现保护利比亚人民的目的?

首先,是关于利比亚境内到底发生了什么,其性质是否可以实施武力干预的问题。这一问题可归结为前述"正当的理由"原则标准。支持使用武力进行干预的国家将利比亚的局势描述为:"利比亚的局势是清楚的。一个暴虐、信誉扫地、完全丧失合法性的政权,正在对平

---

〔1〕"In Larger Freedom: Towards Development, Security and Human Rights for All", Report of the Secretary General, delivered to the General Assembly, UN Doc. A/59/2005. para. 126, available at: http://www. un. org/zh/documents/view _ doc. asp? symbol = A/59/2005&referer = http://www. un. org/zh/documents/index. shtml&Lang = E. 此外,菲律宾、秘鲁、韩国、瑞士、卢旺达、塞拉利昂、斯威士兰、塞尔维亚等也都赞同就实施保护责任中使用武力制定相应的原则和规则,认为这将使联合国实施保护责任更加一致、确定、权威和高效。(参见 GCR2P. "Implementing the Responsibility to Protect The 2009 General Assembly Debate: An Assessment", August 2009, available at: http://www. globalr2p. org/media/files/gcr2p _-general-assembly-debate-assessment. pdf.)

民使用战争武器”。[1] “卡扎菲上校政权指挥的对本国人民的血腥镇压粉碎了人民的意愿”，“在全国范围内，对平民施暴的现象有增无减”。[2] 但事实上，在安理会就第1973号决议草案进行表决前，秘书长特使和非盟向利比亚派出的高级别小组关于利比亚局势的评估结论都尚未做出。在3月2日的集会上，卡扎菲还在呼吁联合国和人权组织等在内的国际社会到利比亚，对利比亚正在发生的一切进行调查。卡扎菲认为利比亚的局势是基地组织向利比亚境内渗透造成的，要求安理会在做出决议时不要仅仅依据外国通讯社的报道。[3] 印度在安理会的代表坦陈安理会第1973号决议是在利比亚当地局势可信信息相对不足的情况下通过的。[4] 有学者分析认为正是由于评估标准存在缺陷，从而导致对利比亚国内人权状况的评估和利比亚政府未尽到保护责任的评估存在错误。[5] 尤其是当利比亚国内反政府力量由和平示威发展为武装反抗时，利比亚局势的性质已经发生了变化，此时，国际社会如果还是单方面谴责卡扎菲镇压平民，进而寻求武力干预，显然无法服众。如果认定利比亚国内存在武装叛乱，而使用武力支持反政府武装，则显然违反了“不干涉内政”原则。[6]

其次，在解决利比亚危机的和平手段是否已经用尽问题上，国际

---

〔1〕 英国代表马克·兰雅·格兰特在安理会通过第1973号决议后的发言，见联合国文件S/PV.6498。

〔2〕 法国代表朱佩在安理会表决第1973号决议草案前的发言，见联合国文件S/PV.6498。

〔3〕 参见《联大中止利比亚人权理事会成员国资格》，载《人民日报》2011年3月3日第13版。

〔4〕 印度代表曼吉夫·辛格·普里在安理会通过第1973号决议后的发言，见联合国文件S/PV.6498。

〔5〕 参见赵洲：《在国内武装冲突中履行“保护的责任”的规范依据及其适用》，载《法律科学》2012年第4期。

〔6〕 参见朱文奇：《利比亚战争与国际干涉的新模式》，载《西安政治学院学报》2011年第5期。

社会也存有分歧。这一分歧是关于前述"最后手段"原则标准的。从2011年2月15日利比亚出现和平反政府示威活动,2月19日利比亚反政府武装力量同利比亚政府军之间爆发军事冲突,到3月17日安理会通过授权武力干预的第1973号决议,只有短短一个月时间。在这一个月时间里,国际社会为和平解决危机做了许多努力——许多国家领导人和包括阿拉伯国家联盟、欧洲联盟和非洲联盟在内的许多国际组织发表了强硬声明,呼吁立即停止暴力行为,开展对话;秘书长任命了利比亚问题特使为解决危机进行斡旋;非洲联盟派出了高级别特设委员会前往利比亚;阿拉伯国家联盟暂停了利比亚参加阿盟会议的资格;安理会通过决议,决定将利比亚局势移交国际刑事法院,并对利比亚实行多种非武力制裁措施;联合国大会决定中止了利比亚联合国人权理事会成员国资格等。对诸如此类的国际努力,"安全理事会大多数成员得出结论认为,一系列和平措施已证明是不够的;之后,安理会决定授权使用武力。然而,一些会员国辩称,人们并没有给非胁迫性措施以足够时间,来证明其在利比亚的结果"。[1] 印度政府就明确表达了对在秘书长特使就利比亚局势做出报告和非盟利比亚高级别小组为和平结束利比亚危机的政治努力失败之前采取强制执行措施的不同意见。[2] 葡萄牙虽然对第1973号决议投了赞成票,但明确主张利比亚进行全国政治对话,通过和平进程实现政权变革。[3]

最后,对使用武力进行干预能否实现保护利比亚人民的目的,部

---

〔1〕 "Responsibility to protect: timely and decisive response", Report of the Secretary-General, UN Doc. A/66/874 - S/2012/578. para. 54, available at: http://www. un. org/zh/documents/view_doc. asp? symbol = A/66/874&referer = http://www. un. org/zh/documents/index. shtml&Lang = E.

〔2〕 参见印度代表曼吉夫 · 辛格 · 普里在安理会通过第1973号决议后的发言,见联合国文件S/PV. 6498。

〔3〕 参见葡萄牙代表莫赖斯 · 卡布拉尔在安理会通过第1973号决议后的发言,见联合国文件S/PV. 6498。

分国家提出质疑。这一争论有关于前述“合理的成功机会”原则标准。以保护责任名义使用武力必须是出于制止或避免人道灾难、保护人民的目的。如果不能实现实际的保护,或如果进行武力干预的后果可能比不采取任何行动更糟,就没有理由进行武力干预。尤其是,如果在执行武力干预的过程中,引起了更大规模的冲突,那么为了有限的人类保护目的的武力使用就无法被证明是合理的。如果某些人的生命根本无法拯救,除非付出不可接受的代价——也许是一场规模更大的将军事大国卷进其中的区域性战火,那么,不管现实令人多么痛心,也不再有正当的理由采取武力措施实施干预。在决定对利比亚实施武力干预时,部分国家就表达了这样的担忧。德国在1973号决议表决发言中强调了对利比亚实施经济和金融制裁的支持,但涉及使用武力,德国认为:“关于使用军事力量的决定总是极其难以做出。我们非常仔细地考虑了使用军事力量的选择——考虑了它的影响和它的局限性。我们认为有巨大的风险。不应低估大规模生命损失的可能性。如果拟议采取的步骤最终被证明无效,我们认为有被卷入一场长期军事冲突的危险,这将影响到更广泛的区域。我们不应该在快速取得结果而又伤亡很少的乐观假设上,卷入一场军事对抗。因此,德国决定不支持军事选择。”[1]巴西在解释其对1973号决议投弃权票的原因时指出,“我们不认为按决议执行部分第4段规定那样使用武力会导致实现我们的共同目标——立即停止暴力和保护平民。我们还顾虑这样的措施可能会意外加剧实地紧张并给我们决心保护的平民造成伤害而非带来好处的效果”,使用武力“可能给利比亚和周围地区的局势带来严重影响”。巴西并敦促,要实现保护人民的目标,“就必须开展外交和对话”,“促成必要的政治改革,从而寻找一个和

---

〔1〕 德国代表维蒂希在安理会通过第1973号决议后的发言,见联合国文件S/PV.6498。

平持久的解决办法”。[1] 俄罗斯直接对国际社会在利比亚使用武力的后果提出警告:“在利比亚过度使用外部武力造成不可避免人道主义后果的责任将理所应当地落在那些有可能采取此类行动的人的身上。如果这种情况出现,那么,不仅利比亚平民将会受苦,维护整个北非和中东区域和平与安全的事业也会遭殃。必须避免这些破坏稳定的事态发展。”[2]

(二)程序正义之惑:因人道目的如何使用武力进行干预

1. 武力使用的安理会授权问题

在武力使用的安理会授权问题上,首先遇到的分歧是关于实施保护责任时使用武力需不需要取得安理会授权,即安理会授权是否是保护责任中使用武力的必经程序和前提条件。对此问题,ICISS 认为使用武力履行保护责任应该得到“合理授权”,在这方面,没有比联合国安理会更好或更合适的机构。但“如果在人道主义问题或人权问题处于严重的危急关头,安理会明确拒绝进行干预的提案,或者安理会未能在合理的时限内处理这类提案”,[3] ICISS 建议谋求联合国大会通过“联合一致共策和平”程序采取武力行动,或者由某个区域或分区域组织采取集体武力干预。也就是说,ICISS 并不排斥在安理会之外使用武力。美国和英国起初出于单边主义的考虑,不希望被集体安全体制束缚手脚,在 2005 年世界首脑会议磋商时,也反对将未经安理会授权的武力干预明确排除在外。但遭到其他大多数国家的反对。他们认为,既然如 ICISS 和加拿大所称保护责任是用来对西方干预主

---

〔1〕 巴西代表维奥蒂夫人在安理会通过第 1973 号决议后的发言,见联合国文件 S/PV. 6498。

〔2〕 俄罗斯代表丘尔金在安理会通过第 1973 号决议后的发言,见联合国文件 S/PV. 6498。

〔3〕 ICISS. *The Responsibility to Protect*. Ottawa: International Development Research Centre, 2001. para. 6. 28.

义进行约束的,那么,就必须重申安理会的绝对地位。[1] 毕竟,安理会在维护国际和平与安全方面承担的主要责任和在决定使用武力方面的垄断地位得到宪章认可。最终,2005 年世界首脑会议成果文件决定将国际社会依据宪章第七章采取的强制行动限制在宪章范围内,"通过安全理事会逐案处理"。[2] 此后,联合国文件和秘书长推动保护责任的努力都是在安理会的框架内来讨论武力使用问题。利比亚的实践也说明了,哪怕是西方大国,也不得不尊重安理会在授权使用武力方面的权威。

在武力使用的安理会授权问题上,另一分歧在于要不要预设使用武力的标准。如前所述,ICISS 和威胁、挑战和改革问题高级别名人小组,以及安南秘书长等都曾提及使用武力的标准问题。名人小组认为,确立这些基本标准将大大增加国际社会在决定使用武力问题上达成共识的可能性。[3] 安南认为采用这些标准来决定使用武力,有助于安理会的工作更加透明,其决定更可能得到各国政府和世界舆论的尊重。安南并建议将此原则标准吸纳进安理会决议,作为今后安理会批准使用武力的指导原则。[4] ICISS 联合主席之一的加雷思·埃文斯教授也是这一观点的支持者。他在考察利比亚战争之后,认为利比亚战争留给人们的教训就是应当更加精确地制定严格谨慎的标准,并作为安理会正式的指导方针加以规定,安理会做出关于使用强制武力

---

〔1〕 Alex J. Bellamy, *Responsibility to Protect*. Cambridge: Polity Press, 2009. 83.

〔2〕 联合国文件 A/RES/60/1,第 139 段。

〔3〕 "A More Secure World: Our Shared Responsibility", Report of the High-level Panel on Threats, Challenges and Change. the United Nations Department of Public Information, 2004. UN Doc. A/59/565.

〔4〕 "In Larger Freedom: Towards Development, Security and Human Rights for All", Report of the Secretary General, delivered to the General Assembly, UN Doc. A/59/2005. available at: http://www.un.org/zh/documents/view_doc.asp? symbol = A/59/2005&referer = http://www.un.org/zh/documents/index.shtml&Lang = E.

措施的授权必须满足这些标准。[1] 但也不是所有人都同意预设使用武力的标准。潘基文秘书长就认为,使用武力的决定不能轻易做出,需要仔细评估,但在“此种情况下没有什么决策的模板;模板也不理想,因为每一情况都不相同”。[2] 安理会两大常任理事国美国和俄罗斯也不同意为武力使用预设标准,但他们反对的理由不同:美国认为预设标准将限制其行动自由;俄罗斯则担心标准被滥用和使干预合法化。[3]

最后,安理会使用武力的授权语言遭到多方批评,认为安理会在授权使用武力时应当更加明确、清晰、富有可操作性。以利比亚战争为例,安理会第1973号决议在决定采取行动的第4段,授权会员国“采取一切必要措施”,“以便保护阿拉伯利比亚民众国境内可能遭受袭击的平民和平民居住区”;第6段:“决定在阿拉伯利比亚民众国领空禁止一切飞行,以帮助保护平民”;第8段:授权会员国“视需要采取一切必要措施,强制执行上文第6段规定的禁飞”。对于这样的授权语言,一些国家认为模糊不清,不具可操作性。印度代表在安理会表决通过决议后强调指出,安理会通过的这项决议授权根据宪章第七章采取影响深远的措施,“但我们至今不清楚执行措施的细节,包括谁将参与执行和以何种手段执行,以及这些措施如何得

〔1〕 Gareth Evans. “The Lesson of Libya”. available at: http://www.globalr2p.org/media/files/the_lesson_of_libya_-_nytimes.pdf; “R2P and RWP After Libya and Syria”. Keynote Address by Professor the Hon Gareth Evans, Co-Chair, Global Centre for the Responsibility to Protect, to GCR2P/FGV/Stanley Foundation Workshop, Responsibility While Protecting: What's Next?, Rio de Janeiro, 23 August 2012, available at: http://www.gevans.org/speeches/speech485.html.

〔2〕 “Responsibility to protect: timely and decisive response”, Report of the Secretary-General, UN Doc. A/66/874 – S/2012/578, available at: http://www.un.org/zh/documents/view_doc.asp? symbol = A/66/874&referer = http://www.un.org/zh/documents/index.shtml&Lang = E.

〔3〕 Alex J. Bellamy, *Responsibility to Protect*. Cambridge: Polity Press, 2009. 84.

到确切执行”。[1] 俄罗斯也明确指出决议存在的问题:“文件制订工作不符合安全理事会的常规做法。基本上,俄罗斯和安理会其他成员提出的一系列问题仍然没有得到回答。这些问题是具体和合理的,涉及如何实施禁飞区、接战原则是什么以及在利比亚使用武力的限度等问题”,现有“规定有可能为大规模军事干预敞开大门。”[2] 专家分析认为:北约部队充分利用了第1973号决议存在的模糊地带,从而发动了一场战争。按照北约的逻辑,为了维护决议所规定的禁飞区的有效性,可以打击卡扎菲的防空系统;为了保护平民,可以炸毁卡扎菲的地面坦克。照此逻辑,派出地面部队以保护平民似乎也是合乎决议的。这将开启一个非常危险的先例。正是由于决议授权语言的模糊不清,导致各方对决议授权内容理解不同,甚至对决议究竟有没有授权使用武力都存在不同看法。有学者在仔细分析决议内容后,得出结论认为“对利比亚使用武力不是安理会决议的本意,安理会也并没有授权使用武力”。[3] 在法国认为按照决议率先发动空袭后,利比亚却发表声明,认为法国的做法违反了该决议,因此有关在利比亚设立禁飞区的第1973号决议已经失效,要求安理会立即召开紧急会议重新讨论利比亚局势。委内瑞拉认为法国等国的行动是对利比亚的军事入侵,践踏了国际法。包括俄罗斯、印度、巴西在内的世界多国呼吁参与对利比亚军事行动的有关国家停止滥用武力。非洲联盟也认为法美英等国的军事行动是滥用决议,反对外国对利比亚进行任何军事干涉。

---

〔1〕 印度代表曼吉夫·辛格·普里在安理会通过第1973号决议后的发言,见联合国文件S/PV.6498。

〔2〕 俄罗斯代表丘尔金在安理会通过第1973号决议后的发言,见联合国文件S/PV.6498。

〔3〕 朱文奇:《利比亚战争与国际干涉的新模式》,载《西安政治学院学报》2011年第5期;《北约对利比亚采取军事行动的合法性研究》,载《法商研究》2011年第4期。

2. 武装力量的来源与组织

当安理会就某一局势达成一致，做出决定授权使用武力实施干预之后，另一问题浮现了——实施武力干预的武装力量从何而来？如何组织？这是自联合国成立以来就悬而未决的问题。由于在一些重要问题上大国之间存在分歧，宪章所设想的联合国军队一直没有建立，因此联合国总部没有能够进行任何大规模战斗或军事干预所必需的那种武装部队和后勤规划与支持能力及指挥和控制能力。在要求采取强制行动的情况下，历来的做法是委托自愿加入的国家或联盟加以实施。但是统一不同国家在每个方面的观点和利益经常是一个长期和复杂的过程。ICISS 认为，从采取军事行动的角度看，军事决策必须基于明确无误的通信联络和指挥系统，由拥有尽可能充分的指挥权力的军事指挥官负责实施，他有权处置充足的资源以执行其使命，并拥有反映指挥和目的统一的单一指挥系统。[1] 而统一指挥是成功实施行动的必要条件，如果设立单独的综合指挥系统，另外如果各国愿意将本国派遣的部队的控制权最大限度地交给它们任命实施干预的部队指挥官，那就能够最有效地实现目标，否则，不同国家的军队在极端情况下各行其是和互不协调，就可能导致干预行动失败。ICISS 还认为，武力干预必须接受政治控制，以准确定义的政治目标为基础。[2] 因此，对于在集体安全体制下的国际武力干预行动，比对干预部队实现统一军事指挥更重要的是对其实现严厉的政治控制，使得武装部队的行动始终与安理会确定的干预目标保持一致。确保武装部队始终在安理会的控制和监督下开展行动，对保持武力干预的效果和

---

〔1〕 ICISS, *The Responsibility to Protect*. Ottawa: International Development Research Centre, 2001. chapter 7, "the Operational Dimension".

〔2〕 ICISS, *The Responsibility to Protect*. Ottawa: International Development Research Centre, 2001. para. 7. 51.

目标实现至关重要,也是实现使用武力正当性的必然要求。依此考察多国部队在利比亚的武力干预,分析者认为:"安理会具有保护利比亚平民的政治合意,但是只能依赖以美英法为主的多国部队强制执行'禁飞区',行动未能受制于联合国,而是取决于美英法等国,导致多国部队的行动偏离了联合国安理会的决议,并未起到真正维护和平、保护平民的目的。"[1]

3. 武力干预的实施与监督

为了人道目的的集体武力干预以保护人类为特定目标,在国际社会的政治合意下展开,因此必须接受一定的行动原则指导与监督。对此,ICISS 认为,保护人类行动的目标是尽快和尽可能全面地使人权和法律原则得到遵守,而不是打败国家。这体现在武力的运用中,必须接受对使用武力的限制规定,行动的实施必须保证最大限度地保护平民的所有组成部分,必须确保严格遵守国际人道法等。[2] 具体到多国部队在利比亚实施的武力行动是否遵守了这些原则,并有效接受了国际社会的监督,存有不同看法。

北约自称其对利比亚实施的军事打击行动依据安理会决议授权展开,行动过程中采用了预期平民零死伤的标准,而且如果有任何理由认为袭击会造成平民死伤,那么北约就会放弃这一袭击目标。[3] 联合国人权理事会所授权的利比亚问题国际调查委员会也认为:北约开展的行动"高度精准","表明其决心避免平民伤亡"。[4]

但联合国很多其他会员国不这么认为。他们表示,"那些负责执

[1] 杨永红:《论保护责任对利比亚之适用》,载《法学评论》2012 年第 2 期。

[2] ICISS, *The Responsibility to Protect*. Ottawa: International Development Research Centre, 2001. para. 7. 51.

[3] 联合国文件 A/68/389。

[4] 联合国文件 A/HRC/19/68。

行安理会第1973号决议者,超出了安理会的授权”。[1] 行动涉嫌过度使用武力,对利比亚的空袭目标远远超过了建立禁飞区的限度和范围。“事实上,干预方已经完全参与到了利比亚的内战当中,并且主要协助利比亚反政府武装。”[2]北约的行动还遭到了违反国际人道法的指控。“在北约对利比亚采取的军事行动中,虽然美国坚称空袭遵循了国际人道法下的区分原则,将打击对象限定于利比亚政府军的机械化部队、炮兵、机动化导弹发射装置及通信设施,但新闻报道不断传出平民丧生、民用基础设施被严重损坏的消息。”[3]利比亚政府发言人穆萨·易卜拉欣在6月2日的发言中指出,自3月19日以来截至5月26日,北约轰炸已造成718名利比亚平民丧生,4067人受伤。[4]其行动造成的严重平民伤亡及财产损失表明,北约的军事行动还违反了国际人道法的比例原则。“安理会通过第1973号决议设立禁飞区,本意是出于人道主义的考虑来保护平民,然而北约在利比亚没有违反安理会决议,即没有对禁飞区的设立造成任何阻碍的情况下,主动参与武装冲突,对利比亚政府军、卡扎菲及其家庭成员实施轰炸并造成大量平民伤亡,其行为显然违反了国际人道法,属于国际不法行为。”[5]

北约的滥权行为导致其失去了一些国家和国际组织的支持。阿拉伯国家联盟曾是在利比亚设立禁飞区的积极倡导者,安理会正是在

---

〔1〕 “Responsibility to protect: timely and decisive response”, Report of the Secretary-General, UN Doc. A/66/874 - S/2012/578(July 25, 2012). para. 55.

〔2〕 李伯军:《从军事打击利比亚看国际干预的法律标准》,载《法治研究》2011年第7期。

〔3〕 朱文奇:《北约对利比亚采取军事行动的合法性研究》,载《法商研究》2011年第4期。

〔4〕 参见蒋琳:《保护的责任:利比亚问题的国际法实践研究》,载《黑龙江省政法管理干部学院学报》2011年第5期。

〔5〕 朱文奇:《北约对利比亚采取军事行动的合法性研究》,载《法商研究》2011年第4期。

阿盟的建议下通过了授权设立禁飞区的第 1973 号决议。"但北约对利比亚空袭的规模及后果使阿盟转而谴责西方国家对利比亚的军事打击。阿盟秘书长穆萨表示,利比亚发生的情况偏离了安理会在利比亚设立禁飞区的目的,安理会决议旨在保护利比亚平民,而不是轰炸和袭击更多的平民;阿盟希望看到禁飞区而非炸弹。"[1]秘书长潘基文也认为,北约在利比亚的军事行动涉嫌违反开展武装敌对行动的国际法,危机了平民安全,应该对此开展调查。[2] "5 月 29 日,利比亚全国律师委员会表示将会以战争罪正式起诉北约。6 月 7 日,卡扎菲女儿艾莎·卡扎菲的律师分别在法国巴黎和比利时布鲁塞尔对北约提起诉讼。2011 年 5 月 29 日,利比亚全国律师委员会在利比亚首都的黎波里召开了记者会,谴责北约的军事行动殃及无辜,并且表示由于受到死难者家属的委托,将会以战争罪正式起诉北约。"[3]但显然,这种战败者对战胜者的起诉与控诉注定是无力的,不可能对战胜者的违法行为产生有效的约束。而除了微弱的言语谴责外,国际社会包括联合国对北约在利比亚的使用武力始终欠缺有效的监督。针对在利比亚武力干预的这一缺憾,有关国家和国际人士提出建议,主张完善安理会相关工作规程,加强对授权武力行动执行方式的监督与评估。[4]

---

〔1〕 朱文奇:《北约对利比亚采取军事行动的合法性研究》,载《法商研究》2011 年第 4 期。

〔2〕 "Responsibility to protect: timely and decisive response", Report of the Secretary-General, U. N. Doc. A/66/874 – S/2012/578(July 25, 2012), para. 55.

〔3〕 盛红生:《利比亚为何对北约打响法律战》,载《法制日报》2011 年 6 月 14 日第 10 版。

〔4〕 Gareth Evans, "R2P and RWP After Libya and Syria", Keynote Address by Professor the Hon Gareth Evans, Co-Chair, Global Centre for the Responsibility to Protect, to GCR2P/FGV/Stanley Foundation Workshop, Responsibility While Protecting: What's Next?, Rio de Janeiro, 23 August 2012, available at: http://www.gevans.org/speeches/speech485.html.

第三章　保护责任中武力使用的法律分析

北约对利比亚的轰炸引发的争论之一是能否为了人道目的，出于保护责任对主权国家使用武力？回答这一问题离不开对战争的法律分析。战争是国际行为体之间互动关系的特殊形式，是国际政治的极端状态。自国家产生以来，国家间战争的本质没变——仍然是政治的延续，但国际政治关系越来越规范化、法治化，法律成为衡量国际政治关系重要的价值标尺，战争，包括一切形式的武力使用，都必须接受法律的评价。

一、正义战争论作为保护责任中武力使用之法理基础分析

ICISS联合主席之一的加雷思·埃文斯直言：ICISS、威胁、挑战和改革问题高级别名人小组和安南秘书长等为保证保护责任中武力使用的正当性所建议的数条标准都有着纯正的中世纪早期基督

教"正义战争"理论的血统。[1] 美国普林斯顿大学国际法教授理查德·福尔克认为正义战争理念是国际背景下使用武力合法性的首要来源。[2] 既然如此,考察保护责任中武力使用的合法性问题,正义战争理论是个绕不过去的话题。

(一)西方古典正义战争理论与保护责任中武力使用的正当性

1. 西方古典正义战争理论是保护责任中武力使用的理论源头

正义战争论是关于何时使用武力以及如何使用武力的战争伦理理论,[3]是人们从伦理角度对战争或武力阐明的态度与观点。[4] 人类对战争正当性的思考与人类战争的历史一样悠久。自早期原始部落间的战斗开始,人类就试图用道德来规范战争行为,一些道德关怀受到部落勇士们的重视。[5] 凯尔森认为,原始部落间的法律,按其

---

〔1〕 See Gareth Evans. *the Responsibility to Protect: Ending Mass Atrocity Crimes Once and For All*. Washington, D. C.: Brookings Institution Press, 2008. 140.

〔2〕 [美]伊曼纽尔·沃勒斯坦、布热津斯基等:《大变局:30 位国际顶级学者研判"后9·11"时代的世界格局》,中国国际问题研究所译,江西人民出版社 2002 年版,第 119 页。

〔3〕 Ryan Dreveskracht, "Just War in International Law: An Argument for a Deontological Approach to Humanitarian Law". *Buffalo Human Rights Law Review*, Vol. 16, 2010:239.

〔4〕 在对待战争的伦理态度上,有三大传统,即和平主义、现实主义和正义战争论。和平主义排斥所有的暴力行为,否定战争的任何正义性,认为战争从根本上就是错误的,在道德上不可能证明任何战争行为的正当性。无论人们的参战理由是多么好,同时也不论他们面临什么样的威胁,战争和参与战争都是错误的。现实主义的核心是强调战争没有正义与非正义之分,战争与道德没有直接的联系,战争是实现利益的工具。国家之间为了保证自己的安全和争夺权力、利益必然发生战争;而战争一旦开始,暴力就遵循自身的规律冲破一切道德和法律的限制。所以,当涉及战争和战争中的行为时,不仅道德观念和原则不适用,道德分析也毫不相关。与上述两种极端思想相反,正义战争论则赋予战争以道德性,它的核心思想就是强调战争有正义与不正义之分,正义战争是值得肯定的,不正义的战争是要谴责的。参见[美]迈克尔·沃尔泽:《正义与非正义战争》,任辉献译,凤凰出版传媒集团江苏人民出版社 2008 年版,"译者的话"第 2~4 页;[美]威廉姆·H. 肖:《正义战争理论》,庄忠正译,载《国外理论动态》2013 年第 6 期;崔建辉:《17~18 世纪西方正义战争理论的转变及其困境》,复旦大学 2009 届硕士学位论文;Inis L. Claude, Jr.. "Just War: Doctrines and Institutions". *Political Science Quarterly*, Vol. 95, No. 1, 1980:84。

〔5〕 王海平:《西方正义战争理论的两个重要范畴:诉诸战争的权利和战争法规》,载《西安政治学院学报》2004 年第 3 期。

本质来说，是“正义战争”的原则。因为，通常“在原始部落或集团之间的战争实质上是一种仇杀，一种复仇行为；这样，它就是对一定利益的侵犯的反应，对被认为是过错的一种反应”。[1] 在西方，古希腊城邦国家时期，关于战争正义性的话题就已出现，柏拉图与其学生亚里士多德就曾论述过战争中领袖与军人面临的道德问题。在古老的中国，关于战争正当性的伦理思考同样为先贤们所重视。如《吕氏春秋》将战争进行分类，提出了义兵与不义之兵的思想；《淮南子·兵略训》提出划分义战与不义之战的标准；墨子的“以战止战”、反对兼并战争的思想等都是古代中国对正义战争理论做出的杰出贡献。[2]

当然，本书着重依托西方古典正义战争理论考察保护责任中武力使用的正当性。[3] 原因有二：其一，如埃文斯所言，ICISS 所倡导的保护责任中武力使用的正当性主要基于中世纪基督教“正义战争”理论；其二，在当代国际关系中，相较于东方战争伦理，西方正义战争理论处于明显强势地位，其原因不仅在于西方整体国际关系理论研究领先于东方，更在于西方正义战争理论表现出更强的规范性、系统性和

---

〔1〕［奥］凯尔森：《法与国家的一般理论》，沈宗灵译，中国大百科全书出版社 1996 年版，第 368 页。

〔2〕参见王田：《正义战争价值问题研究》，国防大学 2003 届硕士学位论文。关于中国古代正义战争思想的论述另见：白彤东：《仁权高于主权——孟子的正义战争观》，载《社会科学》2013 年第 1 期；林东旭：《孔子、老子的战争观与方法论之比较》，载《闽江学院学报》2005 年第 1 期；曾雪灵：《荀子正义战争理论初探——兼论荀孟正义战争理论的差异及其原因》，载《道德与文明》2013 年第 2 期；张露：《中西正义战争思想比较分析》，载《现代国际关系》2005 年第 4 期等。

〔3〕西方古典正义战争理论包括开战正义（jus ad bellum）和交战正义（jus in bello）两部分。由于对保护责任中武力使用在交战中的正当性要求与其他战争形式具有一定的共通性，故作者在此主要阐述将西方正义战争理论中开战正义部分用来论证保护责任中武力使用正当性的适用性。

承续性,在理论和实践上对当代国际法的影响更大。[1]

虽然古希腊的圣贤们就战争中的道德问题有过讨论,但学界公认西方正义战争论正式起源于中世纪教会思想,是中世纪基督教的神学家们确立了考察与评价战争的基本伦理框架。可基督教并不是从一开始就承认正义战争之说。早期的基督教义承认的是一种极端的和平主义思想,认为暴力有违人性,一切战争都是非道义的,从而笃信非暴力——"耶稣教诲说如果有人打你的右脸,就把左脸给他打",[2]十诫中"不杀人"的规定赫然在列。在公元170年之前,根据基督教义,基督教的信徒们甚至不被允许在军队服役。[3] 这种情况的转变始于罗马帝国皈依基督教之后。公元312年,罗马帝国君士坦丁大帝突然皈依基督教,尽管后人对君士坦丁大帝皈依基督教的真实原因颇多揣测,但不可否认的是,基督教与罗马帝国的这次"联姻"是一个双赢的结果。基督教会借此改变了长期受迫害的命运,一举成为国教。而罗马帝国则借助基督教实现继续扩张。当然,基督教取得国教的地位也是付出代价的,这种代价就是改变了过去极端和平主义的教义,承认在神的旨意下进行战争的正当性。这就是基督教正义战争论的萌芽,正义战争也成为罗马帝国皇帝在神的授意下持续发动战争的合法根据。此后,中世纪神学家们的学理阐释与理论升华使基督教的正义战争理论逐步体系化,并对后世产生深远影响。

---

〔1〕 关于西方正义战争理论在当代世界中的地位及作用的论述,可以参考以下几本著作:Paul Ramsey, *The Just War: Force and Responsibility*, New York: Scribners, 1968; Michael Walzer, *Just and Unjust Wars: Moral Arguments with Historical Illustrations*, New York: Basic Books, 1977; John Finnis, Joseph Boyle, Germain Grisez, *Nuclear Deterrence, Morality and Realism*, Oxford: Claredon, 1987。

〔2〕 [美]迈克尔·沃尔泽:《正义与非正义战争》,任辉献译,凤凰出版传媒集团江苏人民出版社2008年版,"译者的话"第2页。

〔3〕 参见黄瑶:《正义战争论对现代国际法及国际实践的影响》,载《中山大学学报》(社会科学版)2003年第5期;崔建辉:《17~18世纪西方正义战争理论的转变及其困境》,复旦大学2009届硕士学位论文。

最早提出正义战争概念的神学家是米兰主教安布罗斯(339～397年)。[1] 安布罗斯少年时在罗马受到良好教育,成年后专攻法律。30岁时他被任命为地方总督,4年后,他摆脱了世俗政治,就任了米兰市的主教。安布罗斯没有留下系统的理论著作,他关于正义战争的概念主要反映在他与当时皇帝的交往信件中,从中可以清楚地解读出他提倡宽容与隐忍,主张以和平方式解决争端,反对暴力和仇恨的基督教和平主义思想。[2]

最早著书立说论述正义战争理论的是古典时代基督教思想最为重要的奠基人之一奥古斯丁(354～430年)。[3] 奥古斯丁出生在北非一座无名小城,33岁时皈依基督教后成了米兰主教安布罗斯的听众,并接受了安布罗斯的洗礼。他的正义战争思想主要是作为捍卫基督教的工具在其巨著《上帝之城》中做了阐述。奥古斯丁生活的时代基督教已经取得了国教的地位,但罗马帝国正走向衰落与分裂,频繁遭到异教徒国家的劫掠,国内的异教徒甚至把罗马的衰落归因于罗马皈依基督教而不再信奉古代诸神的结果。对此,虔诚的基督徒奥古斯丁坚决不能接受,他反对早期基督徒完全排斥战争的立场,试图用他的"正义战争"论督促基督徒们为了上帝而战斗。奥古斯丁的正义战争"是指那些对所受损害进行报复的战争","并且,上帝喻示的战争

---

〔1〕 参见周桂银、沈宏:《西方正义战争理论传统及其当代论争》,载《国际政治研究》2004年第3期;崔建辉:《17～18世纪西方正义战争理论的转变及其困境》,复旦大学2009届硕士学位论文。

〔2〕 关于安布罗斯和平主义思想渊源可参见[英]罗素:《西方哲学史》(上卷),何兆武、李约瑟译,商务印书馆1963年版,第417～419页。

〔3〕 关于奥古斯丁在西方正义战争理论中的作用的评论,参见 Paul Christopher, *The Ethics of War and Peace: An Introduction to Legal and Moral Issues*. Englewood Cliffs, NJ: Prentic Hall, 1999. chapter 3; Robert L. Holmes, *On War and Morality*, Princeton: Princeton University Press, 1989. chapter 4.

毫无疑问是正义的”。[1] 他明确阐述了包括正当理由与合法权威在内的“正义战争理论”。[2] 关于战争的正当理由，奥古斯丁认为，秩序最重要，有组织的国家体制对于社会维护某种程度的秩序来说既是作为惩罚，也是作为一种安全措施，是必要的。[3] 如果国家内部发生骚乱或冲突，则智慧的统治者有权发动战争；一个国家对另一个国家犯了过错，如非法入侵另一个国家，后者也有权进行正当防卫。关于合法权威，奥古斯丁认为正义来自上帝，统治者是由上帝指派来维持秩序的，国家的统治者是上帝的人。因此，“应该加以和平处理的人们的自然秩序，要求把宣战的权力和决定交由统治者掌握”。[4]

继承奥古斯丁关于正义战争思想并对之进行系统梳理与发展的是经院哲学家托马斯·阿奎那(1225～1274年)。他“在《神学大全》中提出了现今正义战争理论的总体框架”，[5]认为正义战争需要具备三个条件：[6]第一，需要“有权宣战的统治者的权威”。阿奎那认为，私人因为可以通过请求其上级维护权益，并且无权调用公共力量，因此不能成为宣战主体。而统治者由于被授权处理公共事务，因此有权调用公共力量以保卫国家、平定变乱。也就是说，只有具有合法地位

---

〔1〕 Ian Brownlie, *International Law and the Use of Force by States*. Oxford University Press, 1963. 5.

〔2〕 Inis L. Claude Jr, “Just War: Doctrines and Institutions”. *Political Science Quarterly*, Vol. 95, No. 1(1980):87.

〔3〕 [挪]G. 希尔贝克、N. 伊耶：《西方哲学史——从古希腊到二十世纪》，童世骏等译，上海译文出版社2004年版，第138页。

〔4〕 [意大利]托马斯·阿奎那：《阿奎那政治著作选》，马清槐译，商务印书馆1963年版，第135页。

〔5〕 王海平：《西方正义战争理论的两个重要范畴：诉诸战争的权利和战争法规》，载《西安政治学院学报》2004年第3期。

〔6〕 [意大利]托马斯·阿奎那：《阿奎那政治著作选》，马清槐译，商务印书馆1963年版，第135～136页。另见 Ian Brownlie, *International Law and the Use of Force by States*. New York: Oxford University Press, 1963. 6; Yoram Dinstein, *War, Aggression and Self-Defence*. fourth edition. Cambridge University Press, 2005. 64.

的统治者才能发动战争。第二,“需要有一个有充分根据的理由”。也就是说,那些因为某种罪行而受攻击的人理应获得这种对待时战争才是正义的。第三,“需要有一个正当的目的”。反之,即使战争是由合法统治者宣布的,并且也有充分根据的理由,也有可能因为居心叵测而变成非正义的。他强调指出,“损人的欲望,仇杀的残暴,冷酷而毫不容情的精髓,胜利后的趾高气扬,对于权利的觊觎,凡此种种,在战争中都是理应加以谴责的”。[1] 此外,阿奎那还论证了推翻暴政的正当性,认为抵抗暴政是人民的权利,因为暴政的目的不是谋求公共利益,而是为了获得统治者的私利。这时,统治者就成为严重罪行的实施者,是非正义一方。推翻这种暴政的行为不构成叛乱。但也有例外,当推翻暴政行为引起的骚乱给社会带来的损害比统治者实施暴政对社会的损害还大时,推翻暴政就变得不能接受。[2] 阿奎那的这一思想奠定了西方古典正义战争理论传统的基础,也成为其后的西方古典学者关于这一思想的范例,[3]就此西方古典正义战争理论的核心内容形成,并构成了西方这一思想传统的基本线索。[4]

现今 ICISS 提出的保护责任中武力使用的理论体现了其与西方古典正义战争理论的渊源关系。首先,两者都不反对武力使用。除了早期基督教的和平主义思想,古典正义战争理论并不一味地排斥武力的使用。它反对私战,反对出于非正当目的的战争,但对于符合一定

---

〔1〕［意大利］托马斯·阿奎那:《阿奎那政治著作选》,马清槐译,商务印书馆 1963 年版,第 135 ~ 136 页。

〔2〕托马斯·阿奎那:《阿奎那政治著作选》,马清槐译,商务印书馆 1963 年版,第 136 页。

〔3〕参见王海平:《西方正义战争理论的两个重要范畴:诉诸战争的权利和战争法规》,载《西安政治学院学报》2004 年第 3 期。

〔4〕关于西方古典正义战争理论的分析可参考 Ian Browile, *International Law and the Use of Force by States*. Oxford: Oxford University Press, 1963. 3 – 50; Malcolm N. Shaw, *International Law*. 5th ed. Cambridge, England: Grotius Publications Ltd., 2003.

条件的战争，承认其对于恢复秩序和惩罚罪行的积极作用。保护责任也正是出于对武力在制止人道灾难、履行国际责任方面作用的认可而支持使用武力。其次，两者都为武力使用设置了一套标准。ICISS、威胁、挑战和改革问题高级别名人小组和安南秘书长等为保证保护责任中武力使用的正当性所建议的数条标准——正当的理由、正确的意图、合理的授权等与奥古斯丁和阿奎那主张的正义战争的条件如出一辙。保护责任所支持的正当理由是一国内部发生大规模人道主义危机或大规模严重违反人权情况。按照当代国际人权法，国家负有保护国内人民人权的责任，而疏于履行责任导致大规模人道主义危机或违反人权情况发生正是国家政府的一种国际法“罪行”，是对法律秩序的破坏，对此行为实行干预与动用武力正符合古典正义战争理论中的正当理由。而根据这一理由实施武力干预必须基于“制止或避免人类灾难”的目的，其他推翻政权、占领领土等目的都不是保护责任所赞同的，它们也属于古典正义战争理论中“居心叵测”之列，是非正义的。至于合理授权，则由于时代的进步而有了发展：古典理论认为战争合法的授权者应当来自国家统治者，而保护责任理论由于侧重于由国际社会对别国实施武力干预，而当代国际社会是一个组织性的社会，因此，保护责任同意的授权权威是当代最具代表性和影响力的联合国及其安理会，单个国家实施的武力干预在当代很难得到显著的支持。尽管在具体的授权者上古典理论与保护责任有所不同，但在坚持必须经过合法授权的前提下才能使用武力上是一致的。难怪有西方学者断言，保护责任中有关武力使用的规定就是“改进版的正义战争理论”。[1]

---

〔1〕 Thomas Weiss, *Humanitarian Intervention*. London: Polity, 2007. 106.

2. 关于古典正义战争理论作为保护责任中武力使用正当性基础的评析

尽管保护责任中武力使用与古典正义战争理论具有一脉相承的关系，但由于古典正义战争理论本身的缺陷以及与保护责任理论产生与发展的时代背景完全不同，因此不能将前者用作论证后者正当性的依据。

(1)古典正义战争理论只是一个道德框架，适用于国际政治现实有局限性。

正义战争理论虽然具有极强的生命力，在西方政治思想发展史上影响力巨大，奥古斯丁与阿奎那等的思想也的确堪称人类的财富，但它终究是以特定时期特定社会的伦理道德来思考与评价战争这种极具现实性历史感的社会现象。国际政治的现实已经表明，抽象的道德框架在适用于具体的理论实践时具有不可避免的局限性。[1]

首先，古典正义战争理论难以解释当代的战争伦理问题。经济基础决定上层建筑，意识来自实践。古典思想家们的思想受到历史条件的局限，他们关于战争现象的道德思考只能是当时社会主要伦理观念的反映。当时社会不突出的伦理问题，战争中不涉及或较少涉及的价值冲突，不可能进入他们的思考范围。而科技在进步，社会在发展，人们的观念也在改变，中世纪的战争形态与当今社会的武装冲突从形式到内容都已不可同日而语，现代武装冲突涉及的道德问题的范围与中世纪战争所涉及的不尽相同。中世纪战争要处理教会教义与战争行为的伦理冲突，现代武装冲突没有这种需要；反之，现代武装冲突面临

---

〔1〕 关于西方正义战争理论在当代世界中的地位及作用的论述，可以参考以下几本著作：Paul Ramsey, *The Just War: Force and Responsibility*. New York: Scribners, 1968; Michael Walzer, *Just and Unjust Wars: Moral Arguments with Historical Illustrations*. New York: Basic Books, 1977; John Finnis, Joseph Boyle, Germain Grisez. *Nuclear Deterrence, Morality and Realism*. Oxford: Claredon, 1987。

的保护国内人权与维护国际秩序的矛盾，也不是中世纪战争伦理关注的重点。在中世纪的基督教禁欲思想压制下，公民权利没有受到如西方思想启蒙运动后那般重视，而在教会高于世俗政府的体制下，国际秩序就是教会秩序，或者说是基督教世界与异教世界的斗争秩序，与当今的集体安全体制完全不同。除此之外，古典正义战争理论无法解释的当今武装冲突中的道德问题还有不少，不必一一详述。

其次，道德实现靠自律非他律的特点决定了古典正义战争理论无法超越国家利益冲突的现实。正义战争理论是一种道德思考，而道德问题的实现主要依靠自律而不是他律。自律需要行为者突破自私自利的本性，追崇高度的道德自觉。但在国际政治中，国家作为主要行为体，一切政策的制定与外交目标的实现都以国家自身利益为主导，超越国家自身利益而追求国际乃至人类共同利益的圣贤国家几乎没有。加上各个国家的利益必然发生冲突，战争就是解决国家利益冲突的最终手段。以正义战争这一纯粹道德律条来评价国际政治现实，本身就显得说服力不够。同样，以这一抽象的道德律条来论证在各种现实利益冲突中发生的保护责任中武力使用的正当性，显然效果不佳。人们有理由质疑，视国家为至高利益的各国政客们会为了崇高的道德信条而不顾甚至牺牲自己国家利益去维护那些与己无关的别国国内的人权利益吗？

最后，存在含糊与歧义的道德框架作为论据是不适格的。逻辑学要求用于证明某项观点的论据本身必须明确具体无歧义，而用作论证保护责任中武力使用正当性的古典正义战争理论本身存有很多含糊其辞与容易产生歧义的地方，作为论据使用是有缺陷的。古典正义战争理论产生于基督教复兴的中世纪，它的产生适应了实用性的需要，是基督教神学家们为了适应基督教会反击异教与帝国扩张的需要而从神学中引证出的一套道德理论。而为了达到它的世俗目的，其在内容上就不可避免地需要以宗教的神秘色彩来迷惑众生。它鼓吹绝对正义来自上帝意志,宽容与忍耐是美德,相对正义指导人间,为了人间的爱与恨、善与恶、秩序与冲突、罪行与复仇,在上帝的权威下,去战斗去惩罚。这些言论与名词本身极为抽象与概括,可以适用于不同的情形,由不同的人做各取所需的解释与阐释,就算恶意的曲解也并不是难事。由于古典正义战争理论的这一缺陷,笔者认为,它的价值主要在于为人们思考与战争有关的道德问题提供了一个初步思维框架,但如果用它来具体评价一套理论或一种具体战争样式,显然是不能胜任的。

(2)古典正义战争理论形成于近代主权概念之前,难以用来评价以主权为基本特征的当代国际政治现象。

现代国际政治中,主权是国家最根本的属性,主权国家是国际社会的最基本单位,国家主权是国际法的基本原则,任何国际关系与国际政治问题都绕不开主权。保护责任就是为了平衡主权与干涉的关系问题而提出的,保护责任中的武力使用更是由于涉及对一国主权的践踏而备受争议。因此,考察保护责任中武力使用的正当性、合法性,必须是在承认并基于国家主权基础之上的理论与实践论证,没有主权就不存在保护责任问题,更不存在保护责任中的武力使用。

但主权不是从来就有的。人类进化的历史告诉我们,早期的政治社会没有任何主权概念,更没有主权理论。历史上首次明确提出主权概念的是法国古典哲学家、法学家、思想家让·博丹(1530～1596年),他在对以国家为基础的主权和行使主权的方法进行了潜心研究后,于1576年在其《论共和国六书》中第一次提出了主权概念,为资产阶级主权理论在近代的系统发展奠定了理论基础。而主权概念作为国际关系的基本原则,在国际关系理论与实践中逐渐得到国际社会的普遍确认则始于17世纪中叶,其标志是1648年欧洲各国为终止

"三十年战争"[1]而召开的威斯特伐利亚国际会议。会议通过的《威斯特伐利亚和约》确认和巩固了各个民族国家在各自领土范围内的最高统治地位,从此国际关系体系进入了"以主权、均势和国际法三大支柱为特征的近代民族国家体系的新时代"。[2]

反观古典正义战争理论的形成时期,从公元4世纪的安布罗斯提出正义战争概念,到5世纪的奥古斯丁开始著书立说,再到13世纪阿奎那系统阐述后古典正义战争理论核心思想形成,这一过程正处于欧洲中世纪神权一统的历史阶段,近代主权概念和主权国家尚未出现。在漫长的中世纪,基督教借助君士坦丁大帝的一纸敕令,[3]势力逐步扩大到整个西欧,罗马教皇在整个基督教世界确定了自己的统治权,实现着对西欧民族国家的统治。整个西欧不存在真正的主权国家,国家的权力从属于教会,从属于神权。神学家们也正是为适应教会扩张需要从神权中阐释出了正义战争理论,他们的理论前提就是"神权高于国家权力"。奥古斯丁在其《上帝之城》中竭力宣扬"神权至高无上",论述了教会制与世俗政府的关系,认为世界上存在两种国家,"神国"(教会)和"俗国"(国家),教会是"上帝的王国",它高于"俗国"。因为,上帝是万物的创造者和调节者,人们从上帝那里接受神

[1] 三十年战争(1618~1648年),欧洲两大强国集团——奥地利哈布斯堡王朝与反哈布斯堡王朝势力之间展开的战争,以1618年波西米亚反抗哈布斯堡王朝的起义为起因,最终以该王朝失败、两大阵营签署《威斯特伐利亚和约》而结束。和约使瑞典、法国及其盟友得到大片领土,承认了荷兰和瑞士的独立,削弱了神圣罗马帝国皇帝和选帝侯的权力,并规定天主教徒、路德宗信徒和加尔文宗信徒享有平等的权利。参见[荷]格老秀斯:《战争与和平法》,[美]A. C. 坎贝尔英译,何勤华等译,上海人民出版社2005年版,第21~22页。

[2] 肖佳灵:《国家主权论》,时事出版社2003年版,第36页。

[3] 罗马君士坦丁大帝在313年会晤当时据有东方各行省的东帝李基尼乌斯时联合发布的米兰敕令。敕令宣布宗教信仰自由,恢复基督教徒的权益,使基督教与其他宗教处于平等地位,由皇帝支持教会。该敕令使基督教很快从原来受迫害的宗教变成了占优势地位的宗教。见《世界史大辞典》,远流出版事业股份有限公司1982年版,第524页;于贵信:《古代罗马史》,吉林大学出版社1988年版,第258页。

秘的统治权,人类社会的组织及其活动都是上帝旨意的反映。世俗国家要接受教会的指导,皇帝的职责就是为教会服务。阿奎那也认为,神权与君权的关系犹如人身上的灵魂和肉体的关系,权力来自上帝;政权的本质是神规定的,政权应服从教会的权威,最高权力在教会手中。他说:“根据既为祭司又为国王的基督的启示,基督是永远的祭司,是万王之王和万主之主,他的权力必然不会丧失,他的统治权将永不消逝。”[1]利用这种“神权最高性”的政治思想,罗马教廷得以长期利用神权压服西欧各国,控制着各个世俗国家,国家最高权力属于教会,国家的教会事务乃至世俗事务都受制于罗马教廷,国家没有主权。

总之,在古典正义战争理论形成并盛行的时代,教会是国家权力的真正拥有者,近代主权概念与理论尚未产生,主权国家尚未出现,古典正义战争理论来自神权思想而非主权学说。因此,它被用来评价当今以主权为基本特征的国际社会间的武力使用是不适格的。

(二)自然法正义战争理论与保护责任中武力使用的正当性

1.保护责任中武力使用是在自然法正义战争理论基础之上的继承与发展

自然法萌发于古希腊哲学,斯多噶学派成为罗马法中自然法思想的源头。及至中世纪末期,西欧的国际法学家们发展了斯多噶学派的自然法思想,从自然法与万民法的角度,试图打破神权垄断,为重新调整基督教世界内部的国家关系寻找法理依据。他们认为,世界基础不在于神,而在于理性,自然法是正确理性的命令,是一种普遍法;它是永恒的,就算上帝的旨意也不能改变它。[2]

自然法思想也影响到了正义战争理论,曾经占统治地位的神学的

[1] [意大利]托马斯·阿奎那:《阿奎那政治著作选》,马清槐译,商务印书馆1982年版,第153页。

[2] 参见朱茜:《国际冲突中的伦理准则》,吉林大学2012届博士学位论文。

正义战争论渐渐向自然法靠拢。依据自然法对正义战争理论进行阐述影响最大的是 17 世纪荷兰政治思想家雨果·格老秀斯(1583 ~ 1645 年)。当然,在格老秀斯之前,来自西班牙等国的一些神学家、法学家对自然法的正义战争论也进行了一些铺垫。比如,西班牙神学家维多利亚(1483 ~ 1546 年)就否认战争的正义原因来自宗教基础,认为来自自然权利。他反对他的祖国西班牙推行的征服战争,认为征服战争的借口不能成立,宗教信仰的差异不能成为正义战争的理由;他也不赞成罗马教皇的殖民征服,认为扩大帝国、君主个人的光荣等君主的利益同样不能成为正义战争的理由。[1] 维多利亚以自然法为依据,认为所有人享有一种自然平等交际往来的权利,国际往来也是一样,因此,主张君主要负责任地运用“正确的权威”,尽量避免发动战争。[2] 与维多利亚一样,西班牙另一位著名的神学家、政治哲学家苏亚雷斯(1548 ~ 1617 年)也认为国际关系受自然法支配,国家享有依自然法宣战的合法权利。

格老秀斯在西欧各国之间发生持续不断宗教争端的年代出生于一个荷兰贵族家庭,长大后,亲眼目睹了整个欧洲因三十年战争的可怕搏斗而被撕裂。在其伟大著作《战争与和平法》中,他深刻揭示了滥用战争权的后果和对不节制使用武力的担忧,开始思考对战争的道德与法律约束。

格老秀斯反对教皇权威,[3] 认为国际社会是一种无政府状态,在这种无政府状态之上并没有绝对的至高无上的权威。但没有最高权威并不意味着国际社会的无序性,因为人的理性决定了人具有社会亲

---

〔1〕 Yoram Dinstein, *War*, *Aggression and Self-Defence*. fourth edition. Cambridge University Press, 2005. 65.

〔2〕 参见肖佳灵:《国家主权论》,时事出版社 2003 年版,第 30 ~ 31 页。

〔3〕《战争与和平法》一书因对教皇权的批判于 1626 年被教皇颁令列入禁书目录,直到 1899 年才解除。

和性,人有亲近平等交往的需要,国际社会也一样。这种维系国际社会关系的共同规范与理性就是自然法。在格老秀斯创作《战争与和平法》的时代,博丹的主权概念已明确提出,国家主权也得到越来越多治国者与早期国际法学者的重视。格老秀斯充分肯定主权的意义,在他看来,主权是一种“行为不从属其他人的法律控制,从而不致因其他人意志的行使而使之无效的权力”。但主权并非毫无限制,主权受制于自然法,国家只能基于自然法的权利或义务才能发动和进行战争。据此,格老秀斯提出了区分正义战争与非正义战争的标准,认为正义战争的先决条件就是要有正当理由,即基于自然法的权利和义务,[1]正义战争的情形有自卫、恢复财产和惩罚过错等;[2]主张在战争中要遵守人道主义原则,要保护儿童、宽待战俘等;战争的目的是缔结和约,维持世界和平。而非正义的战争,在格老秀斯看来主要有掠夺领土、强加制度给对方、惩罚异教和预防性战争等,这些非正义的战争即使是主权国家也不能发动和进行。格老秀斯的正义战争理论中还包含一重要的“普遍权利”观点,即发动与进行正义战争是所有国家的普遍权利,不管是不是具体国际不法行为的受害国。他强调“过分违反自然法”的行为是对人类利益的破坏,一国统治者为了人类共同利益可以对他国此类行为使用武力,即使他并不是该行为的直接受害者。[3] 他

---

〔1〕 H. Lauterpacht, “The Grotian Tradition in International Law”. In: Richard Falk, Friedrich Kratochwil and Saul H. Mendlovitz eds. *International Law: A Contemporary Perspective*. Boulder and London: Westview Press, 1985. 16.

〔2〕 Hedley Bull, “The Grotian Conception of International Society”. In: Herbert Butterfield and Martin Wight eds. *Diplomatic Investigation*. Cambridge, Massachusetts: Harvard University Press, 1966. 54 –55.

〔3〕 Richard H. Cox, “Hugo Grotius”. In: Leo Strauss and Joseph Gopsey eds. *History of Political Phiosophy*. Chicago, 1987. 394.

的这一思想被有些学者认为是集体安全体制的萌芽。[1] “普遍权利”的逻辑结论就是“干涉理论”。格老秀斯的干涉理论同样以自然法为基础。他认为个人与国家一样,都是自然法的主体;当一国国民的自然权利受到侵犯时,人民有权反抗,别国基于普遍权利也可以进行干涉。[2] 当代国际法学家劳特派特据此断定,是格老秀斯第一个陈述了人道主义干涉原则——“对人类或人性的凶暴摧残开始的地方,就是国内管辖权的排他性终止的地方”。[3]

仔细研究保护责任中关于武力使用的内容,并将之与上述以格老秀斯为代表的自然法正义战争理论做比较,可以得出这样一个结论:保护责任中武力使用是在自然法正义战争理论基础之上的继承与发展。具体表现为:第一,继承了“主权并非没有限制”,发展为“负责任的主权”。自然法正义战争理论反对绝对主权,认为主权应当受自然法的限制;保护责任强调主权的双重性——权力与责任的统一,认为主权不仅意味着对内的最高权和对外的独立权,还意味着对国内人民与国际社会的责任。第二,继承了“普遍权利”,发展为“共同责任”。自然法正义战争理论认为履行自然法义务进行正义战争是所有国家的普遍权利,并不以是否是受害国为限;保护责任将权利发展为责任,强调国际社会对于触及人类良知的人道灾难负有共同的责任,不能回避。第三,继承了“尊重个人自然权利”,发展为“重视人的安全”。自

---

〔1〕 Hedley Bull, “The Grotian Conception of International Society”. In: Herbert Butterfield and Martin Wight eds. *Diplomatic Investigation*. Cambridge, Massachusetts: Harvard University Press, 1966. 56.

〔2〕 Hedley Bull, “The Grotian Conception of International Society”. In: Herbert Butterfield and Martin Wight eds. *Diplomatic Investigation*. Cambridge, Massachusetts: Harvard University Press, 1966. 52.

〔3〕 H. Lauterpacht, “The Grotian Tradition in International Law”. In: Richard Falk, Friedrich Kratochwil and Saul H. Mendlovitz eds. *International Law: A Contemporary Perspective*. Boulder and London: Westview Press, 1985. 28.

然法正义战争理论认为个人与国家都是自然法的主体，为了保护个人自然权利，可以对国家使用武力；保护责任重在吸引人们关注人的安全，实现由国家安全到人的安全的观念转变。第四，继承了“自然法的权利和义务”，发展为“实在国际法的权利与义务”。自然法正义战争理论认为正义战争的唯一正当理由是基于自然法的权利和义务，只有当自然法受到侵犯，才能动用武力；保护责任则将正当理由的依据由自然法发展为实在国际法，强调只有在有关国家没有履行国际法赋予的义务，例如违反国际人权法、国际人道法的规定，实施了灭绝种族、战争罪、族裔清洗和危害人类罪行时，才能为履行保护责任而使用武力。

2. 自然法正义战争理论的缺陷影响了其对保护责任中武力使用正当性的证明力

保护责任中武力使用与自然法正义战争理论如此紧密的关系使得人们很自然地将后者作为前者的理论基础来认识。但自然法正义战争理论因其自身缺陷[1]而导致迅速衰落的事实显然大大削弱了其对保护责任中武力使用正当性的证明力。

以格老秀斯为代表的自然法学者实现了正义战争理论由基督教义向自然法、由神学向世俗化的转变，其最大贡献在于以自然法正义原则为基础区分了正义战争与非正义战争。但这一理论的最大缺陷就在于关于“正义”的概念、标准缺乏明确、统一的共识。正义可以说是人类永恒的追求，但什么是正义？正义的标准有哪些？这样的基本问题至今尚未有人给出普遍接受的答案。正义构成自然法的

---

〔1〕 夏尔·卢梭认为正义战争理论在表面合乎逻辑的背后存在三个异议：一是在这种理论形成的时代里，很难找到人民和君主之间存在道义上的利害一致的因素；二是法官同时又是当事人，因为只是由各国自己来评价自己事业的正义性；三是这种理论不能免除诡辩，因为战争有可能在双方同时都是正义的。参见［法］夏尔·卢梭著：《武装冲突法》，张凝等译，中国对外翻译出版公司1987年版，第12页。

基本原则,[1]但就算是在自然法学者眼里,关于正义也很难取得一致意见。苏格拉底确信:“凡是合乎法律的就是正义的。”[2]柏拉图认为,各守本分、各司其职,就是正义。[3] 亚里士多德指出,正义是完整的、完美的善、主要的善,正义分为分配正义和矫正正义,其中分配正义的意思就是“为各人所有的归于各人”。莱布尼茨认为“正义就是智者的仁慈”。[4] 自然法学者关于正义的这种意见不一致的讨论遭到了实在法学者的嘲笑与贬斥。反对所有自然法理论的边沁对正义给出了这样的评价:“有时候,为了更好地隐瞒欺骗行为(对他们自己欺骗,无疑也对别人欺骗),他们为自己构造了一个幻影,亦即被他们称为的正义;它的命令是要修改善行的命令。但是正义,在它所具有的唯一有意义的角度上看,乃是为了论述的便利而虚构出来的一种角色,它的命令就是适用于某些特殊情形的功利命令。”[5]格老秀斯也基本接受关于正义这种道德判断的不确定性。他赞同亚里士多德说的——道德推理永远无法达到数学推导那样的确定性。因为数字是纯粹的,只代表其自身,与特定环境无关;而在道德问题上,哪怕是最小程度的环境影响都可能改变对于考察目标的判断,使正义往往处于两个极端之中,导致在正当与非法之间存在中间地带。所以,格老秀斯承认在战争中可能存在双方都正义的情况——“双方都真诚地相

---

〔1〕 参见罗国强:《论自然国际法的基本原则》,武汉大学出版社 2011 年版,第 32 ~ 62 页。

〔2〕 [苏联]涅尔谢相茨:《古希腊政治学说》,蔡拓译,商务印书馆 1991 年版,第 117 页。

〔3〕 [古希腊]柏拉图:《理想国》,郭斌和、张竹明译,商务印书馆 2002 年版,第 132 ~ 157 页。

〔4〕 罗国强:《论自然国际法的基本原则》,武汉大学出版社 2011 年版,第 42 页。

〔5〕 转引自罗国强:《论自然国际法的基本原则》,武汉大学出版社 2011 年版,第 44 页。

信自己站在正义的一边”。[1] 事实也的确如此，第一次世界大战中，参战各方均没有认为其从事的是非正义的战争：社会主义者认为，如果不参战，他们的国家就会连同社会主义运动一道被毁灭；德国人指出，俄国的胜利将是欧洲最反动势力的胜利；法国人相信，德国人的征服将会彻底摧毁法国所取得的社会进步成果……[2] 即使在《战争与和平法》刚刚出版的时代，正义的主张也没有对那些卷入神圣罗马帝国的内战的丹麦、瑞典、法国等国当权者做出战争决策产生过任何限制作用，欧洲三十年战争最终以神圣罗马帝国军战败、各参战方元气大伤后达成和解协议而告终。实践证明，每个国家都声称本国具有发动战争的正当理由，国际社会几乎不可能基于自然法形成关于正义与非正义战争的一般规则，自然法正义战争理论适用范围极为有限。

结束三十年战争的威斯特伐利亚和会，促成了现代国家主权制度的形成，近代国际法也由此产生。在这次和会上，代表新兴资产阶级民族国家利益的主权理论和主权原则得到普遍确认，无论是那些已经拥有独立主权的国家，还是通过和约新获得主权的国家都积极强调主权的神圣性和绝对性。对于垂死挣扎的教会利益来说，把主权神圣化绝对化，对于他们维护教会利益、巩固神权权威，有百利而无一弊；而对于处于传统优势地位的贵族和处于上升地位的新兴资产阶级，把主权神圣化绝对化，有助于证明自身最高统治地位的正统性与合理性。绝对主权的结果就是绝对战争权，即认为主权国家出于任何理由发动战争都是正义的。[3] 历史上，对国家绝对战争权最早进行阐述的恰

---

〔1〕［荷］格老秀斯：《战争与和平法》，［美］A. C. 坎贝尔英译，何勤华等译，上海人民出版社 2005 年版，第 335～341 页。

〔2〕［美］罗兰·斯特龙伯格：《西方现代思想史》，刘北成、赵国新译，金城出版社 2012 年版，第 431 页。

〔3〕 Josef L. Kunz, “Sanctions in International Law”. *American Journal of International Law*, Vol. 54, No. 2, 1960:325.

恰是格老秀斯的继承者，被认为是同属于格老秀斯学派的沃尔夫(1679～1754年)和瓦特尔(1714～1767年)。他们继承了格老秀斯对于国际法根据的看法，但认为国家的主要义务来自自然法自我保全与自我完成的目的，自保权是国家的基本权利，基于此，得出国家拥有“绝对战争权”，从而使“正义战争理论”在18世纪至第一次世界大战结束的这段时间内，几乎为欧洲各主权国家所彻底抛弃。[1] 及至20世纪中叶，核武器的出现和越南战争引起人们对于战争正义性的再次关注之时，基于国际实践的实证法已经取代自然法成为国际规范的主要来源，国际法的标准已经取代伦理道德的标准，合法的战争才是正义的战争。

(三)马克思主义正义战争观与保护责任中的武力使用

前文述及的无论是西方古典正义战争理论还是近代自然法正义战争理论，或以宗教神秘主义为基础，或以虚幻的人类理性为前提，以抽象的伦理道德来解读战争现象，忽视了战争这一社会现象的经济根源和政治本质。马克思主义关于战争正义性的看法，以唯物史观为根本方法，实现了对传统正义战争理论从人性到阶级性、从伦理道德原则到经济基础事实、从理性正义的抽象论证到历史实践的具体批判、从统治阶级的狭隘眼界到人类解放的历史视野的全面超越，[2] 对于评价保护责任中武力使用的正当性有现实意义。

历史唯物主义是马克思主义者认识社会现象的根本方法，对于战争也不例外。正如列宁关于认识战争性质的经典阐述，认识战争的性

[1] Torbjom Knutsen, *A History of International Relations Theory*. Manchester: Manchester University Press, 1992. 110.

[2] 参见王伟娜:《论马克思主义正义战争论对传统正义战争论的超越》，载《南京市行政学院学报》2006年第2期。

质必须考察战争所发生的具体历史环境。[1] 马克思主义者首先就是从战争对它所处历史时代的作用来认识战争的正义性的。他们发现不同的战争对人类社会的作用是不同的，有些战争最终促进了人类社会的进步。历史上，普法战争的第一阶段，普鲁士的胜利是建立统一民族国家的防御战争的胜利；美国南北战争，表面上看是"维持联邦的战争"，是"关税战"，实质上是奴隶制度和自由劳动制度的对立，北方的胜利实质上是对南方扩展和保留奴隶制度的胜利。有些战争的结果却是阻碍了人类社会的进步。例如，英国通过鸦片战争试图掠夺中国资源实施对中国的殖民统治。马克思主义正义战争观的创始人马克思和恩格斯据此得出结论，正义战争与非正义战争的根本区别在于这种战争是促进社会进步还是阻碍社会进步；解放的、防御的战争是促进社会进步的正义战争，掠夺的、侵略性的战争是阻碍社会进步的非正义战争。列宁、斯大林则从阶级属性认识战争的历史作用，认为凡是反抗阶级压迫的国内战争和反抗帝国主义列强压迫的民族解放战争，以及胜利了的无产阶级保卫自己祖国的战争，都是合理的和正义的战争；凡是剥削阶级为了维护自己的阶级统治而进行的反革命战争，以及对被压迫民族进行掠夺的帝国主义战争和企图扼杀社会主义的战争，都是罪恶的和非正义的战争。[2] 毛泽东对此观点做了简明而科学地概括："历史上的战争分为两类，一类是正义的，另一类是非正义的"，"一切进步的战争都是正义的，一切阻碍进步的战争都是非正义的"。[3]

战争对其所处的历史环境有促进或阻碍作用，而历史环境中的诸

---

〔1〕 参见王伟娜：《论马克思主义正义战争论对传统正义战争论的超越》，载《南京市行政学院学报》2006 年第 2 期。

〔2〕 王田：《正义战争价值问题研究》，国防大学 2003 届硕士学位论文。

〔3〕 《毛泽东选集》（第 2 卷），人民出版社 1991 年版，第 476 页。

要素对战争性质也有影响。其中,政治因素与战争的联系最为紧密。马克思主义者关于战争正义性的第二个观点就是从发动战争者的政治目的来认识战争的正义性。列宁在充分肯定战争具有正义性与非正义性之分基础上,特别强调要从政治目的上来区分战争的性质。他指出:“如果忘记一切战争都不过是政治通过另一种手段的继续,那在理论上是完全错误的。”[1]毛泽东也认为,战争的政治目的决定战争性质。1939年,在第二次世界大战全面爆发的时候,他在《论第二次帝国主义战争》中明确指出,“战争的性质是根据于战争的政治目的而定的”,“掠夺,这就是帝国主义战争的唯一的政治目的”。通过分析两次世界大战的起因,他认为“这两次战争的目的,都是为了掠夺,丝毫也没有其他的目的,丝毫不利于其本国与他国人民。这就是战争的掠夺性、非正义性与帝国主义性”。“只有民族解放战争与人民解放战争,以及社会主义国家为了援助这两种战争而战的战争,才是正义的战争。”[2]毛泽东并指出,发动战争者所宣称的目的往往与其真实目的并不一致,提醒人们不能只看他们说的,要看他们真实的政治目的与动机。“战争的双方,为了欺骗人们,为了动员舆论,都不顾羞耻地宣称自己是正义的,而称对方是非正义的。其实,这只是一种滑稽,一种欺骗。”“日本帝国主义的‘永久和平’,希特勒的‘民族自决’,张伯伦的‘绥靖政策’,达拉第的‘援助波兰’,其实都是‘掠夺’二字。不过为了说得好听起见,为了欺骗人民起见,命令他们的秘书制造出几个别致一点的代名词罢了。”[3]

马克思主义者在从政治目的认识战争性质时,坚持唯物主义的观点,十分重视分析政治目的背后的经济因素。在唯物主义看来,任何

---

[1] 《列宁军事文集》,战士出版社1981年版,第293页。
[2] 《毛泽东军事文选》(第2卷),军事科学出版社1993年版,第467页。
[3] 《毛泽东军事文选》(第2卷),军事科学出版社1993年版,第467~469页。

政治主张与决策背后都是一定经济利益的反映，特定阶级的政治主张是由其经济基础所决定的。战争是政治的延续，而政治是经济的集中体现。恩格斯一针见血地指出："暴力仅仅是手段，相反地，经济利益是目的。目的比用来达到目的的手段要'基础性'得多。"[1]马克思主义者强调："一切历史冲突都根源于生产力和交往形式之间的矛盾。"[2]从根本上说，是"私有制引起了战争，并且永远会引起战争"。[3] 毛泽东认为，战争是解决源于私有制和阶级的不同利益集团间矛盾的"一种最高的斗争形式"，对抗性的政治、经济利益冲突是导致战争的直接根源。以帝国主义战争为例，当资本的积累到达帝国主义阶段后，出于追逐利润的需要，伴随着资本主义商品输出、资本输出、金融输出的是不断的扩张与争霸，而一旦扩张遇到障碍，战争就作为一定政治的继续而爆发。所以，帝国主义对民族国家的战争是掠夺原料、市场与利润的侵略战争，帝国主义之间的战争则是出于"分赃"的战争，都是非正义的。

总之，马克思主义在社会历史发展的客观背景下认识战争性质，以历史唯物主义评价战争的正义性，实现了真理观与价值观的有机统一。

在当代新的历史条件下，赤裸裸的武装入侵与掠夺已经不多见，战争诱因趋于多元化，更多的武装冲突以领土争端、宗教冲突、民族矛盾、人道保护等形式爆发，但马克思主义用以分析战争正义性的唯物史观并没有过时，其关于战争正义性的观点在当前认识战争性质仍然有现实意义，对于这些因各种原因爆发的武装冲突，还是应当坚持深挖经济根源，探究战争者的真实政治目的，客观评价战争后果来为之

---

〔1〕《马克思恩格斯军事文集》(第1卷)，战士出版社1981年版，第5页。
〔2〕《马克思恩格斯全集》(第3卷)，人民出版社1973年版，第83页。
〔3〕《列宁军事文集》，战士出版社1981年版，第622页。

定性。以2003年美国不顾国际社会的反对，在没有安理会授权的情况下发动的伊拉克战争为例，美国发动战争的理由是伊拉克拥有大规模杀伤性武器以及萨达姆政权与国际恐怖主义有染，但深层目的则是为垄断伊拉克石油资源，谋求对中东的独家支配地位和建立单极独霸的世界格局。战争的结果是破坏了伊拉克人民的和平生活，扩大了阿拉伯世界的种族仇恨，侵犯了国家主权，践踏了国际法准则，与社会发展进程背道而驰。因此，伊拉克战争是非正义的。应当看到，现今世界，私有制是一种客观存在，一些国家利用早期资本积累与扩张所取得的经济优势，继而形成的政治与军事优势，推行霸权主义、强权政治，以各种借口挑动战争，其根本目的还是攫取和控制别国的资源与市场，建立有利于自己的国际经济、政治秩序。这种战争的结果也必然是对世界和平、发展、人权与法治造成破坏，客观上阻碍了人类文明与社会进步。"霸权主义和强权政治仍是世界不安宁的根源"，[1]这是马克思主义者对当前世界局势的清醒判断。

在此复杂局势下，保护责任中的武力使用要想排除政治干扰，独守道德高地根本不可能。因为，保护责任本就属于国际政治的一部分，是为解决国际政治的现实问题而提出的一种解决方案，对其进行正当性考察离不开现实的国际政治环境。

政治意指社会治理，照此逻辑，国际政治即在各国际主体参与下的国际社会治理。在现实主义者看来，这种国际社会治理是各国际主体围绕权力而展开的斗争。[2] 斗争由彼此冲突的自我利益引发，自我利益成为冲突的不竭动力，国际政治互动的常态模式就是冲突。[3]

---

〔1〕 江泽民：《论国防和军队建设》，解放军出版社2003年版，第467页。

〔2〕 国际政治现实主义理论的代表人物汉斯·摩根索的著名观点：国际政治同一切政治一样，无论最终目标是什么，都是为权力而斗争。

〔3〕 ［美］汉斯·摩根索著，［美］肯尼思·汤普森，戴维·克林顿修订：《国家间政治——权力斗争与和平》（第7版），徐昕等译，北京大学出版社2006年版，第2页。

其中主权与人权的冲突在20世纪90年代成为国际政治的焦点，国际间围绕这一焦点冲突展开了一系列现实的斗争。为了平息持续的无尽的冲突，部分政治家与理论者转向理想主义，借助抽象的道德原则，创造出了保护责任的概念。问题是，即使是用于解决冲突的道德原则也应当立足于政治现实，而不是与政治现实脱节。

首先，单纯基于人道主义目的的保护责任中的武力使用在现实的国际政治中不可能实现，掺杂干预者私利的政治目的损害了武力使用的正当性。

根据马克思主义的观点，战争的政治目的决定战争性质。ICISS也强调，基于保护责任实施武力干预的"首要目的必须是制止或避免人类苦难"。[1] 武力干预者的人道目的对于干预行动的正当性十分重要。[2] 但在国际政治现实中，国家利益永远是国家行为的起因，国家政治决策永远围绕国家利益展开。"只要世界在政治上还是由国家所构成的，那么国际政治中实际最后的语言就只能是国家利益"，"外交政策的唯一标准是国家利益的实现"。[3] 只有用国家利益才能解释国家及其政府的对外政策行为，"普遍的道德原则在抽象的普遍形式下是无法适用于国家行为的"。[4] 所以，"制止或避免人类苦难"这样的信条听上去很具有道德美感，但如果这种"人类苦难"与自己国家利益没有关系，没有哪个国家会同意将这一道德义务强加于身。以往的国际干预实践已经充分证明了这一点：无论是冷战之前印

---

〔1〕 ICISS, *The Responsibility to Protect*. Ottawa: International Development Research Centre, 2001. para. 4. 33.

〔2〕 James Pattison, *Humanitarian Intervention and the Responsibility to Protect: Who Should Intervene?*. Oxford University Press, 2010. 153 - 168.

〔3〕 王逸舟：《西方国际政治学：历史与理论》，上海人民出版社2006年版，第140页。

〔4〕 [美]汉斯·摩根索著，[美]肯尼思·汤普森，戴维·克林顿修订：《国家间政治——权利斗争与和平》(第7版)，徐昕等译，北京大学出版社2006年版，第36页。

度对东巴基斯坦、叙利亚对黎巴嫩、坦桑尼亚和利比亚对乌干达、越南对柬埔寨，还是冷战之后美国等对索马里、美国对海地、法国对卢旺达、北约对科索沃、澳大利亚对东帝汶，以及21世纪以来俄罗斯对格鲁吉亚、法国对马里等打着人道主义旗号的干涉，无一不是在冠冕堂皇的人道主义目的下隐藏着各干涉国或可示人或不可示人的基于各自国家利益考虑的政治目的。即使是参与联合国或其他国际组织的集体干涉行动，各参与国基于国家利益的政治目的仍然是第一位的。美国总统克林顿发布的第25号总统决策令为美国参与联合国和平行动设立了具体标准，其中第一条标准就是“美国的利益处于危险之中”，而其他诸如“世界和平受到威胁”、“出现紧急人道主义灾难”等只能位居其后。[1] 法国在2003年曾反对美国发动伊拉克战争，但在迄今保护责任中武力使用的唯一实践——利比亚战争中，法国却充当急先锋，打响了武力干预利比亚的第一枪。分析者普遍认为，促使法国做出这一选择的正是利比亚对于法国巨大的政治和经济双重利益。[2] 其实，被人们广为诟病的人道主义干预的选择性特点本身就充分说明了在国际政治中纯粹人道主义的虚伪性。美国及西方国家视卢旺达境内惨绝人寰的种族屠杀于不顾，拒绝出兵干预，无非是卢旺达无涉其任何重要的地缘政治或经济利益。[3] 在土耳其和印尼，数以万计的库德族人和东帝汶人遭到屠杀，亦未见北约国家去伸张人权与正义。

---

〔1〕 See *Clinton Administration Policy on Reforming Multilateral Peace Operations* [PPD25]. released by the Bureau of International Organizational Affairs, Washington D. C., US Department of State, February 22, 1996.

〔2〕 关于法国干预利比亚的现实利益考虑可参见叶建新：《利比亚战争“红利”提升法国影响力》，载《中国国防报》2012年11月6日第04版；梵高月：《利比亚战争：我们从中看到什么》，载《中国国防报》2011年9月12日第03版等。

〔3〕 Singer, P. *One World: The Ethics of Globalization.* New Haven: Yale University Press, 2002. 4-5.

当然，反对者也可以辩称，单纯的道德声誉也可能被某些国家视为本国国家利益的一部分。但这种辩护显然是苍白无力的。诚然，国家利益是一个多维度多层次的集合体。现代民族国家摆脱神权控制取得真正的主权之后，出于生存与发展的需要，追求本国的领土、资源、财富等成为本国现实的经济利益，而作为经济利益的保障，国家安全、独立、自治又成为国家现实的政治利益需求，当代经济全球化、政治多元化的时代，国家利益更趋多元化，很多国家也依据重要程度，将国家利益区分为核心利益、根本利益、重要利益和次要利益等。但无论如何评价它的重要性，要将单纯的道德声誉列入其中，即使国家领导者有此追求，恐怕国内环境也不允许他过于理想主义。毕竟，为了这个道德美誉的理想是需要付出实实在在的国家资源的，武力干预是有代价的，尤其是为了地球另一端毫不相干的陌生人付出自己国民生命代价，国内选民是很难同意的。亨金教授坦言："任何国家总是存在侵犯人权的现象，许多国家存在严重的侵犯人权的现象，这可能成为入侵的前奏和理由。除了在恩德培营救人质[1]的情况外，实际上对一国仅仅是出于真正的人道目的而干预的现象是罕见的。"[2]马克斯·韦伯直言：是"利益而不是观念，直接支配着人们的行动。……利益的动力驱动着人们不断地行动"。[3]古人云："天下熙熙皆为利来，天下攘攘皆为利往。"首倡保护责任的ICISS也不得不承认："完全的

---

〔1〕恩德培行动是一次由以色列军方和以色列特工部门摩萨德策划，在乌干达恩德培国际机场实施的反劫机行动。1976年6月27日，一架法国客机载客258名，从以色列飞往法国。恐怖分子劫持该机降落在乌干达恩德培机场，并扣留了105人作为人质，要求以色列释放被其逮捕的53名恐怖分子。7月4日，以色列出动运输机载100多名突击队员飞行4000公里抵达乌干达1小时后采取行动，打死恐怖分子7名，救出了人质。

〔2〕Louis Henkin, *International Law: Politics and Value*. Dordrecht: Martinus Nijhoff Publishers, 1995. 120.

〔3〕转引自[美]汉斯·摩根索著，[美]肯尼思·汤普森，戴维·克林顿修订：《国家间政治——权利斗争与和平》(第7版)，徐昕等译，北京大学出版社2006年版，第35页。

公正无私——没有任何狭隘的私利——可能是理想的情况,但不大可能始终是现实情况;国际关系与任何其他领域一样,各种动机混杂是活生生的事实。"[1]

总之,透过现象看本质,在现实国际环境中为了履行保护责任而实施的武力干预,在华丽的人道主义外衣下,必然是体现各干预国国家利益的政治本质。而正是这一私利因素的掺入,使保护责任中武力干预的正当性大打折扣。

另外,为履行保护责任而使用武力往往造成与人类文明进步背道而驰的严重后果,不符合人们对正义战争的期待。

马克思主义认为,正义战争与非正义战争的根本区别在于这种战争是促进社会进步还是阻碍社会进步,即战争的历史作用决定战争性质。而为履行保护责任使用武力对社会所造成的严重后果,使其偏离了正义的轨道。

人类社会总的发展趋势是由低级到高级、由落后到先进。在这一过程中,有一些价值指标能够作为衡量进步与否的,其中,人权就是一个重要的指标。人权概念是古代社会向现代社会转型的产物。在古代社会的某个阶段,人曾经不被当成人,而被视为是与牲口一样的私有物。是欧洲文艺复兴运动和资产阶级革命开始了人权思想的启蒙。文艺复兴时代最杰出的诗人但丁第一次提出人权概念。[2] 此后,十七八世纪在西方资产阶级革命中形成的系统的人权理论形成了人权理论发展的首个阶段。[3] 19 世纪,欧洲及美洲各国相继彻底废除了

---

〔1〕 ICISS, *The Responsibility to Protect*. Ottawa: International Development Research Centre, 2001. para. 4. 35.

〔2〕 参见李海星:《人权哲学导论》,社会科学文献出版社 2012 年版,第 2~5 页。

〔3〕 按照黄楠森的观点,西方人权学说演变的历史分为三个阶段:第一阶段是 17 世纪到 19 世纪上半叶;第二阶段是 19 世纪下半叶到 20 世纪上半叶;第三阶段是 20 世纪下半叶。参见沈宗灵、黄楠森主编:《西方人权学说》(上),四川人民出版社 1994 年版,导言第 1 页。

奴隶制及奴隶贸易，成为人权发展方面的里程碑，也是人类社会进步的标志性事件。后来，各国又开始致力于达成协议使战争少一些非人道，宣布有些残酷的武器为非法，保护战俘、伤员、平民百姓。第二次世界大战成为引起人权保护巨大变革的一个分水岭。战时在被占领国发生的残暴行径，以及大屠杀最终被完全揭露，使人权问题不可避免、不可逆转地被纳入国际政治体系和国际法中。“反人道罪”是《纽伦堡宪章》中对纳粹头目的指控之一。《联合国宪章》创建的联合国宣告促进尊重人权为该组织的一个目标。[1] 1948 年《世界人权宣言》和 1966 年《公民权利和政治权利国际公约》和《社会、经济及文化权利国际公约》，则为当今世界各国确定了人权方面的行为准则。自此，人权保护成为国家和社会发展进步的指标性参数。

保护责任就是顺应这一社会发展趋势，以人权保护为其基本价值考虑，主要为解决国内冲突中人道灾难问题而出现。“当代冲突中一种让人忧心的趋势是，普通百姓变得越来越经常地受到伤害，他们往往成了冲突的蓄意目标。有时，迫使平民百姓永久离开家园就是冲突的主要目标。另外，有人还处心积虑地蓄意进行有组织的强奸，设法将一些人从某个群体中排除出去。为了镇压武装的（有时是非武装的）异见者，结果导致一些政府在很多情况下采取了过分的和不相称的行动，在某些情况下给普通百姓带来了过度的不必要的痛苦，这类情况不胜枚举。还有，有些政府对本国人民进行恐吓，有时是以意识形态的名义，有时是出于种族、宗教或族裔的仇恨，有时则纯粹是为了个人的私利或者为了个人掠夺财富。”[2] 但主权意味着责任，每个主权国家都有义务保护本国人民不受伤害。人类的历史表明，很多时候

---

〔1〕 参见《联合国宪章》第 1 条、第 55 条。

〔2〕 ICISS, *The Responsibility to Protect*. Ottawa: International Development Research Centre, 2001. para. 1. 19.

主权国家在面对国内人道灾难时不能或不愿提供保护,有时特定政府本身甚至就是人道灾难的制造者,这种情况下,帮助实施对人民的保护的责任就应由国际社会来承担。此时,"一个新的指导原则"——保护责任——"已初露端倪",[1]其"实质在于向处在危险中的人民提供生命支持保护及援助"。[2] 其中,武力使用被作为提供这种保护的最后手段为ICISS和联合国秘书长向国际社会所建议:"在认为其他措施不大可能成功或已经失败时,可以考虑根据宪章第七章采取强制执行行动。在不得已而为之时,才应当使用武力。"[3]

但使用武力能够实现保护人权的目标吗?保护责任中武力使用的第一次也是迄今唯一一次实践已经对此做出了否定的回答。北约国家打着保护利比亚人民的旗号,实施了对利比亚政府军的武力打击,并最终推翻了卡扎菲政权。对这次武力干预,北约事后公开总结为是一次"成功的行动",[4]但北约内部不得不承认,这是一次"灾难性成功"。[5] 仅就人权保护来讲,这次军事行动与其说是"人道主义干预",不如说是"人道主义灾难"。北约的飞机本是为了保护平民而去,利比亚的老百姓也确实在北约战机飞临之时欢呼雀跃。但很快,老百姓的欢呼声停止了,变得迷茫,再到恐慌,最后收拾细软

---

〔1〕 ICISS, *The Responsibility to Protect*. Ottawa: International Development Research Centre, 2001. para. 2. 24.

〔2〕 ICISS, *The Responsibility to Protect*. Ottawa: International Development Research Centre, 2001. para. 2. 23.

〔3〕 "Responsibility to protect: timely and decisive response", Report of the Secretary-General, UN Doc. A/66/874 - S/2012/578. para. 60, available at: http://www. un. org/zh/documents/view_doc. asp? symbol = A/66/874&referer = http://www. un. org/zh/documents/index. shtml&Lang = E.

〔4〕 《北约国防部长会议总结利比亚战争》,载人民网,http://world. people. com. cn/GB/15812993. html。

〔5〕 田文林:《反思利比亚战争的负面效应》,载人民网:http://citiccard. world. people. com. cn/BIG5/15492253. html。

四处逃难，因为越来越多的利比亚平民在北约的空袭中丧生和受伤，他们感觉不到北约的武力干预是在保护他们。[1] 对于这场战争的准确伤亡数字，一直未见精确的统计。按照利比亚过渡委员会卫生部长的估计，整个战争造成30000人死亡，至少50000人受伤，后来过渡委员会又将该数字修订为25000人死亡。[2] 可以确定的是，这场为了保护人民的战争却造成了巨大的生命代价。而战后的利比亚人权状况同样糟糕。战争使城市缺水缺电严重，生活资料价格飙升，物资紧缺，基础服务无法提供，居民生活处于困境。[3] 过渡政府控制乏力，安全部队力量薄弱，国内派系林立，爆炸、暗杀和袭击不断，人民生命安全得不到有效保障，战前人们憧憬的美好生活图景并未实现。

不仅仅是人权，北约对利比亚的武力干预还对国际和地区和平与安全形成新的威胁与破坏，这与人类社会发展方向背道而驰，有违国际正义。例如，由于利比亚战争造成的大量武器扩散，使战后恐怖主义在该地区滋生蔓延，对非洲的和平与安全造成重大威胁。而国际和平与安全则由于利比亚战争导致的国际裁军困难加大、军备竞赛加剧而面临威胁。卡扎菲放弃大规模杀伤性武器倒向西方最终却遭西方军事打击的事实使一些与西方关系长期不和的国家领导人悟出了一个道理：只有掌握自己的“杀手锏”，才能保证自身安全。伊朗最高领袖哈梅内伊在利比亚战争后就宣称：伊朗不放弃核计划是完全正确的。俄罗斯总理普京也公开说：利比亚战争表明俄大力发展军备和加

---

〔1〕 参见车辉：《战争太残酷了：什么都比不上和平稳定的日子》，载《工人日报》2011年4月9日第7版。

〔2〕 参见李开盛：《民主的代价：利比亚战争周年反思》，载《学习月刊》2012年第6期。

〔3〕 参见《战后之战：考验利比亚反对派》，载新华网，http://news.xinhuanet.com/mrdx/2011-08/29/c_131080517.htm。

强国防是完全有必要的。[1]

曾经的国际实践已经充分表明，以武力解决人权问题，以暴力反对暴力，其结果不仅可能达不到制止暴力的目的，还只会带来暴力的滥用和暴力行为的升级。[2] 国内学者研究认为，为履行保护责任而使用武力通常都会产生一定程度的副效应，从而对广大人民的安全造成新的危机。[3] 它甚至可能导致国际社会出现恶性循环：次国家行为体叛乱—政府报复—国际干预—叛乱成功—刺激新叛乱，从而导致冲突的加剧和延长。[4] 亨金教授也认为，出于人道目的的"军事干预将导致比试图结束人权侵犯本身，对人类和人权带来更大的损害"。[5]

总之，现代武力使用的方式各不相同，武力使用的理由也多种多样，明目张胆的军事侵略与掠夺少有国家敢为之，而为自己披上人道与正义的外衣则成为一些热衷武力信奉强权国家的通行做法。只要我们坚持历史唯物主义的方法，以马克思主义正义战争观为指导，注重对战争的政治考察，坚持社会进步标准，就不难认清战争的性质。

二、保护责任中武力使用与国际法基本原则关系分析

自然法正义战争理论自十七八世纪起因与新兴主权国家的"绝对主权观"相冲突而被抛弃。及至20世纪下半叶再次引起关注之时，

---

〔1〕 参见《反思利比亚战争的负面效应》，载人民网，http://citiccard.world.people.com.cn/BIG5/15492253.html。

〔2〕 参见刘杰：《人权与国家主权》，上海人民出版社2004年版，第254页。

〔3〕 参见刘霞：《新型安全观视角下的"保护的责任"》，载《经济研究导刊》2011年第25期。

〔4〕 参见汪舒明：《"保护的责任"与美国对外干预的新变化——以利比亚危机为个案》，载《国际展望》2012年第6期。

〔5〕 Louis Henkin, *International Law: Politics and Value*. Dordrecht: Martinus Nijhoff Publishers, 1995. 120.

以《联合国宪章》为代表的实在国际法已经开始在国际关系中发挥主要作用。“在实在国际法意义上，‘正义’一词是‘合法’的意思。”〔1〕今天，特定国际政治行为的正义性考察更应依据国际法展开。国际法卷帙浩繁，但国际法的基础由国际法基本原则构成，国际法基本原则贯彻到国际法各领域，公认的国际法基本原则是国际交往方面一些最重要的、带根本性的一般行为规则，是所有国际主体都需尊重的主要行为准则，也是国际法制的指导原则。〔2〕因此，本书选择从国际法基本原则角度来考察保护责任中武力使用的合法性。

目前学界对于国际法的基本原则并没有统一的定论，而且，随着国际关系的发展和进步，国际法基本原则还会有新的发展。尽管如此，依据现有的国际文件，国际法的基本原则还是能确定一个大概的范畴。如根据《联合国宪章》归纳的七项原则、和平共处五项原则、亚非会议十项原则、1970 年联合国《关于各国依联合国宪章建立友好关系及合作之国际法原则宣言》〔3〕的七项原则、1974 年联合国《各国经济权利和义务宪章》的十五项原则等。〔4〕这些原则中很多是一致的，与武力使用密切相关的主要有：主权平等原则、不干涉原则、禁止使用武力原则。

（一）保护责任中武力使用与主权平等原则

主权是近代国际关系的产物，伴随着民族国家的出现而产生，是当今国际关系理论与实践的基本范畴。博丹提出现代意义上的主权概念时，与当时领土国家的出现所带来的新现象有关。作为一个法律术语，主权系指那个时代的一个基本事实——在一定领土范围内出现

---

〔1〕［美］汉斯·凯尔森：《国际法原理》，王铁崖译，华夏出版社 1989 年版，第 29 页。

〔2〕参见邵津主编：《国际法》（第 2 版），北京大学出版社、高等教育出版社 2005 年版，第 28 页。

〔3〕联合国文件 A/RES/2625（XXV），后文简称《国际法原则宣言》。

〔4〕参见丛文胜：《战争法原理与实用》，军事科学出版社 2003 年版，第 139～140 页。

了一种集中的权力。这一权力在某块领土内行使制定法律和执行法律的权威。这一集中的权力那时主要是授予一位专制君主的,它高于该领土内存在的其他力量。在一个世纪的时间里,这一权威拥有不容领土内外任何其他力量挑战的权力。换言之,它是至高无上的。欧洲三十年战争结束时,主权作为一定领土内的最高权力成为一种政治事实。主权学说把这些政治现实上升为法律理论。在整个世界现代历史上,主权原则的重要性一直存在,它在确立普遍的主权观念方面,为民族国家提供了一有力的政治与法律武器。

平等,是主权的同义词,表明主权的一个特定方面。[1] 国家主权平等是联合国的基础。[2] 国家在财富、权力和影响上可能是不平等的,但是,在法律的概念上,他们的地位、人格、法律能力、权利、义务和责任是平等的。根据《国际法原则宣言》的规定,主权平等的要素包括以下几个:(1)各国法律地位平等;(2)每一国均享有充分主权之固有权利;(3)每一国均有义务尊重其他国家之人格;(4)国家之领土完整及政治独立不得侵犯;(5)每一国均有权利自由选择并发展其政治、社会、经济及文化制度;(6)每一国均有责任充分并一秉诚意履行其国际义务,并与其他国家和平相处。[3] 英国国际法学者伊恩·布朗利根据《国际法原则宣言》的这一规定将国家主权与平等的要求归结为以下几点:(1)对其领土和永久居住其上的人口的初步的排他管辖权;(2)在此排他管辖区域内其他国家的不干涉义务;(3)依据习惯法和经承担义务者同意的条约而产生

---

〔1〕 参见[美]汉斯·摩根索著,[美]肯尼思·汤普森,戴维·克林顿修订:《国家间政治——权利斗争与和平》(第7版),徐昕等译,北京大学出版社2006年版,第345页。

〔2〕 《关于各国内政不容干涉及其独立与主权之保护宣言》,联合国文件A/RES/2131(XX)。

〔3〕 参见白桂梅、李红云编:《国际法参考资料》,北京大学出版社2001年版,第22页。

的对义务的依赖。[1] 不管是《国际法原则宣言》的规定还是伊恩·布朗利教授的阐述都清楚地表明国家主权平等包含对内和对外两方面的要求。对内,主权平等意味着国家对其管辖范围内的一切人和事实行绝对管辖的权力;对外,主权平等意味着国家按照自己的意志,独立自主地行使对内和对外事务的最高决定权,不受任何外来力量的干涉。当然,不管是对内还是对外,主权绝对到不受限制的观点在今天已经很难获得认同。在上述《国际法原则宣言》和伊恩·布朗利教授的阐述中都强调了国家对所承诺的国际义务的服从之于主权平等的意义。在法治社会,义务主要来自法律,主权不受制于他国但应当受制于国际法。对主权的这一限制在《国家权利义务宣言草案》中有明确规定:"各国有责遵照国际法及国际法高于各国主权之原则,处理其与他国之关系。"[2]著名政治学家汉斯·摩根索对主权这一特质的描述是:主权不是不受法律约束的自由;主权不是无视国际法有关规定的自由。[3] 国际法学者 J. G. 斯塔克进一步说明:"18、19 世纪强大而强烈民族性的国家存在时,很少认为国家的自主权有所限制,与这个现象比较,主权在今日有限制性的意义,现在几乎没有一个国家不接受基于国际社会利益对其行动自由的限制。绝大多数国家现在都是联合国与国际劳工组织的会员国,因此在国际政策方面的不受拘束之裁量权均受到限制。所以,在今日说主权是国家保有在国际法所限定的范围下之剩余权利,可能更为正确。"[4]其实,就是在普遍认为主

---

[1] 参见[英]伊恩·布朗利:《国际公法原理》,曾令良、余敏友等译,法律出版社 2007 年版,第 257 页及第 262 页注释 3。

[2] 《国际权利义务宣言草案》第 14 条。参见白桂梅、李红云编:《国际法参考资料》,北京大学出版社 2001 年版,第 17 页。

[3] 参见[美]汉斯·摩根索著,[美]肯尼思·汤普森,戴维·克林顿修订:《国家间政治——权利斗争与和平》(第 7 版),徐昕等译,北京大学出版社 2006 年版,第 346～347 页。

[4] J. G. Starke, *An Introduction to International Law*. 10th ed. London: Butterworths, 1989. 99.

权不受限制的18世纪之前,也能找见主权受制于国际法的依据。《威斯特伐利亚和约》就明确规定:所有缔约国"有义务保持和遵守本条约的规定,任何违法者应被视为和平的破坏者"。[1]

以法律概念言之,义务与责任在最一般意义上可以通用,[2]国际法义务到了保护责任这里被赋予了主权责任,"主权责任因而成为保护责任的法律基础"。[3] ICISS认为,《联合国宪章》本身是会员国自愿承担国家义务的一个实例。一方面,在给予联合国会员资格的时候,国际社会欢迎签署国作为国际社会负责任的一员;另一方面,该国本身签署宪章时即承认由此产生的成员责任。此时,国家主权没有任何转移或减弱,只是"涉及一个必要的重新描述特征的过程:在内部功能和外部责任上从作为控制手段的主权到作为责任的主权"。[4]作为责任的主权具有三种意义:"第一,它意味着国家权力当局对保护国民的安全和生命以及增进其福利的工作负有责任;第二,它表示国家政治当局对内向国民负责并且通过联合国向国际社会负责;第三,它意味着国家的代理人要对其行动负责,就是说他们要说明自己的授权行为和疏忽。"[5]而"尊重人权是负责任的主权的一个要素",[6]每一个国家均有责任保护其人民免遭灭绝种族、战争罪、族裔

---

〔1〕 世界知识出版社编辑:《国际条约集(1648~1871)》,世界知识出版社1989年版,第31页。

〔2〕 根据戴维·M.沃克著的《牛津法律大辞典》的解释,"义务"这一术语即起源于法语的"责任"。参见[英]戴维·M.沃克著:《牛津法律大辞典》,李双元等译,法律出版社2003年版,第348页。

〔3〕 杨永红:《论保护责任对利比亚之适用》,载《法学评论》2012年第2期。

〔4〕 ICISS, *The Responsibility to Protect*. Ottawa: International Development Research Centre, 2001. para. 2.14.

〔5〕 ICISS, *The Responsibility to Protect*. Ottawa: International Development Research Centre, 2001. para. 2.14, 2.15.

〔6〕 "Implementing the responsibility to protect", Report of the Secretary-General, UN Doc. A/63/677. para. 16, available at: http://www.un.org/zh/documents/view_doc.asp?symbol=A/63/677&referer=http://www.un.org/zh/documents/index.shtml&Lang=E.

清洗和危害人类罪之害。主权国家有义务通过适当、必要的手段，预防这类罪行的发生，包括预防煽动这类犯罪。国际社会则应酌情鼓励并帮助各国履行这一责任。如果预防措施不能解决或遏制这种局势，而且主权国家没有能力或不愿纠正这种局势，那么更广泛的国际社会就应当做出“及时果断的反应”，最终诉诸武力。因此，保护责任中的武力使用就是以主权国家和国际社会的人权保护责任为前提的。

主权国家的国际性人权保护责任首先来自于《联合国宪章》。宪章将实现人权列为联合国的目标之一，也是成员国的基本义务。宪章序言和第1条都强调了对人权的尊重，第55条规定联合国应促进“较高之生活程度、全民就业，及经济与社会进展”、“全体人类之人权及基本自由之普遍尊重与遵守，不分种族、性别、语言或宗教”。这一规定也许不那么直接，因为按照该条的措辞，联合国只是“应促进”，但第56条就明确要求“各成员国担允采取共同及个别行动与本组织合作，以达成第55条所载之宗旨”。[1] 根据国际法院的解释，该条总体上构成了法律义务。[2]

宪章之后，联合国大会于1948年通过了一个综合性的《世界人权宣言》。该宣言虽然算不上是一个法律文件，不具有直接法律效力，但它由联合国大会通过，对于解释宪章的条款具有权威的指导作用，并被很多法院明确引用，[3] 因此，其间接法律效力不容低估。

由于宪章的有关规定较为笼统，而人权宣言又并非正式的法律文件，国际社会又通过了两个人权公约，不但规定了保护人权的具体内容，还规定了严密的执行程序，它们分别是1966年通过的《经济、社会和文化权利国际公约》《政治权利和公民权利国际公约》。两个人权公约

---

〔1〕《联合国宪章》中提到人权的其他条款还有第62条、第68条和第76条。

〔2〕见 the Advisory Opinion. on Namibia: ICJ Reports(1971), pp. 56 - 57。

〔3〕欧洲法院曾援引宣言来解释《欧洲人权公约》，国际法院在“紧张局势下”扣留人质的问题上也援引过宣言。参见[英]伊恩·布朗利：《国际公法原理》，曾令良、余敏友等译，法律出版社2007年版，第502页。

于1976年生效，对当事国具有法律效力，共同构成国际人权法典。

在《经济、社会和文化权利国际公约》[1]中，缔约国承认工作权、社会保障权、个人及其家庭的相当生活标准权。每一缔约国“承担尽最大能力……采取步骤，以便用一切适当方法，尤其包括用立法方法，逐渐达到本盟约中所承认的权利的充分实现”。[2] 公约缔约国还保证，人人行使公约所承认的权利不会受到任何歧视，但是有一个限制，就是“发展中国家在适当顾及人权及它们的民族经济的情况下，得决定它们对非本国国民的享受本盟约中所承认的经济权利，给予什么程度的保证”。[3] 公约的监督机制包括：缔约国有义务就所采取的措施提交报告，这些报告最后转交联合国经社理事会。1986年以后，一个由专家组成的“经济、社会和文化权利委员会”开始协助经社理事会监督缔约国履行公约义务的情况。

《公民权利和政治权利国际公约》[4]则在权利的内容和监督机制方面规定的更具体和严格。公约首先对缔约国对其管辖内的居民承担人权保障义务作了一般性规定，[5]公约规定的公民与政治权利涉

---

[1] 1997年10月27日，中国代表秦华孙大使在纽约联合国总部正式签署了该公约。2001年2月28日，第九届全国人大常委会第二十次会议作出了批准该公约的决定。

[2] 《经济、社会和文化权利国际公约》第2(1)条，参见白桂梅、李红云编：《国际法参考资料》，北京大学出版社2001年版，第94页。

[3] 《经济、社会和文化权利国际公约》第2(3)条，参见白桂梅、李红云编：《国际法参考资料》，北京大学出版社2001年版，第94~95页。

[4] 中国于1998年10月5日在联合国总部签署了该公约。近年来，中国采取了一系列举措，为批准公约及其后的履约创造了良好条件。立法上，对原有的《刑事诉讼法》和《刑法》进行了重大的修订或修改，制定了《国家赔偿法》《监狱法》《法官法》《检察官法》《警察法》《律师法》等一系列新法，并且与2004年将“国家尊重和保障人权”写入宪法，使人权保护上升为宪法原则；在司法上，推进司法体制改革，收回死刑复核权，建立法律援助制度；在执法上，废除强制收容遣送制度，废除劳动教养制度，深入推广警务、检务、审判及狱务公开等。参见肖君拥：《国际人权法讲义》，知识产权出版社2013年版，第146~147页。

[5] 参见《公民权利和政治权利国际公约》第2(1)条，白桂梅、李红云编：《国际法参考资料》，北京大学出版社2001年版，第102页。

及人身自由与安全、法律面前平等、公正审判及类似权利等各种问题。缔约国有义务向人权委员会报告所采取的使该公约承认的各种权利生效的各种措施。公约还规定了一个控告程序。根据该程序，某一缔约国如果认为另一个缔约国违反了公约，在经过双方调整努力以及事前用尽国内救济之后，可以提出控告，但前提是：有关国家承认人权事务委员会有权受理控告。人权事务委员会可以利用专设和解委员会解决上述问题。此外，公约的任择议定书〔1〕规定：缔约国管辖下的个人如果声称为该缔约国违反公约条款的受害人，在用尽国内救济后，可以向公约设立的人权事务委员会申诉。受指控的国家有义务向人权事务委员会提交"书面解释或声明，说明原委，如该国业已采取救济办法，则亦应一并说明"。〔2〕 随后，委员会"应向关系缔约国及该个人提出其意见"。〔3〕

除了上述基本国际人权法律文件，还有大量的多边公约涉及特定领域的人权问题，如种族歧视、种族灭绝、信息自由、妇女权利、儿童权利、奴隶制度以及强迫劳动。

总之，主权平等意味着国家在对内对外两方面的权威，但主权不是绝对的，至少要受到国际法的限制与约束，以《联合国宪章》为代表的现代国际法为国家和国际社会设立了具体的人权保护义务。保护责任中武力使用以负责任的主权为理论基础，以人权保护为基本价值取向，符合主权平等原则的时代内涵。至于其主张的对不履行人权保

---

〔1〕 联合国大会1966年12月16日第2200A(XXI)号决议通过的《公民权利和政治权利国际公约》的一份附件，1976年3月23日生效。它规定了个人在公民和政治权利遭到侵犯时向联合国人权委员会提出申诉的程序和体制。

〔2〕 《公民权利和政治权利国际公约任择议定书》第4(2)条，参见白桂梅、李红云编：《国际法参考资料》，北京大学出版社2001年版，第112页。

〔3〕 《公民权利和政治权利国际公约任择议定书》第5(4)条，参见白桂梅、李红云编：《国际法参考资料》，北京大学出版社2001年版，第112页。

护义务的国家实施国际干预的理论则涉及国际法的另一基本原则——不干涉原则。

(二)保护责任中武力使用与不干涉原则

“干涉是国际政治的永恒现象”,[1]干涉与反干涉的斗争贯穿了人类社会的历史。按照劳特派特修订的《奥本海国际法》的观点,干涉是指“一国为了维持或变更事物的实际状况,而专断地干预他国的事务”。1648年《威斯特伐利亚和约》确立了以民族国家为基本单位的国际体系,主权平等是这一体系的基本特征。主权平等的必然结果,是各国承担对任何他国的对内或对外事务不得干涉的义务。最早在国际法学说上提出不干涉原则的是德国国际法学者沃尔夫。沃尔夫在国际法学说史上最早提出了国家基本权利的思想,[2]其中就蕴含着不干涉思想。[3] 但不干涉成为国际关系和国际法的基本原则,却是20世纪的事情。1945年《联合国宪章》第2(7)条成为当前不干涉原则的“宪法性”条款。但该条被理解为仅适用于国际组织与会员国之间的关系,而没有包括会员国之间互不干涉的内容。[4] 1949年,国际法委员会在巴拿马提供草案的基础上拟定了《国家权利义务宣言草案》,获得联合国大会通过。[5] 宣言草案中多项条款与不干涉有

---

〔1〕 R. J. Vincent, *Nonintervention and International Order*. Princeton University Press, 1974. 8.

〔2〕 参见[美]阿瑟·努斯鲍姆:《简明国际法史》,张小平译,法律出版社2011年版,第119页。

〔3〕 参见陈一峰:《论当代国际法上的不干涉原则》,北京大学出版社2013年版,第17~19页。

〔4〕 参见许光建主编:《联合国宪章诠释》,山西教育出版社1999年版,第58页。

〔5〕 联合国大会于1949年12月6日通过了《国家权利义务宣言草案》,向各国征求意见(见联合国文件A/RES/375(IV))。但由于各国反应冷淡,1951年联大再次通过决议,鉴于各国提交的意见和建议为数不多,对该宣言草案暂缓审议(参见联合国文件A/RES596(VI)),此后该议题在联大不了了之。虽然该宣言草案最终没有获得联大正式采纳,但它是国际法委员会讨论通过的,因此其主要内容被认为是有关习惯法规则的重要证据。

关，例如“各国有独立权，因而有权自由行使一切合法权力，包括其政体之选择，不接受其他任何国家之命令。”“各国对任何他国之内政外交，有不加干涉之义务。”“各国有不在他国境内鼓动内乱，并防止本国境内有组织鼓动此项内乱活动之责任。”〔1〕联合国首次对不干涉原则进行系统编撰与发展的是1965年12月21日由联合国大会第1408次全体会议通过的《关于各国内政不容干涉及其独立与主权之保护宣言》。〔2〕该宣言首次详细阐明了国际法上的不干涉原则，提出了不干涉原则的一般公式，明确了若干具体规则，〔3〕并推动了1970年《国际法原则宣言》中不干涉原则部分的起草，其主要内容被《国际法原则宣言》所采纳。《国际法原则宣言》把不干涉原则提高到了国际法基本原则的高度，使有关内容获得了国际社会的普遍支持。1981年12月9日，联大又通过了《不容干涉及干预别国内政宣言》，〔4〕在内容上全面、广泛和详细地列举了国际法所禁止的干涉行为。但发达国家和发展中国家在该宣言上严重对立，决议遭到了发达国家的集体反对，最终以122票赞成，22票反对，6票弃权获得通过。〔5〕因此其权威性不如1965年的宣言，国际法学家多引用1965年的宣言，而较少提及1981年的宣言。〔6〕

关于不干涉原则的重要意义，上述文件也都有述及，概括起来，对

〔1〕白桂梅、李红云编：《国际法参考资料》，北京大学出版社2001年版，第17页。

〔2〕联合国文件A/RES/2131(XX)。该决议草案由苏联提出，列入联大议程后几乎以全体赞同的方式通过，除了英国投了弃权票，另有7个国家没有参加投票，其他109个国家，包括美国、法国、德国、日本等全部投了赞成票。

〔3〕参见陈一峰：《论当代国际法上的不干涉原则》，北京大学出版社2013年版，第38页。

〔4〕联合国文件A/RES/36/103。

〔5〕反对国家包括澳大利亚、奥地利、比利时、加拿大、丹麦、法国、德国、冰岛、以色列、爱尔兰、意大利、日本、卢森堡、荷兰、新西兰、挪威、葡萄牙、西班牙、瑞典、英国、美国、委内瑞拉；弃权国家有萨尔瓦多、芬兰、希腊、危地马拉、斯威士兰、土耳其。

〔6〕参见丘宏达：《现代国际法》，三民书局2006年版，第269页注释62。

不干涉原则的任何违反，都会(1)威胁到各国的政治、经济、社会、文化发展；(2)威胁到人民的自由、国家的主权、政治独立和领土完整；(3)破坏各国彼此和睦相处；(4)影响人民自由充分地行使民族自决和独立权；(5)违反联合国宗旨与原则；(6)威胁国际和平与安全。

国际法上不干涉原则的产生与发展，是国际社会文明进步的产物和重要标志。要理解和尊重不干涉原则，最重要的是厘清该原则所禁止的干涉对象是什么。[1] 这个问题看似简单，在国际实践中却有着相当的分歧与含糊。

上述文件在此问题上的措辞并不相同，也加剧了这种分歧。《联合国宪章》的措辞是不得干涉“本质上属于任何国家国内管辖之事件”。1965 年《关于各国内政不容干涉及其独立与主权之保护宣言》，宣言名称中使用的是“各国内政”，但在宣言内容中强调的是任何国家无权直接或间接干涉任何其他国家之“内政、外交”。《国际法原则宣言》中则是“国内管辖事件”和“内政或外交事务”两种表达。各国或国家集团在这个问题的分歧，不管是不是与此措辞有关，但确实存在“内政与外交事务”和“国内管辖事项”之争。[2] 主张不干涉的对象是国家的内政与外交事务的主要是美洲国家和大多数发展中国家。

---

[1] 除了干涉对象，不干涉原则中的干涉主体问题也是理解该原则需要辨析清楚的。较于干涉对象的复杂性，干涉主体问题相对清晰，根据有关国际文件，遵守不干涉原则的主体既是国家，也包括以国家集团形式表现的国际组织。例如，《关于各国内政不容干涉及其独立与主权之保护宣言》：“本宣言中所称之国家，系兼指个别国家及国家集团而言”；《国际法原则宣言》：“任何国家或国家集团均无权以任何理由直接或间接干涉任何其他国家之内政或外交事务。”

[2] 至于采取“内政”这一措辞的，更多是为了语言上的简洁，并不是把不干涉的范围仅限制在内政事务方面。例如，中国和平共处五项原则之一所用的措辞就是“互不干涉内政”，但中国历来主张基于独立自主的外交政策不容干涉。此外，1955 年《华沙条约》、1963 年《非洲统一组织宪章》、1964 年《不结盟运动开罗会议宣言》、1971 年《东南亚国家友好合作条约》以及 2000 年《非盟组织法》、2006 年《东盟宪章》和 2006 年《关于当前国际形势下不结盟运动的目的、原则和作用的宣言》都采用的是“不干涉内政”。

他们认为,内政与外交在理论上是不可分的,实践中也很难区分,很多情况下,干涉同时涉及内政和外交两方面,且外交事务是任何国家的实质性要素,外交受到干涉对小国而言非常危险,内政与外交都应当加以保护。主张不干涉的对象是国内管辖事项的主要是西方国家。这些国家希望把干涉对象限制在国内管辖范围内,尽量缩小所禁止的干涉范围。在关于1965年《关于各国内政不容干涉及其独立与主权之保护宣言》的讨论中,西方国家曾建议删除"外交事务"的措辞,用国内管辖事项来替换内政和外交事务。其主要理由是:一个国家的外交事务,如果同时也涉及其他国家的合法利益,应由国际法支配。[1]国际法院在此问题上显然是支持前者的。它在"尼加拉瓜"案中指出,禁止干涉国家可以根据主权原则自由决定的事项,这些事项包括选择政治、经济、社会和文化制度以及制定外交政策。[2]

但对于着力解释保护责任中武力使用与不干涉原则关系的本书来说,这样的争论似可以放置一边,因为,不干涉的对象指向"国内管辖事项"——如果"国内管辖事项"与"内政"可以等同的话——这一点是没有异议的。但接下来的问题是:"国内管辖事项"是什么,或者说国内管辖事项的范围是什么?这一问题对于解释保护责任中武力使用的合法性至为重要,毕竟,保护责任中武力使用是国际社会以人权保护的名义对一主权国家实施的武力干预。

常设国际法院在"突尼斯和摩洛哥国籍命令"咨询意见中针对"国内管辖事项"发表过一个著名意见,这个意见被公认为是对国内管辖的经典解释,即国内管辖,是指国家不受国际法限制可以自由斟

---

〔1〕 参见陈一峰:《论当代国际法上的不干涉原则》,北京大学出版社2013年版,第127~130页。

〔2〕 ICJ Report, 1986. 转引自:[英]马尔科姆·N.肖:《国际法》(第6版),白桂梅等译,北京大学出版社2011年版,第910~911页。

酌处理并享有最终决定权的事项。具体包括：(1)如果一般国际法对某个事项有相关规定，那么这个事项就一般的不属于国内管辖；(2)即便一个事项原则上并不属于一般国际法调整，但是特定当事国之间对该事项有条约规定，那么在该条约规定的范围内，该事项在条约当事国之间也不得视为内政；(3)一个特定事项，如在原则上不属于国际法的调整范围，且当事国之间也无条约约定，就可以认定为是纯属国内管辖事项。[1]

对于国内管辖事项，常设国际法院在这一咨询意见中还做了一个阐述："一个事项是或者不是纯属一国的国内管辖的问题在本质上是一个相对的问题；它取决于国际关系的发展。"[2] 的确，随着人类的进步，国际关系在发展，国际法的调整范围也随时发生变化。昨天纯属一国国内管辖的事项，明天也许就失去了主权的保护。[3] 这方面典型的例子就是"武力索债"。在20世纪之前，国家为了收回别国拖欠其国民所欠的债务，能够合法地使用武力进行干涉，但自1907年海牙会议订立了《限制使用武力以索偿契约债务公约》后，情况就不是这样了。实际上，此类行为在当代政治中已变得不可想象。[4]

同样的情况也出现在人权领域。几个世纪以来，一个国家与其居民的关系，如同曾有过的君主与其臣民的关系，是不属于任何其他国家的事务，其他国家不能在某一国家干预该国与其公民的关系。但在半个世纪之前，这不再是完全的真理。根据国家的同意，国际法已发

---

〔1〕 参见陈一峰：《论当代国际法上的不干涉原则》，北京大学出版社2013年版，第203～204页。

〔2〕 转引自陈一峰：《论当代国际法上的不干涉原则》，北京大学出版社2013年版，第204页。

〔3〕 See ICISS, *The Responsibility to Protect: Research, Bibliography, Background.* Ottawa: International Development Research Centre, 2001. 7－8.

〔4〕 参见［美］玛莎·芬尼莫尔：《干涉的目的：武力使用信念的变化》，袁正清、李欣译，上海人民出版社2009年版，第24～42页。

展出相对完备的人权法,就国家应该如何对待自己的国民,如何对自己的国民负责做出了规定。前文已经对赋予缔约国人权责任的国际人权法体系做了简要阐述,应该说,现代国家在国际法上承担人权义务是有实在法根据的,按照常设国际法院的观点,人权领域已经不再是一个国家专属管辖的国内事项,当然,国家对国际人权法做出明确保留的条款除外。但由于人权事项的复杂性,这一观点并未得到国内外学者专家的一致赞同。有国内学者就提出国际法规范具有"实质义务的深度"这一要素,以此反对将全部人权领域都排除在国内管辖范围之外。该学者认为,所谓国际法规范的实质义务的深度,是指"一个规范本身所明确规定的行为模式的具体程度,授权国家从事某种行为或者强制国家从事或避免从事某种行为的详细程度"。[1] 对于一个特定事项,是否纯属国家管辖,不能仅仅根据是否有国际法规范来进行定性分析,还要依据国际法对具体事项的入侵程度做定量分析。如果国际法对某个事项的规定是非常原则性的或者仅仅涉及了少数方面,那么可以认为有关事项总体来说在原则上还是特定缔约国的国内管辖事项,只是在条约所涉范围内,有关事项具有国际义务性。根据此理论,该学者得出结论认为,由于《联合国宪章》涉及人权条款的原则性,其为成员国所确立的是非常原则性和初步的人权义务,人权事务在宪章及联合国框架下原则上还是属于成员国的国内管辖事项。在联合国框架之外的一般国际法层面,也还有很多方面属于国内管辖事项。但对于一些特定具体的人权事项,如公然大规模、严重、系统侵犯人权的国家实践,特别是严重种族歧视和种族隔离行为,该学者认为,通过对人权条款的实践解释并获得成员国的广泛接受,联合

---

〔1〕 陈一峰:《论当代国际法上的不干涉原则》,北京大学出版社2013年版,第222页。

国有权加以管辖。[1]

转而考察保护责任中意图通过使用武力对主权国家实施人道干预的国际法前提——“每一个国家均有责任保护其人民免遭灭绝种族、战争罪、族裔清洗和危害人类罪之害”。[2] 根据国际强行规则的三个标准——整个国际社会的共同利益、整个国际社会共同接受、具有法律拘束力——来评价,该前提中的“灭绝种族、战争罪、族裔清洗和危害人类罪”均属于国际强行法惩治的严重侵犯人权的罪行,[3]是所有国家对整个国际社会的义务,所以也就超出了国内管辖的范围,而应为国际社会所关注。由此也就不难理解,为什么2005年《世界首脑会议成果文件》以及之后的联合国有关文件都将保护责任的适用范围限定为这四种罪行,而将ICISS所建议的其他情形,如大规模丧生;国家崩溃而因此造成广大人民面临饥饿和内战的境地;面对无法抗拒的自然灾害或环境灾害,有关国家不愿意或无力应对或要求援助,而且正在发生或可能发生大量的人员伤亡等排除在外。毕竟,如果将保护责任的适用范围放的过宽,必然引致更多对触及国内管辖事项、违反不干涉原则的担忧与抵制。

尽管对一国国内发生的严重人权危机予以关切和采取措施是国际社会的正当要求,但应用保护责任对特定主权国家实施武力干预,从尊重不干预原则来说,还存在一个执行上的风险,即介入一国内乱。从以前的实践来看,打着捍卫人权的旗号实施干预的行动往往发生在被干涉国发生内乱的情况下,不论是20世纪90年代的伊拉克、南斯

---

〔1〕 参见陈一峰:《论当代国际法上的不干涉原则》,北京大学出版社2013年版,第220~237页。

〔2〕 “2005 World Summit Outcome”. UN Doc. A/RES/60/1, para. 138, available at: http://www.un.org/zh/documents/view_doc.asp? symbol = A/RES/60/1&referer = http://www.un.org/zh/documents/index.shtml&Lang = E.

〔3〕 参见白桂梅:《国家强行法保护的人权》,载《政法论坛》2004年第2期。

拉夫、索马里、科索沃,还是21世纪的利比亚、马里、苏丹。但单纯的内乱属于一国国内管辖事项,并不为国际法所禁止;介入一国内乱的行为属于干涉别国内政,进而颠覆一国政权更是严重践踏国际法的行为,这已为学者们充分论证并得到国际文件的认可。亨金教授认为:"一国如何治理自己国家,其宪政体系的特点,其政府和统治所发生的变化(无论由合宪手段带来,还是由革命所致),传统上一直被视为国内问题,并由国家自治原则所容纳和保护。国际体系没有插手此类事务的依据。即便是国内武装冲突——从孤立的暴乱到全面内战——也不属于合法的国际政治体系或国际法上的事务,除非它扩散到威胁国际和平与安全的地步。"〔1〕古德里奇等在《联合国宪章——评述与文件》中写道:"内战显然是一个内政问题,一个外国和一个外国集团为要影响斗争的过程而进行的任何干涉,都构成对该国独立的侵犯。联合国组织无权干涉任何这种内部斗争。"〔2〕《奥本海国际法》也认为:"如果有内战而且国家是由作战各派分割控制的,对任何一方的任何形式的干预或援助(人道主义性质的援助可能除外)都等于违反国际法的干涉。"〔3〕马克斯·普朗克比较公法及国际法研究所主编的《国家公法百科全书》认为:"虽然大多数内战不为国际法所禁止,但它并不表明其他国家有权通过援助一方或另一方来干涉他国内战。"〔4〕学者们的观点也得到了前述有关"不干涉原则"国际文件的支持。《国际法原则宣言》在"不干涉原则"部分强调:"任何国家均不

〔1〕 [美]路易斯·亨金:《国际法:政治与价值》,张乃根等译,中国政法大学出版社2005年版,第192页。

〔2〕 转引自王俊杰:《战争法——当代战争对传统战争法与武装冲突法的挑战与思考》,云南大学出版社2010年版,第183页。

〔3〕 [英]詹宁斯等修订,王铁崖等译:《奥本海国际法》(第1卷)(第一分册),中国大百科全书出版社1995年版,第317页。

〔4〕 [德]马克斯·普朗克比较公法及国际法研究所主编,中山大学法学研究所国际法研究室译:《国际公法百科全书》(第三专辑),中山大学出版社1992年版,第347页。

得组织、协助、煽动、资助、鼓励或容许目的在于以暴力推翻另一国政权之颠覆、恐怖或武装活动，或干预另一国之内争。”《不容干涉和干预别国内政宣言》宣告：不干涉原则包括“各国有义务避免以任何借口直接或间接地促进、鼓励或支持其他国家内部的叛乱或脱离主义活动，也避免采取任何谋求破坏其他国家统一或破坏或颠覆其政治秩序的行动”。“各个国家在其国际关系上有义务不以任何方式威胁或使用武力……推翻或改变另一国家的政治制度或其政府。”“各国有义务避免利用和歪曲人权问题，以此作为对其他国家施加压力或在其他国家或国家集团内部或彼此之间制造猜疑和混乱的手段。”《关于各国内政不容干涉及其独立与主权之保护宣言》宣称：“任何国家亦均不得组织、协助、制造、资助、煽动或纵容意在以暴力手段推翻另一国家政权之颠覆、恐怖或武装活动，或干涉另一国家之内乱。”〔1〕

总之，内乱是发生严重人权问题的原因之一，但内乱并不必然导致严重的人权问题。国际社会在履行保护责任实施武力干预前必须按照统一标准，客观分析干预目标国政府的主观方面和客观行为，对目标国的人权状况做出准确评估，避免干涉一国内政。

（三）保护责任中武力使用与禁止使用武力原则

1. 国际法关于武力使用规范的演变

在实在国际法诞生之前，正义战争理论对武力使用起着规范作用。1648 年威斯特伐利亚和会之后，民族国家兴起，实证法理论和主权平等观念逐渐普及，没有国家有权决定其他国家使用武力的行为是否合法，国家也应当尊重其他国家的主权独立与完整。自此，正义战

〔1〕 需要注意的是，国际法上的不干涉原则不仅适用于国家，也同样适用于国际组织。如《国际法原则宣言》强调“任何国家或国家集团均无权以任何理由直接或间接干涉任何其他国家之内政或外交事务”；《关于各国内政不容干涉及其独立与主权之保护宣言》强调：“本宣言中所称之国家，系兼指个别国家及国家集团而言。”

争理论逐渐式微。到了 18 世纪末和 19 世纪，国际法有关战争的主要思潮是国家有诉诸战争的权利，战争是国家推动政策的合法工具，而不论战争发动的原因是否合法。

1899 年和 1907 年的两次海牙和平会议是国际社会尝试限制国家使用武力的开始。1899《海牙第一公约》是国际法上第一个涉及限制战争权的文件，公约要求缔约国“全力促进国际争端的友好解决”和“尽可能防止诉诸武力”。[1] 1907 年第二次海牙和平会议通过的《限制使用武力索偿契约债务公约》对战争权做了有限的直接限制。此后，第一次世界大战后国际联盟的成立代表着国际法有关武力使用的规范进入了一个新的阶段。鉴于第一次世界大战痛苦的经验，国际联盟设计了一套限制使用武力的制度：首先，盟约前言强调，“为增进国际间合作并保持其和平与安全起见，特允承受不从事战争之义务”。[2] 其次，盟约第 12 条第 1 项规定会员国有义务寻求以和平方式解决彼此之间的争端，这包括仲裁、法律手段或是送国际联盟行政院审查，而且在行政院报告或仲裁判断或司法判决下达后三个月内不得从事战争。三个月缓冲期的设计主要是为了避免奥地利王储在塞拉耶夫被刺杀而引发第一次世界大战的悲剧再度上演。最后，如果会员国不遵守盟约第 12 条、第 13 条或第 15 条而从事战争，则盟约第 16 条第 1 项规定该国之行为视为对国际联盟所有会员国发动战争，所有会员国应立即与该国断绝商业与财政上之联系，禁止会员国与违约国之间人民的各种往来关系。第 2 项并规定会员国可以合组军队以维护盟约之实行。

从上述规定看来，国际联盟盟约并未禁止战争，只是限制使用武

---

〔1〕 刘家新、齐三平主编：《中国军事百科全书(第二版)：战争法》，中国大百科全书出版社 2007 年版，第 78～79 页。

〔2〕 许光建主编：《联合国宪章诠释》，山西教育出版社 1999 年版，第 726 页。

力,要求国家发动战争前,必须满足一定的程序。真正要求全面禁止战争的条约是1928年的《非战公约》。[1]《非战公约》是第一个全面禁止以战争作为推动国家政策工具的条约。[2] 该公约第1条规定:"缔约方以它们各国人民的名义郑重声明它们斥责用战争来解决国际纠纷,并在它们的相互关系上,废弃战争作为实行国家政策的工具。"第二条要求所有国际争端或冲突,不论其性质或来源如何,都只能用和平方式解决。虽然在第二次世界大战前,日本、意大利、德国和苏联都曾违反过该条约而未被制裁,但公约的内容广泛为世人所接受且从未被终止,并已被公认为一项确认的国际法原则。[3]

2. 禁止使用武力原则在当代国际法中的确认

第二次世界大战中,德、日、意等纳粹国家滥用武力的行为给人类造成"惨不堪言之战祸"。1941年8月14日,反纳粹同盟国领袖美国总统罗斯福和英国首相丘吉尔发表了史称"大西洋宪章"的联合声明,表示"两国相信世界所有各国,无论为实际上或精神上的原因,必须放弃使用武力。倘国际间所有国家继续使用陆海空军军备,致在边境之外实施侵略威胁,或有此可能,则未来和平势难保持"。[4] 为了达成在战后建立一个普遍性国际安全组织的愿望,1944年秋,美、英、苏、中四国代表在华盛顿附近一个叫做敦巴顿橡树园的大厦里召开会议。会议就拟成立的联合国的宗旨和原则、组织机构及职权、保障集

---

〔1〕 公约的正式名称是《关于废弃战争作为国家政策工具的一般条约》,因为公约的发起人为法国外交部长白里安和美国国务卿凯洛格,又称"白里安-凯洛格条约"。公约于1929年7月25日德、美、比、法、英(包括英联邦七个单位)、意、日、波、捷等十五个签字国同时在华盛顿交存批准书之日生效。

〔2〕 有关《非战公约》的说明,可参见黄瑶著:《论禁止使用武力原则——联合国宪章第二条第四项法理分析》,北京大学出版社2003年版,第32~39页。

〔3〕 Malcolm N. Shaw, *International Law*. 5th ed. Cambridge, England: Grotius Publications Ltd., 2003. 1017.

〔4〕 世界知识出版社编辑:《国际条约集(1934-1944年)》,世界知识出版社1961年版,第337~338页。

体安全的措施等一系列问题提出了设想。与会者一致同意在联合国的组织原则中写入会员国有义务“在其国际关系上不得以与联合国宗旨不符的方式使用武力或威胁使用武力”,将《非战公约》中的“废弃战争”扩大到禁止使用武力和武力威胁。[1] 在1945年4月25日召开的旧金山制宪会议上,与会者将这条原则与宪章的宗旨、主权平等原则、和平解决争端原则,以及安理会和大会在维持国际和平与安全方面的责任一同进行了审议。经过各方讨论与妥协,两个月后通过的《联合国宪章》第2条第4项规定:“各会员国在其国际关系上不得使用威胁或武力,或以与联合国宗旨不符之任何其他方法,侵害任何会员国或国家之领土完整或政治独立。”自此,从战争扩大到一切形式的武力使用,国际社会正式宣告:为了世界和平与安全,“禁止使用武力”。

为了更好地履行禁止使用武力原则,联合国大会还通过了一系列决议,如《和平纲领》、[2]《国际法原则宣言》、[3]《加强在国际关系上不使用武力或进行武力威胁原则的效力的宣言》。[4] 1949年的《和平纲领》要求各国“避免违反宪章而行威胁或使用武力”。1970年的《国际法原则宣言》将“禁止使用武力”明确列为所有国家应该遵守的国际法基本原则,要求“各国在其国际关系上应避免为侵害任何国家领土完整或政治独立之目的或以与联合国宗旨不符之任何其他方式使用威胁或武力”,并对各国遵守这一原则的具体义务作了详细规定。1987年的《加强在国际关系上不使用武力或进行武力威胁原则的效力的宣言》突出强调了不使用武力的一般法律原则,在不得以武

---

〔1〕 参见许光建主编:《联合国宪章诠释》,山西教育出版社1999年版,第40页。

〔2〕 联合国文件A/RES/290(IV)。

〔3〕 联合国文件A/RES/2625(XXV)。

〔4〕 联合国文件A/RES/42/22。

力干涉一国内政方面作了更具体的规定。

但事物总是一分为二的。为了国际和平与安全,需要禁止武力使用,但在特定的历史环境下,只有使用武力才能实现国际和平与安全。根据宪章,联合国的首要目的是通过有效的集体措施防止和消除对和平的威胁,制止侵略行径或其他破坏和平的行为,维护国际和平与安全。[1] 虽然宪章没有明确使用"武力"二字,但为实现这一宗旨,维护法律和正义,在某些情况下,使用武力也是必要和合法的。根据宪章,国际社会在以下三种情况下允许使用武力:[2]

第一,自卫。自卫作为国家的一项主权权利早已存在,而且常常被称为国家的自然的权利。宪章第 51 条对这一自然权利作了确认。习惯国际法上权威的自卫权定义来自美国国务卿丹尼尔·韦伯斯特(Daniel Webster),他在"卡罗林"案(The Caronline case)给英国当局的信中提出了行使自卫权的基本要求,即必须存在"自卫的必要性、刻不容缓、压倒一切、没有选择方法的余地、没有时间熟思"。不仅这

---

〔1〕《联合国宪章》第 1 条。

〔2〕关于非法使用武力的例外情形,学界有"两种例外"说与"三种例外"说之分。"两种例外"说认为非法使用武力的例外情形只有"自卫"和"联合国根据宪章规定采取的强制措施"两种;"三种例外"说主张除了这两种情形之外,"民族解放运动"也是例外情形之一。本书采用"三种例外"说。其中"自卫"和"联合国根据宪章规定采取的强制措施"是宪章第 51 条和第 42 条明确规定的合法使用武力情形,"民族解放运动"则是根据宪章有关条款和联大的有关决议推论出的合法使用武力情形。此外,根据宪章条款,合法使用武力的情形还有"反对原先敌国的行动"、"联合国五个常任理事国的联合武装行动"和"区域机关的执行行动"。"反对原先敌国的行动"是指根据宪章第 107 条和第 53 条,允许第二次世界大战中的盟国,不经安理会授权就直接对前敌国的再度侵略采取防止性的武力强制行动。但随着所有那些前敌国都已经成为联合国的会员国,这两条规定的效力已经丧失。"联合国五个常任理事国的联合武装行动"是指根据宪章第 106 条的规定,中、美、英、法和苏联五个安理会常任理事国在提供给安理会军队的特别协定未生效,安理会因此不能行使第 42 条赋予的职能之前,为维持国际和平与安全,五大国可以联合国名义采取联合武装行动。这是宪章为保障特别协定缔结前的国际和平与安全而设定的一项过渡性安排。但由于现实中五大国的利益不同,此过渡性安排在实践中并未发挥预期的作用,使得第 106 条规定实际上形同虚设。至于"区域机关的执行行动",根据宪章第 53 条,由于必须在安理会授权之下才能采取,因此本书将之纳入"联合国根据宪章规定采取的强制措施"。

些条件满足了自卫才是合法的，而且行使自卫权的行为必须不是没有理由的或过分的，“因为以自卫必要性证明合法的行为还必须受到必要性的限制，并且必须清晰地维持在这个范围内”。[1] 以此定义为基础，经国际法院的实践和学者的阐述，合法行使自卫权的条件有三：必要性（Necessity）、相称性（Proportionality）、紧迫性（Immediacy）。[2]

第二，联合国根据宪章规定采取的强制措施。和平解决国际争端是联合国为实现宗旨应遵行的基本原则，但当和平手段不足以解决问题时，联合国可以依据宪章第七章为维持和平与安全采取包括武力在内的强制措施，这是维护集体安全体制的需要，是合法的武力使用。此外，根据《宪章》第53条的规定，联合国安理会还可以通过宪章第八章的区域办法执行武力强制措施，这种武力使用也是合乎国际法的。

第三，民族解放运动。根据《宪章》第1条第2项的规定，在外国统治或占领之下的被压迫民族享有民族自决权。1990年第45届联大关于《普遍实现民族自决权利和迅速给予殖民地国家和人民独立对于切实保障和尊重人权的重要性》[3]的决议“重申各国人民为求独立、领土完整、民族统一以及从殖民统治、种族隔离和外国占领下获得解放，以一切可用的手段进行斗争，包括武装斗争在内，都是合法的”。

总之，以宪章第2条第4项为基础确定的禁止使用武力原则是国际社会公认的国际法基本原则，也被联合国国际法院实践承认为国际

---

〔1〕［英］马尔科姆·N. 肖：《国际法》（第6版），白桂梅等译，北京大学出版社2011年版，第898页。

〔2〕Yoram Dinstein, *War, Aggression and Self-Defence*. fourth edition. Cambridge University Press, 2005. 208－211.

〔3〕联合国文件A/RES/45/130。

习惯法,[1]学者们也公认其具有强行法的地位,[2]对所有会员国、非会员国和国际组织都有约束力。同样,该原则的合法例外也只能根据宪章有关条款确定。尊重宪章在国际关系包括国际武力使用方面的至高规范地位也是各国际主体义不容辞的法律责任。多项规范武力使用的国际文件都是根据宪章的这些条款做出的,并都一致强调了宪章在这方面的权威地位不容挑战。例如,《加强在国际关系上不使用武力或进行武力威胁原则的效力的宣言》强调:本宣言的任何内容均不得解释为对宪章中关于合法使用武力情形的规范范围有任何扩大或缩小;《国际法原则宣言》在禁止使用武力原则部分最后指出:以上各项不得解释为对宪章内关于合法使用武力情形所设规定之范围有何扩大或缩小;《关于侵略定义的决议》第 6 条也是同样的规定。[3]所以,宪章中的武力使用规范是当前评价武力使用合法性的唯一法律依据。

3. 保护责任中武力使用是在联合国框架内的集体行动

保护责任中武力使用的首要目的是“制止或避免人类苦难”。坚持这一“正确的意图”,是保护责任取得正当性的前提。在保护责任被提出之前的人道主义干预理论也是强调其人道目的,但该理论运用

---

〔1〕 Case Concerning the Military and Paramilitary Activities In and Against Nicaragua (Nicaragua v. United States of America) (Merits), *Summaries of Judgments, Advisory Opinions and Orders of the International Court of Justice* 1948 – 1991. New York: UN, 1992. 165. 另参见[英]马尔科姆·N. 肖:《国际法》(第 6 版),白桂梅等译,北京大学出版社 2011 年版,第 891 页;[英]蒂莫西·希利尔:《国际公法原理》(第 2 版),曲波译,中国人民大学出版社 2006 年版,第 239 页。

〔2〕 参见黄瑶:《论禁止使用武力原则——联合国宪章第二条第四项法理分析》,北京大学出版社 2003 年版,第 1 页、第 51 ~ 60 页;陈致中:《禁止使用武力原则是国际关系的强行法》,载《法学评论》2004 年第 3 期;刘扬:《论国际法上的禁止使用武力》,载《国际关系学院学报》2005 年第 6 期;陈文学:《国际法对战争及使用武力的规范》,载《中山大学学报》(社会科学版)2005 年第 6 期。

〔3〕 参见白桂梅、李红云编:《国际法参考资料》,北京大学出版社 2001 年版,第 24 页。

于实践时，这一正当目的总是招致人们的质疑，进而质疑人道主义干预理论本身。如何确保干预的正确意图？ICISS 的办法就是“始终在集体或多边的基础上，而不是在一个单独国家的基础上进行军事干预”。[1] ICISS 认为，为了保护人类目的而进行军事干预时最好的集体或多边基础是联合国安理会——“没有比安全理事会更好和更合适的机构”。[2] 但出于对联合国和安理会决定采取行动的效率和决心的信心不足，ICISS 同意在安理会之外寻求区域或分区域组织实施集体武力干预。ICISS 的这一建议对集体安全体制形成了挑战。在宪章所设定的集体安全体制中，安理会是对国际和平与安全作出判断的权威机构，也是有权决定武力使用的唯一组织。因此，这一建议理所当然地遭到了世界各国首脑的反对。在 2005 年世界首脑峰会上，各国同意接受的是“根据宪章”，“通过安理会逐案处理”。[3] 此后，联合国秘书长所有在保护责任推行实施中做出“及时果断反应”的讨论都是基于安理会在宪章第七章下的职权行动而展开，世界各国在联大内关于保护责任的所有对话与辩论也都注重维护集体安全体制的权威，对在安理会主导下履行保护责任中的武力反应责任达成基本共识。毕竟，联合国之外的单边干预在当代已经很少有支持的声音，“从理论上看，在现有的判断合法性的法律渊源和法理中，我们找不出单边人道主义干涉合法的依据”，“从实践上看，国际司法判决与国家实践也相当一致地反对单边人道主义干涉”。[4]

---

〔1〕 ICISS, *The Responsibility to Protect*. Ottawa: International Development Research Centre, 2001. para. 4. 34.

〔2〕 ICISS, *The Responsibility to Protect*. Ottawa: International Development Research Centre, 2001. para. 6. 14.

〔3〕 联合国文件：A/RES/60/1, para. 139。

〔4〕 宋新平主编：《武装冲突法研究》，军事科学出版社 2012 年版，第 108 ~ 109 页。

4. 使用武力实施保护责任以特定国家国内的人道灾难构成国际“和平之威胁”为实质要件

制止特定国家因内乱而引起的人道灾难或一国政府实施的人权暴行，是保护责任中武力使用的出发点。促进普遍尊重和遵守人权也是联合国的基本目标之一。〔1〕根据宪章，在武力使用方面拥有专属权力的是联合国安理会，要使武力使用与人权保护发生交集，似乎有赖于安理会与人权保护发生联系，但人权保护是联合国安理会的职责吗？对此，国际社会的质疑声不少。一些国家认为，纯粹关乎人道主义的问题应该由联合国的其他部门来处理。〔2〕的确，仔细研读宪章条款不难发现，联合国在人权领域的职责主要被赋予了联合国大会、经社理事会和秘书处，而安理会的专属职权是维护国际和平与安全。〔3〕安理会为了促进国际和平与安全的建立与维持，必要时可以采取武力等执行行动。但安理会决定使用武力是有条件的。宪章第39条规定：“安全理事会应断定任何和平之威胁、和平之破坏或侵略行为之是否存在，并应作成建议或抉择依第41条及第42条规定之办法，以维持或恢复国际和平及安全。”据此，“任何和平之威胁、和平之破坏或侵略行为”情形的存在，是安理会根据第42条采取武力执行行动的前提。如果人权保护能与这些情形发生联系，也就打通了安理会使用武力实施保护责任的通道。

“侵略是指一个国家使用武力侵犯另一个国家的主权、领土完整或政治独立”，〔4〕一国国内的人道灾难显然与发生在国与国之间的侵

〔1〕参见《联合国宪章》序言和第55、56条等。

〔2〕参见［英］尼古拉斯·惠勒：《拯救陌生人——国际社会中的人道主义干涉》，张德生译，中央编译出版社2011年版，第154页。

〔3〕参见《联合国宪章》第24条。

〔4〕《关于侵略定义的决议》第1条，参见白桂梅、李红云编：《国际法参考资料》，北京大学出版社2001年版，第23页。

略行为相差太远。

那么,一国国内的人道灾难是否可能构成国际"和平之破坏"呢?目前,关于"和平之破坏"并无国际法律文件作出具体的解释,但根据安理会以往的实践可以大致分析出构成"和平之破坏"的具体情形。

目前为止,安理会对"和平之破坏"的认定有四次。第一次是由于1950年的朝鲜战争,安理会做出决议称"鉴悉朝鲜部队对韩国施行武装攻击至深关切,断定此种行动构成对和平之破坏",[1]并要求会员国支援韩国。第二次发生于1982年英国与阿根廷马尔维纳斯群岛[2]之战。安理会相关决议认定阿根廷构成武装入侵,"确定在福克兰群岛(马尔维纳斯群岛)地区已发生对和平的破坏",[3]要求阿根廷立即撤出部队,呼吁英阿双方在尊重宪章宗旨和原则基础上通过外交途径解决分歧。第三次做出破坏和平的认定是在有关两伊战争的第598号决议中,决议表达了对伊朗和伊拉克之间冲突升级和扩大的担忧,"确定伊朗和伊拉克之间的冲突确实破坏了和平"。[4] 第四次则由于1990年伊拉克对科威特的入侵,安理会对此"感到震惊","确定伊拉克入侵科威特构成对国际和平与安全的破坏",[5]要求伊拉克无条件撤军。

从以上实践可以看出,安理会主要是基于特定的国际战争行为做出对"和平之破坏"的判断的。这也符合宪章签订之时国际社会对国际和平与安全的界定。同盟国的首脑们在敦巴顿橡树园讨论建立联合国之时,主要基于对第二次世界大战中法西斯侵略战争的教训而设计出一套保障国家安全的集体安全体制。这个集体安全体制应对的

---

〔1〕 联合国文件 S/RES/82。
〔2〕 英国称福克兰群岛。
〔3〕 联合国文件 S/RES/502。
〔4〕 联合国文件 S/RES/598。
〔5〕 联合国文件 S/RES/660。

主要威胁是国家间的战争行为，而一国国内的内乱乃至战争在当时并未被视为国际和平与安全的主要威胁，人权问题更不是集体安全体制所关注的内容。因此，“由特定国家内乱而引起的人道灾难或一国政府实施的人权暴行”尚不构成“和平之破坏”。

排除了“侵略行为”与“和平之破坏”，人权保护与安理会基于第七章武力行动的联系就只有“和平之威胁”了。

如上所言，在联合国建立之初，国际和平问题主要针对国家间的冲突与战争行为而言，但随着国际政治、经济与社会的发展，安全威胁由传统安全威胁向非传统安全威胁转变，安理会在近年来的实践中对“和平之威胁”的解释出现了扩大化的趋势，〔1〕将诸如国内冲突、〔2〕恐怖主义、〔3〕不履行有关解决危机的协定的义务、〔4〕核武器化学武器和生物武器及其运载工具的扩散、〔5〕海盗事件〔6〕等情形都判断为“和平之威胁”。其中最突出最常见的是将“和平之威胁”的范围由战争行为扩大到人权领域，尤其是人道危机。可以说，将各种国内因素（最常见触发因素是国内冲突）引发的人道危机视为“和平之威胁”，已经为安理会反复、经常性的实践所认可，并得到世界上大多数国家的承认。下面就安理会此方面的主要实践做一梳理：

---

〔1〕 参见黄瑶：《论禁止使用武力原则——联合国宪章第二条第四项法理分析》，北京大学出版社2003年版，第256页；詹颖：《安理会授权使用武力问题研究》，西安政治学院2007级硕士学位论文。

〔2〕 如1992年对利比里亚内战局势的判断，参见联合国文件S/RES/788。

〔3〕 参见分别有关利比亚、苏丹和黎巴嫩局势的联合国文件S/RES/748、S/RES/1070、S/RES/1644。

〔4〕 海地因选举危机而导致国内冲突。在联合国的斡旋下，1993年7月4日，冲突双方在在纽约港内的总督岛签署了解决海地危机的重要文件——《总督岛协定》。但海地军事当局并无放弃政权的意愿，片面破坏协定的履行。安理会遂通过决议断定海地军事当局不履行该协议中的义务的做法构成了对国际和平与安全的威胁，并施加新的制裁。参见联合国文件S/RES/873。

〔5〕 参见联合国文件S/RES/1540。

〔6〕 参见联合国文件S/RES/1816。

1991 年,针对前南斯拉夫境内战事造成的“严重人员伤亡和物质损失,以及对该区域各国、特别是毗邻国家边境地区造成的后果”,安理会通过决议认为“此一局势的继续构成对国际和平与安全的威胁”。[1] 之后有关前南斯拉夫局势的系列决议都强调了同样的判断。[2] 而第 808 号决议则更强调“前南斯拉夫境内普遍发生违反国际人道法的行为,包括大规模屠杀和继续实行种族清洗”,“断定这一局势对国际和平与安全构成威胁”。[3]

1991 年在伊拉克,安理会“严重关切对伊拉克境内许多地方平民的镇压,包括对库尔德人地区的镇压,导致大量难民流向并越过国际疆界,而且导致越界事件,从而威胁该区域的国际和平与安全”。[4]

1992 年,对于索马里局势,安理会第 733 号决议对“该国境内冲突造成的严重人命损失和广泛的物质破坏感到非常震惊,并注意到这一局势给该区域的稳定与和平带来的后果”,忧虑这一局势的继续,“构成对国际和平与安全的威胁”。[5] 第 751 号决议“深切忧虑冲突给人民带来的深重灾难,并关切索马里局势持续下去构成对国家和平与安全的威胁”。[6] 同年的第 794 号决议“确定索马里境内冲突所造成的人类巨大悲剧,因人道主义援助物资的分配工作面临种种人为阻碍而进一步恶化,对国际和平与安全构成威胁”。[7]

1993 年,对于海地局势,“安理会关切地注意到人道主义危机,包括人口大量流徙的影响,正在成为或加深对国际和平与安全

---

〔1〕 联合国文件 S/RES/713。

〔2〕 参见联合国文件 S/RES/743、S/RES/757、S/RES/787、S/RES/827。

〔3〕 联合国文件 S/RES/808。

〔4〕 联合国文件 S/RES/688。

〔5〕 联合国文件 S/RES/733。

〔6〕 联合国文件 S/RES/751。

〔7〕 联合国文件 S/RES/794。

的威胁”。[1]

1995 年关于卢旺达局势,安理会严重关切其境内广泛发生的种族灭绝和其他有计划的、公然违反国际人道主义法的行为,“断定这一情况对国际和平与安全仍然构成威胁。”[2]

1997 年,对于塞拉利昂内战,安理会决议认为该国军事政变后“暴力行为持续不断,人民生命受到损失,人道主义状况不断恶化,并对邻国带来影响,认定塞拉利昂局势对该区域的国际和平与安全构成威胁”。[3]

1999 年,对于刚果民主共和国发生的内战和外国干涉,安理会决议表示关切该国“境内所有侵犯人权和违反国际人道法的行为,包括冲突各方采取和煽动种族仇恨和暴力的行为”,强调该国的冲突“对该区域的和平、安全与稳定构成威胁”。[4] 此后有关刚果民主共和国的几乎所有决议都做出了同样的判断。[5]

2006 年,关于苏丹达尔富尔局势,安理会严厉谴责在达尔富尔发生的所有侵犯人权和违反国际人道法的行为,“认定苏丹局势继续对国际和平与安全构成威胁”。[6] 2008 年,安理会对苏丹当地安全和人道主义局势出现恶化表示痛惜,谴责一切侵犯人权和违反国际人道法的行为,要求终止对平民的攻击,“认定苏丹达尔富尔局势继续对国际和平与安全构成威胁”。[7]

2011 年关于利比亚局势的安理会决议在对利比亚当局有关严重侵犯人权和违反国际人道主义法行为进行谴责后,“认定阿拉伯利比

---

〔1〕 联合国文件 S/RES/841。
〔2〕 联合国文件 S/RES/955。
〔3〕 联合国文件 S/RES/1132。
〔4〕 联合国文件 S/RES/1234。
〔5〕 参见联合国文件 S/RES/1291、S/RES/1341、S/RES/1355 等。
〔6〕 联合国文件 S/RES/1706。
〔7〕 联合国文件 S/RES/1828。

亚民众国局势继续对国际和平与安全构成威胁”。[1]

2012年,关于马里局势,安理会“严重关切马里北部的安全和人道主义局势继续恶化”,“强烈谴责武装反叛分子、恐怖分子和其他极端团体在马里北部的侵犯人权行为,包括对马里平民、特别是妇女和儿童施行暴力、进行杀戮、绑架人质、抢掠、偷窃、毁坏文化和宗教场所和招募儿童兵”,“认定马里局势对国家和平与安全构成威胁”。[2]

由此看来,尽管宪章本身未对“和平之威胁”做出说明,也没指出“和平之威胁”包括哪些情况,更没有国际文件对此做出明确具体的解释,但“安理会的有关实践和对‘和平之威胁’的阐释,似乎涵盖了引发人道主义危机的国内冲突和一国政府大规模侵犯人权的情况”。[3] 通过安理会长期反复的实践,一国国内的严重人道危机作为威胁国际和平之事项,已经获得国际社会的普遍认可,从而为安理会以武力手段实施保护责任扫清了通道,至少在实体法上,安理会可以为了保护人权而使用武力。那么,程序上,安理会为实施保护责任而使用武力有障碍吗?

5. 安理会使用武力实施保护责任的法律程序缺陷

为实施保护责任而使用武力,不能突破集体安全体制的安排,必须遵守宪章第七章关于武力使用的条件和程序规定。考察第七章的规定,除了单个国家或国家集团依法行使自卫权[4]之外,使用武力的

---

[1] 联合国文件S/RES/1973。

[2] 联合国文件S/RES/2071。

[3] 黄瑶:《论禁止使用武力原则——联合国宪章第二条第四项法理分析》,北京大学出版社2003年版,第122页。

[4] 行使集体自卫权也被有些学者用作证明安理会授权使用武力合法性的依据(参见Oscar Schachter, “United Nations Law in the Gulf Conflict”, *American Journal of International Law*, vol. 85, 1991:459 - 460),但行使自卫权的前提是国家受到他国“武力攻击”,这与使用武力实施保护责任的正当理由——国内发生灭绝种族、战争罪、族裔清洗和危害人类罪——相距甚远,因此,自卫权与保护责任中武力使用合法性无关。

权力被专属地赋予了联合国安理会,安理会决定使用武力的条件和程序是:判断和平之威胁、和平之破坏或侵略行为是否存在;和平或非武力强制措施不足或已经被证明为不足;依据宪章第 42 ~ 47 条采取武力行动。以此条件和程序来对照保护责任中的武力使用。前提条件——"和平之威胁",如前文已述。而武力使用在保护责任中作为"最后手段"的地位正与"和平或非武力强制措施不足或已经被证明为不足"相符。最后的问题是依据第 42 ~ 47 条,安理会该如何采取武力行动以强制实施保护责任。

宪章第 41 条授权安理会在必要时采取非武力的强制办法以维持或恢复国际和平与安全。如果非武力强制办法被证明无效时,宪章第 42 条进而授权安理会采取必要之武力行动。这项规定旨在以合法使用的集体武力对付个别国家非法使用武力的行为,以消除对于和平的威胁,并对责任国家实施制裁。但依据第 42 条作出的采取必要之空海陆军行动的决定的实施需要系列必要的条件,即武力行动所需之军队、协助及便利的有效提供。缺少这些条件,安理会的决定就无法实施。这一重要事项由宪章第 43 ~ 47 条作了原则性的规定。第 43 条规定,安理会应与联合国会员国签订"特别协定",就会员国为维持国际和平及安全所需而提供的"军队之数目及种类,其准备程度及一般驻扎地点,以及所供便利及协助之性质"作出规定。第 44 条规定对于向安理会提供军队的非安理会会员国有权参与安理会关于使用其军队的决议过程。第 45 条是关于会员国应将其本国空军部队供给联合国随时调遣的规定,具体办法应在"特别协定"中作出约定。第 46 条规定成立军事参谋团,以协助安理会依据宪章采取武力行动。此军事参谋团的职能、组织,以及与安理会的关系是第 47 条的主要内容。

根据这些规定,只要安理会与会员国之间签订了上述特别协定,一支由会员国依特别协定提供的军事分遣队组成的并置于安理会统帅下的联合国军即可建立，一俟安理会决定，可随时执行宪章第 42 条下的武力强制办法，以维持或恢复国际和平与安全。因此，特别协定的缔结就成为建立联合国军，进而执行安理会武力强制行动的关键。

依宪章第 43 条第 3 项的规定，上述特别协定的缔结需要经过三个程序：安理会的首先发动；安理会与若干或全体会员国进行谈判并签订协定；签字国国内有权机关审查并批准。显然，缔结特别协定的程序只有在安理会主动发动后才开始运转，而安理会在发动这一程序之前必须就特别协定的实质条款，特别是关于联合国军队的组织和指挥的指导原则达成一致。遗憾的是，由于安理会五个常任理事国的政策性意见分歧，安理会一直未能就这一先决问题达成一致。缔结特别协定的程序也就从未启动过。特别协定没有缔结，联合国部队就无法建立，又进一步影响到宪章第 42 条的实施。在缺乏武力行动所需的军队以及便利和协助的情况下，维持国际和平的集体武力强制行动只能是纸上谈兵。

对此尴尬现实，有观点认为，宪章第 42 条与第 43 条至 47 条并没有必然联系，宪章第 42 条本身并没有特别指明武力行动所需之军队以及便利和协助从何而来，即第 42 条下的武力强制行动所需军队以及便利和协助不一定只能来源于第 43 条，安理会可以其他方式得到所需的军队。英国学者蒂莫西·希利尔就持这种观点，他认为“《联合国宪章》没有指出第 42 条取决于根据第 43 条所达成的协议”，第 42 条倒是指出执行行动“可以包括联合国的会员国的空军、海军和陆军的示威、封锁及其他行动”。[1]

但这一主张是站不住脚的，按照宪章的原意，第 42 条的适用必须

---

〔1〕［英］蒂莫西·希利尔：《国际公法原理》（第 2 版），曲波译，中国人民大学出版社 2006 年版，第 253 页。

依赖第 43 条事先缔结的特别协定。在旧金山制宪会议上讨论安理会依第 39 条和第 42 条的规定是否有权要求会员国提供超出依第 43 条缔结的特别协定规定的军队、便利和协助的问题时,英国代表以“四发起国”的名义发言,指出安理会将不具有这种权力。这种解释被讨论宪章第七章的专门委员会所接受。[1] 也就是说,一个会员国没有义务根据第 42 条采取武力行动,除非该国缔结了“特别协定”。如果联系宪章第 106 条来看,结论就更清楚了。[2] 第 106 条规定突出表明了宪章第 42 条与第 43 条之间的关系。因此,完全可以说,在宪章第 43 条下的特别协定未缔结之前,实施安理会依宪章第 42 条做出的使用武力的强制办法的协议,尚不具备必要的条件。

既然如此,如果发生和平之威胁而需要采取武力的情形,安理会只能作为旁观者吗?显然不可能,安理会在实践中探索了“授权使用武力”这一替代做法。由于没有使用武力所需的军队,安理会无法自己执行行动,安理会就采取授权的方式委托有关会员国执行强制行动。在 2011 年 3 月北约以联合国安理会第 1973 号决议为依据,对利比亚采取军事行动,从而开创了使用武力实施保护责任的第一例之前,安理会授权使用武力的实践共有六次:[3] 第一次,1950 年 7 月朝

---

〔1〕 United Nations Information Organizations, *Documents of the United Nations Conference on International Organization*. vol. 12. San Francisco, 1945. 508.

〔2〕 宪章第 106 条规定:“在第 43 条所称之特别协定尚未生效,因而安全理事会认为尚不得开始履行第 42 条所规定之责任前,1943 年 10 月 30 日在莫斯科签订四国宣言之当事国及法兰西应依该宣言第 5 项之规定,互相洽商,并于必要时,与联合国其他会员国洽商,以代表本组织采取为维持国际和平及安全宗旨所必要之联合行动。”1947 年 11 月 29 日安理会讨论巴勒斯坦问题时,美国代表曾表示了如下立场:如果安理会断定,在巴勒斯坦问题上,有必要使用武力以维持和平,美国准备依宪章规定就维持国际和平所必要之行动,与其他常任理事国洽商,因为依第 43 条规定供给安理会武装部队的特别协定尚未缔结,这种洽商是必要的。参见许光建主编:《联合国宪章诠释》,山西教育出版社 1999 年版,第 332 页。

〔3〕 参见朱文奇:《北约对利比亚采取军事行动的合法性研究》,载《法商研究》2011 年第 4 期;戴轶、李文彬:《试论安理会授权使用武力的法律规制》,载《现代国际关系》2008 年第 4 期。

鲜战争中授权美国控制和指挥的军队使用联合国旗帜;[1]第二次,1966年6月授权英国等军队封锁南非海岸以制裁南非实施种族隔离政策;[2]第三次,1990年针对伊拉克的入侵,“授权会员国与科威特政府合作”,“采取一切必要手段”恢复该地区的和平与安全;[3]第四次,1993年授权维和部队采取一切必要措施为索马里的重建与人道主义援助提供安全保障;[4]第五次,1993年授权会员国在“波斯尼亚—黑塞哥维那共和国领空采取一切必要措施,以确保飞行禁令获得遵守”;[5]第六次,1994年“授权各会员国组成一支统一指挥和控制的多国部队,在此框架内使用一切必要手段”使海地回归合法政府统治。[6]

这些授权武力行动在维护国际和平与安全方面的实际效果在事后获得的评价不一——有广受赞誉的,也有备受指责的,各国对这些授权武力行动背后的政治动机也广泛质疑,但这里更应该关注那些从法律上对此类授权行动提出的反对意见。这类授权行动的法律依据是什么?宪章有关于安理会授权使用武力的规定吗?否定的意见认为:“授权动武在宪章中并没有明确的法律依据;被人们推定为授权使用武力的安理会决议一般采用‘使用一切必要手段’的含混措辞,而回避‘使用武力’的字眼。”[7]“虽无联合国的军队存在,但安理会可以授权会员国出兵去执行安理会的决议,这是1945年制定联合国

〔1〕 参见联合国文件S/RES/84。由于苏联代表的缺席,安理会的这一次授权以及有关朝鲜局势的系列决议的合法性受到质疑。

〔2〕 参见联合国文件S/RES/221。

〔3〕 参见联合国文件S/RES/678。

〔4〕 参见联合国文件S/RES/814、S/RES/837。

〔5〕 参见联合国文件S/RES/816。

〔6〕 参见联合国文件S/RES/940。

〔7〕 孙世彦主编:《国际法学的新发展》,中国社会科学出版社2010年版,第305页。

宪章时所未预期到的。”[1]的确，在宪章全篇，只有第53条有关于“如无安全理事会之授权，不得依区域办法或由区域机关采取任何执行行动”的表述，其他再无“授权使用武力”的规定。因此，严格意义上说，安理会授权会员国使用武力执行强制行动并无法律依据。

相反意见抛出了“暗含权力说”(implied power)来论证安理会授权使用武力的合法性，[2]认为安理会授权使用武力是源于安理会的暗含权力。[3] 其基本论证思路是：既然安理会授权使用武力在宪章中找不到明确的依据，但国际实践又需要这种使用武力的方式，那么就应当从制定宪章的目的和安理会本身的职能两方面着手，对宪章进行适当的法律解释，证明授权使用武力是安理会的一种暗含权力。论者认为，联合国最主要的宗旨和职能是“采取有效集体办法”“维护国际和平与安全”，其在此宗旨和职能下的一切行动都应当视为合法。而安理会是联合国集体安全体制的决策机关，宪章第7章赋予其代表所有国家承担“维持国际和平及安全之主要责任”，因此，安理会应当既可以根据第42条的明示权力做出采取武力强制行动的决定，也可以在无法依据宪章达成“特别协定”组建联合国军队的情况下，根据职能需要授权会员国采取使用武力，以达到维持和恢复国际和平与安全的目的。[4] 根据国际组织法，行使暗含权力一般要受到四个因素

---

〔1〕 邱宏达：《现代国际法》，三民书局2006年版，第921页。

〔2〕 此段“暗含权力说”的论证观点参见 Niels Blokker, “Is the Authorization Authorized: Powers and Practice of the UN Security Council to Authorize the Use of Force by ‘Coalitions of the Able and Willing’”, *European Journal of International Law*, Vol. 11, No. 3, 2000；黄瑶：《论禁止使用武力原则——联合国宪章第二条第四项法理分析》，北京大学出版社2003年版，第267～270页。

〔3〕 所谓国际组织的暗含权力，一般指组织构成文件或类似条约规定的明示权力以外而为实施组织宗旨与职能所必需的权力，也是行使明示权力所必需的或至关重要的权力。参见饶戈平、蔡文海：《国际组织暗含权力问题初探》，载《中国法学》1993年第4期。

〔4〕 参见戴轶、李文彬：《试论安理会授权使用武力的法律规制》，载《现代国际关系》2008年第4期。

的限制：第一，暗含权不能改变国际组织内部的职能分配；第二，求助于暗含权必须是国际组织履行其职能所必需或必要的；第三，存在某些相关方面的明示权力；第四，行使暗含权不能违反国际法的基本原则和规则。[1] 学者依据这四条标准，对安理会授权使用武力的暗含权力进行了分析，得出结论："安理会通过授权决议的暗含权是存在的，安理会授权武力行动的权力正是来自它维持国际和平与安全的一般权力，尤其是第42条赋予它对武力执行行动的垄断权。"[2] 持"暗含权力说"的学者承认他们的观点是对宪章进行了变通解释，但他们认为，宪章不仅是国际条约，同时也是联合国的组织约章，根据联合国及其下属机构的创制目的和职能，在宪章原有规定不适应国际形势变化发展的情况下，对其条文内容进行这样的变通解释应当得到允许。

暗含权力说并非无懈可击。首先，联合国在维持国际和平与安全的"组织及权力形态上具有集权的性质"，[3]"宪章条款的本意是要把武力使用控制在一个中央实体和严格的程序之中，而授权这种新体制却示意把武力的使用权分散到各个国家，即'非中心化'，尽管这是由中央实体授予的"。[4] 而暗含权力说则进一步把武力使用权从严格的法律程序中释放了出来，因为按照暗含权力说的逻辑，只要是组织具有的职权，哪怕没有法律程序进行规范也是可以行使的。这种失去规范限制的权力，尤其是对于使用武力这样的极端权力来讲是很危险的。其实，暗含权力只能用来说明安理会授权使用武力的权利来

---

〔1〕 Niels Blokker, "Is the Authorization Authorized: Powers and Practice of the UN Security Council to Authorize the Use of Force by 'Coalitions of the Able and Willing'", *European Journal of International Law*, vol. 11, No. 3, 2000:551 - 553.

〔2〕 黄瑶：《论禁止使用武力原则——联合国宪章第二条第四项法理分析》，北京大学出版社2003年版，第269页。

〔3〕 梁西主编：《国际法》（修订第2版），武汉大学出版社2002年版，第181页。

〔4〕 Antonio Cassese. *International Law*. Oxford Press, 2005. 350.

源,却无助于武力使用在程序上获得正义的评价。

其次,“暗含权力说”的推论过程实际上是一个宪章解释的过程,而宪章的解释权至今是个复杂并有待明确的问题。在宪章本身对其解释问题没有明确规定的情况下,任由国家行为和专家学者进行解释,难免失之偏颇。国际政治的现实已经证明了各国政府的解释必然是按照本国利益来进行,而专家学者的观点也难免受本国或特定利益集团的影响。安理会授权使用武力原本就是联合国会员国中的一些大国从自身国家利益出发在实践中推动形成的一种替代做法,而在安理会对某一具体局势决定是否进行授权时,更是要受到大国利益的左右,有时甚至沦为少数大国实现自身利益的工具。当安理会授权使用武力的潜在目标国局势并不涉及大国的国家利益时,即使实际局势已威胁到国际和平与安全,有关授权决议也难以获得通过。例如,“1965 年在印度尼西亚,1968 年在尼日利亚,1972 年在布隆迪,1993 年在卢旺达”都曾发生过触及人类良知的暴行,但安理会并没有做出授权决议实施武力干预。[1] 而当某些大国为了实现其在特定区域的利益时,往往隐藏真正动机,想方设法推动安理会通过授权武力干预的决议。

对安理会“授权使用武力”进行暗含权力式的解释与将“和平之威胁”适用于严重国内人权危机这样的“扩大解释”还不一样。后者的“和平之威胁”在宪章中有明文规定,只是由于条款的原则性而缺少对相关用语具体内涵和外延的说明,联合国通过国际实践进行阐释和明确是可以接受的。但前者在宪章中并无明确出处,做出这种“无中生有”的解释未免牵强。国际社会接受安理会多次授权使用武力的事实,更多的是一种被动的妥协。在第 42 条不具备执行条件的情况下,面对国际社会的一些现实安全威胁,不得不接受安理会的这样

---

〔1〕 参见余敏友、马冉:《联合国集体安全体制对使用武力的法律控制》,载《武大国际法评论》(第 5 卷),武汉大学出版社 2006 年版,第 76 页。

一种选择。这种面对现实的妥协之举并不能用来证明授权使用武力的合法性。也许,“制定法律来约束武力使用的真正工作,可能还是要通过特别达成的更加温和、更加精确的法律文件来进行”,[1]而不是通过推论暗含权力来实现。

看来,即使出于保护人类目的这样崇高的目标而使用武力,在适用程序上也并非坦途,目前的宪章程序并不支持保护责任中武力使用的实现。由于宪章设计的条件没有实现,安理会无法基于第42条采取直接武力执行行动实施保护责任。若求助于安理会授权的途径,又不能打消非法的顾虑。可行的出路有两条:一是修改宪章,完善安理会执行武力行动或授权使用武力条款;二是依据宪章第53条采用区域办法使用武力实施保护责任。具体建议下文述及。

三、保护责任中武力使用的法律渊源分析

法律渊源,即法律形式,意指法律规范的表现形式。本部分内容意在对保护责任中武力使用是否为有效存在的国际法规范进行分析。在国内法中,确定法律规范的存在通常不会很困难。在成文法国家,立法机关颁布的法典是国内法律规范的重要载体,即使在判例法国家,通过研究法院判例也就可以确定某一法律规范是否存在。而同样的问题到了国际法领域就变得较为复杂。我们知道,在国际法中缺乏立法、行政和司法结构,这就导致没有一个单独的机构能够制定在国际上具有普遍约束力的法律,也没有一个适当的具有全面和强制管辖权的法院体系来解释和发展法律。因此,人们面临到哪里去寻找法律以及如何判断某个建议是否已经形成法律规则的问题。世界事务的无政府性质以及处于竞争状态的国家主权之间的冲突更加剧了这种

---

[1] [美]威廉·D.罗杰斯:《武力的原则,原则的力量》,载[美]路易斯·亨金等著:《强权与真理——国家法与武力的使用》,胡炜、徐敏译,武汉大学出版社2004年版,第99页。

困惑。但国际法是客观存在的,大多数学者都引用《国际法院规约》第38条来说明国际法的存在形式,即国际法的渊源。[1] 该条规定国际法院在裁判时应当适用:(1)不论一般或特殊国际协约,确立诉讼当事国明示承认的规则者;(2)国际习惯,作为通例的依据而经接受为法律者;(3)一般法律原则为文明各国所承认者;(4)在第59条规定之下,司法判例及各国权威最高的公法学家之学说,作为确定法律规则之辅助资料者。据此,学者多将国际法的存在形式分为:条约、习惯、一般法律原则、司法判例、公法学家学说。这也成为判断某一规则是否具有国际法效力的权威依据。

(一)关于保护责任是否构成国际法规范的争论

关于保护责任中武力使用是否具有国际法规范效力的问题,首先取决于保护责任是否已经成为有效的国际法规范。对此,学者们的意见不一,归纳起来观点有三:一是完全否定保护责任的规范效力。就保护责任"理论在国际法上的地位而言,可以说,它至今没有一席之地"。这是因为:(1)它不是条约法规则;(2)不构成国际习惯法的一部分。考察最近十年来国际社会有关保护责任理论的实践,至今还缺乏对履行保护责任的一致的国家实践,也难以找到在保护责任方面存在的法律确信。所以"保护的责任是一种政治性大于法律性的理论,保护的责任概念牵涉的是政治的而非法律上的承担"。[2] 另有学者在分析了美国等关于保护责任的文件,以及2005年世界首脑会议成果文件等,认为保护责任目前对于国际社会尤其是联合国来说还只是

---

〔1〕 See Louis Henkin, Richard C. Pugh, Oscar Schachter and Hans Smit. *International Law, Cases and Materials*. 3rd ed. St. Paul, Minn.: West Publishing Co. 1993. 51 - 52; Michael Virally, "The Sources of International Law", In: Max Sørensen, eds. *Manual of Public International Law*, New York: St. Martin's Press, 1968. 121; J. G. Starke, *An Introduction to International Law*. 10th ed, London: Butterworths, 1989. 33.

〔2〕 黄瑶:《从使用武力法看保护的责任理论》,载《法学研究》2012年第3期。

政治责任，而不是法律义务。[1] 二是认为保护责任属一项正在发展中的规范。“虽然围绕‘保护责任’仍然有许多问题亟待解决，……但是，‘保护责任’已然是一个正在逐步形成的重要的国际法规则。”[2] “国际保护责任机制尚处在形成与发展之中。”[3]保护责任“将最终发展成为一个在国际体制中具有相当基础道德价值的新的国际习惯法规则”。[4] “2005 年的世界峰会标志着国际社会对于保护责任的规范化共识达到顶点。我们处在新规范时代来临前的黎明。”[5]三是肯定保护责任具有国际法规范的地位。持这一观点的研究者大多认为保护责任已经成为国际习惯。他们认为在保护责任提出之初，ICISS 报告的性质是民间研究报告，没有实质性法律意义。《一个更安全的世界：我们的共同责任》标志着保护责任正式进入联合国大会的讨论范围，成为联合国的重要议题。《世界首脑会议成果》具有重要的政治和法律意义，成为联合国大会及安理会相关活动的基本依据，并为诸多联合国法律文件所援引。此后，联合国在保护责任法制建设方面做出了诸多尝试。而联大关于《世界首脑会议成果》的第 60/1 号决议和第 63/308 号决议既是关于保护责任的国家实践的证明，也是其法律确信的证据。此后，联合国安理会决议多次予以重申和回顾，联合国大会也进行了多次讨论，从这种意义上讲，在联合国的

---

[1] 参见蔡从燕：《联合国履行 R2P 的责任性质：从政治责任迈向法律义务》，载《法学家》2011 年第 4 期。

[2] 李斌：《评析保护责任》，载《政治与法律》2006 年第 3 期。

[3] 赵洲：《国际保护责任机制的建构与实施——苏丹达尔富尔问题的实证分析》，载《法商研究》2008 年第 3 期。赵洲的这一观点在其《强迫失踪与国家的人权保护责任》（《中南大学学报》2012 年第 2 期）和《在国内武装冲突中履行“保护的责任”的规范依据及其适用》（《法律科学》2012 年第 4 期）两文中也有阐述。

[4] Gareth Evans, “From Humanitarian Intervention to the Responsibility to Protect”, *Wisconsin International law Journal*, Vol. 24, No. 3(2006):704.

[5] Thomas G. Weiss, “R2P after 9/11 and the World Summit”. *Wisconsin International law Journal*, Vol. 24, No. 3(2006):741.

推动下,保护责任已经发展成为习惯国际法。[1]

(二)体现保护责任及其武力使用的国际文献

确实,如以上学者们所分析的进路一样,考察保护责任的法律性质必须以有关保护责任的国际文件为基础。关于保护责任的国际文件,本书第一章已做了全面的阐述,这里仅将它们予以分类,并对其中有关武力使用的内容做一提示,以利于即将的分析。

除了ICISS这一民间机构的报告外,联合国体制内关于保护责任的文件,第一类是联合国秘书长以及秘书长任命的改革小组向联合国大会所作的报告。这包括安南秘书长的报告《大自由:实现人人共享的发展、安全与人权》,威胁、挑战和改革问题高级别名人小组的报告《一个更安全的世界:我们的共同责任》,潘基文秘书长自2009年至今[2]所做的年度报告《履行保护的责任》《预警、评估及保护责任》《区域和次区域安排对履行保护责任的作用》《保护责任:及时与果断的反应》《保护责任问题:国家责任与预防》《履行我们的共同责任:国际援助与保护责任》《一个重要与持久的承诺:履行保护责任》。其中关于武力使用,报告认为:当灭绝种族、族裔清洗和其他类似危害人类罪构成对国际和平与安全的威胁的情况下,安理会应在万不得已的情况下批准使用武力,并建议联合国制定关于武力使用的指导原则,认为武力使用是保护责任完整战略的一部分。

第二类是国际会议的成果文件,即2005年《世界首脑会议成果》。成果文件没有明确提及武力使用,只是强调准备根据宪章第七章,通过安全理事会逐案处理,并酌情与相关区域组织合作,采取及时、果断的集体行动。

---

〔1〕 参见郭冉:《"保护的责任"的新发展及中国的对策》,载《太原理工大学学报》(社会科学版)2012年第5期。

〔2〕 本书文献截至时间为2015年。

第三类是联合国大会的决议,即第60/1号和第63/308号决议。第60/1号决议通过了上述《世界首脑会议成果》,对其中关于保护责任以及武力使用的内容表示赞同。第63/308号决议回顾了《世界首脑会议成果》关于保护责任的内容,并决定继续对保护责任进行审议,没有专门涉及武力使用。

第四类是安理会在有关国家和区域局势中援引保护责任的系列决议。在这些决议中,安理会大部分都强调了主权国家对其国内人民的保护责任,认为某些局势构成对国际和平与安全的威胁,同意进行非武力的干预,如派出特派团、支助团。涉及武力干预的只有第1973号决议,决定授权会员国"采取一切必要措施……以便保护阿拉伯利比亚民众国境内可能遭受袭击的平民和平民居住区"。

(三)保护责任及其武力使用尚未构成国际法规范

在这几类国际文件中,很显然并没有"两个或两个以上国家或国际法人所缔结而又受国际法约束的任何国际协定"。[1] 而保护责任在国际社会受到的一些质疑,又使它与"文明各国所承认"的一般法律原则相去甚远。童金教授在其主编的《国际法》一书中认为,"一般法律原则只能是那些为一切国内法体系以及国际法所固有的公认和合乎逻辑的规则"。[2] 现有国际法院的司法实践中又无适用保护责任规则的先例可循,更找不见"各国权威最高之公法学家学说"支持保护责任作为一项一般法律原则的情形。如此,形成国际习惯是保护责任以及保护责任中武力使用成为国际法规范的唯一途径。

---

〔1〕 Michael Virally, "The Sources of International Law". In: Max Sørensen, eds. *Manual of Public International Law*, New York: St. Martin's Press, 1968. 124.《维也纳条约法公约》给条约下的定义是:"国家间所缔结而以国际法为准之国际书面协定,不论其载于一项单独文书或两项以上相互有关之文书内,亦不论其特定名称为何",参见白桂梅、李红云编:《国际法参考资料》,北京大学出版社2001年版,第217页。

〔2〕 [苏联]童金主编,邵天任等译:《国际法》,法律出版社1988年版,第53页。

根据上述《国际法院规约》第38条,“经接受为法律者”的“通例”为国际习惯。“国际习惯是最古老、最原始的渊源,在国际条约出现之前,历史上就有了国际习惯。在一定意义上,国际习惯也可以说是最重要的渊源,因为直到现在为止,尽管有很多的多边国际公约,但在一般国际法的内容中,还是国际习惯占较大部分。而且,归根结底,包括国际条约在内的其他国际法渊源,往往还是要通过国际习惯这个渊源而起作用的。”〔1〕国际习惯法由国家实践发展而来,〔2〕没有国家实践就没有国际习惯的产生。国家实践包括表明国家对习惯规则的自觉态度或对习惯规则承认的任何行动、语言或其他的国家行为。而国际习惯的基本要素除了国家实践还有国家持有的法律确信。〔3〕法律确信是指国家对其自身行为是基于履行法律义务的看法。如果某国的实践不是出于履行法律义务的考虑,那么这样的国家实践也不构成国际习惯的因素。相关于保护责任和保护责任中的武力使用,这里有几点需要特别关注:

第一,国际习惯形成中的国家实践包括国际组织的实践,“虽然我们是对国家实践进行探讨,但这不意味着我们仅仅关心的是国家行为。要想确定习惯国际法规则的存在,国际组织的实践甚至是个人的实践也应被很好地考虑”。〔4〕因此,联合国的有关实践对保护责任和保护责任中武力使用是否形成国际习惯意义重大。

第二,对于国际习惯的形成来说,国家实践不仅由国家的具体行

---

〔1〕王铁崖主编:《国际法》,法律出版社1981年版,第28~29页。

〔2〕参见[美]托马斯·伯根索尔、肖恩·D.墨菲著:《国际公法》(第3版),黎作恒译,法律出版社2005年版,第14页;[苏]童金著:《国际法原论》,尹玉梅译,中国民主法制出版社2006年版,第95页。

〔3〕参见[意]安东尼奥·卡塞斯著:《国际法》,蔡从燕译,法律出版社2009年版,第209页。

〔4〕[英]蒂莫西·希利尔:《国际公法原理》(第2版),曲波译,中国人民大学出版社2006年版,第21页。

为构成，还包括理论言辞，即包括国家代表的口头或书面声明，或者是国家代表在外交会议或联合国机构的表决。“国家在各种情形下的主张和约定曾被引证为国家实践的证据，从逻辑上看理应如此”，“因为提出主张和反对主张的过程被公认为国家之间就国际规则和规范的地位所持的观点进行相互交流的方法。在这种意义上，它们运作的方式与实质行为相同。无论是在抽象的还是在特定情势下，它们都构成国际法规则形成的初步资料。有人建议，‘国家实践还包含可以推断出一国关于习惯法观点的任何行为和声明’，这种表述基本上是正确的”。[1] “国家实践的传统依据——外交信函、国家代表的指令，常常是抽象的和口头的。可以认为，国家实践限制性观点更适用于通信较慢、国家之间相互交往较少的时代。过去，在不涉及具体诉讼的情况下也很难获得国家实践的依据。今天，这种困难就不像以前那样严重了，通信卫星及信息收集储存技术的发展已使收集国家言辞依据容易得多了。”[2]因此，联合国各会员国在联大各场合所做的关于保护责任和保护责任中武力使用的辩论与发言都构成相关国家实践。

第三，习惯法是通过在相关问题上有利害关系的国家不提出反对及其他国家的默认这种模式确立起来的。传统观点认为，习惯是一种默示协定，在国际社会中创制某一规则必须取得所有国家的明示或默示同意。但现在，国际习惯规则并不需要获得所有国家的支持或同意。对于某一规则来说，要想在调整国际交往方面占有一席之地，只要多数国家根据该规则进行持续的实践，并且意识到它的迫切必要性就够了。国际法院在确定在特定事项方面是否已经形成国际习惯时

---

〔1〕［英］马尔科姆·N. 肖：《国际法》（第6版），白桂梅等译，北京大学出版社2011年版，第66~67页。

〔2〕［英］蒂莫西·希利尔：《国际公法原理》（第2版），曲波译，中国人民大学出版社2006年版，第20页。

并未考察所有国家的见解表明,形成国际习惯规则并不要求各国普遍性地参与。其中的某些国家对该规则漠不关心并不影响该国际习惯的形成,如内陆国在海洋法规则形成中的态度就是如此。但是,并不是任何国家的态度都不重要,某一规则要被接受并承认为国际习惯,在该特定领域的有利害关系的国家必须达成一致。如果没有海洋大国的同意和默认,无论有多少内陆国提出要求,关于领海宽度的规则也不可能被作为法律对待。其他国家可以提出想法并施加压力,但没有那些有最大利益的国家的同意,不可能构成国际习惯规则。就是说,国家实践不要求"普遍性",但要求"与权力的相关性"。[1] 由此看来,保护责任以及保护责任中武力使用要成为国际习惯规则,除了大国的一致同意之外,广大发展中国家的态度是至关重要的,"影响保护责任被广泛接受的主要障碍在于发展中国家在他们主权妥协上的不情愿"。[2] 一方面,发展中国家由于经济社会发展水平的局限,包括人权标准与发达国家存在差异,国内人权保护难以达到国际人权保护的标准;另一方面,发达国家出于本国利益的需要,甚至是意识形态的对立,往往利用发展中国家内部的人权问题达到干涉内政、输出西方价值观的目的。因此,以人权保护为出发点的保护责任往往成为发达国家对发展中国家的保护,发展中国家面临被保护责任打开主权屏障的危险。因此,保护责任与发展中国家利益攸关,在保护责任向国际习惯规则发展的过程中,发展中国家的观点不能不考虑。实际情况是,在 ICISS 的报告面世至今的十多年里,国际社会关于主权国家在履行保护责任方面承担首要责任的认识达成一致,表现在对于保护

---

〔1〕 [英]马尔科姆·N. 肖:《国际法》(第 6 版),白桂梅等译,北京大学出版社 2011 年版,第 64 页。

〔2〕 Edward C. Luck, "Sovereignty, Choice, and the Responsibility to Protect". *Global Responsibility to Protect*, 2009, Vol. 1(1):10 – 21.

责任在预防触及良知的国际罪行方面的指导原则地位的质疑声趋向缓和，但以玻利维亚、古巴、厄瓜多尔、马来西亚、尼加拉瓜、叙利亚、委内瑞拉等为代表的一些发展中国家认为国际社会履行保护责任有可能与《联合国宪章》和国际法基本原则相冲突，从而破坏国际秩序，他们明确表达了反对将保护责任接受为公认的国际规范并予以实施的态度。[1] 而关于保护责任中武力使用的争议就更大，包括中国、俄罗斯这样的安理会常任理事国都对武力使用持谨慎态度并予以持续关切。[2] 中国一贯强调对话与谈判等和平手段去解决分歧与争端的重要性，认为武力干预通常后果不定，授权使用武力必须谨慎行之并逐案进行，不宜普遍适用。[3] 俄罗斯则以叙利亚为例，认为武力干预没有国际法基础，与宪章文字和精神不符。[4]

第四，法律确信下国家实践的"一贯并一致"[5]是形成国际习惯

---

〔1〕 参见玻利维亚、古巴、厄瓜多尔、马来西亚、尼加拉瓜、叙利亚、委内瑞拉等国代表于2013年9月11日在联大召开的第五次联合国关于保护责任非正式对话上的发言，载http://www.globalr2p.org/resources/471。

〔2〕 See Global Centre for the Responsibility to Protect. "State Responsibility and Prevention: Summary of the Informal Interactive Dialogue of the UN General Assembly on the Responsibility to Protect Held on 11 September 2013", available at: http://www.globalr2p.org/publications/243.

〔3〕 See Statement from the People's Republic of China at the Informal Interactive Dialogue of the UN General Assembly on the Responsibility to Protect Held on 11 September 2013, available at: http://www.globalr2p.org/media/files/china.pdf.

〔4〕 See Statement by Delegation of the Mission of the Russian Federation to the UN at the Informal Interactive Dialogue of the UN General Assembly on the Responsibility to Protect Held on 11 September 2013, available at: http://www.globalr2p.org/media/files/russia-transcription.pdf.

〔5〕 有的学者还强调国际习惯规则形成中的"时间持续性"。但国际法上并没有严格的时间因素，而是依具体情况和相关惯例的性质而定。在某些领域，如航空和空间法，规则发展得很快，但在其他领域，这个过程很慢。因此，持续时间并不是国家实践构成要素中最重要的，国际法院在其实践中也并不强调这方面的因素。参见[英]伊恩·布朗利：《国际公法原理》，曾令良、余敏友等译，法律出版社2007年版，第5页；[英]马尔科姆·N.肖：《国际法》(第6版)，白桂梅等译，北京大学出版社2011年版，第61页。

规则的必要条件。关于这一条件,国际法院在1950年审理的“庇护权案”中做了阐述。法院宣称,习惯规则必须“与经过相关国家一贯并一致实践过的惯例相符”,“本法院所了解到的各种事实,在行使外交庇护权方面以及从不同场合所表达的官方立场来看,暴露出的是很多的不确定和矛盾、很大的波动和不一致……一些国家批准了,而另一些国家拒绝了;而且这方面的实践很大程度上受到各种不同情形下政治权术因素的影响。因此,不可能从中识别出作为法律接受的不间断的和始终如一的通例……”[1] 在“英挪渔业案”中,国际法院强调指出,在某习惯形成之前,国家实践某种程度的一致是至关重要的。[2] “北海大陆架案”中,国际法院又指出,国家实践必须在所援引的规定意义上既广泛又基本一致,对于形成一项新的国际法习惯规则来说,这是必不可少的。[3] 以这一条件来衡量,保护责任距离国际习惯的形成也还有很远的道路要走。发达国家与发展中国家、东方国家与西方国家之间关于保护责任的分歧意见说明国际社会要在这一问题上形成“一贯并一致”的实践并非易事,而联合国安理会在具体国家与区域安全问题上虽然有了一些关于保护责任的实践,但这些实践背后是严重的“政治权术”的博弈,同样的人道危机情形,在此地可以实行干预,到彼地就否定干预,其备受非议的“选择性”特点严重阻碍了保护责任向国际习惯的发展。一些大国在操纵安理会实施保护责任时完全是出于本国利益与政治权衡,而非出于对保护责任这一所谓法律义务的确信。至于保护责任中的武力使用,至今也只有利比亚一例可循,更是无法形成“一贯并一致”的国家实践。

综合以上分析,保护责任以及保护责任中武力使用目前尚不构成

[1] ICJ Report, 1950, pp. 276 - 277.

[2] ICJ Report, 1951, pp. 116, 131.

[3] ICJ Report, 1969, p. 43.

具有约束力的国际法规范。但通过分析现有有关保护责任国际文件在国际法规范形成过程中的作用，笔者认为，保护责任以及保护责任中武力使用的规范化趋势不容忽视。

（四）保护责任及其武力使用的规范化趋势

第一，联合国秘书长在国际和平与安全方面日益扩大的政治职权，决定了其在推动保护责任规范化过程中的重要作用。

目前关于保护责任的国际文件最多的就是两任秘书长所做的相关报告，他们在推动保护责任向国际共识方向发展的努力有目共睹。而秘书长在国际和平与安全方面日益扩大的政治职权与影响力势必成为保护责任规范化的有力推手。

根据《联合国宪章》，秘书长是联合国的行政首长，[1]其职责主要规定在第98条和第99条。[2] 但由这两条看，宪章对秘书长职责的规定并不清楚，虽规定秘书长为联合国行政首长，却没有明确指出其政治、协调作用，没有指出所涉职务和划清这些职务同其他主要机构、特别是同大会职务之间的界限。但也正是这些不够清楚的规定，为秘书长不断扩大其发挥作用的领域创造了有利条件。以第98条为例，"以秘书长资格行使职务"一语非常含糊，事实上把秘书长的权限问

---

〔1〕 宪章第97条。

〔2〕 第98条规定："秘书长在大会、安全理事会、经济及社会理事会及托管理事会之一切会议，应以秘书长资格行使职务，并应执行各该机关所托付之其他职务。秘书长应向大会提送关于本组织工作之常年报告。"第99条规定："秘书长得将其所认为可能威胁国际和平及安全之任何事件，提请安全理事会注意。"除了第98条和第99条外，宪章以及安理会议事规则和大会议事规则等还为秘书长规定了一些程序性职责。例如，宪章第12条第2项规定，秘书长要向大会通知安理会正在处理的有关维持国际和平与安全的事项；第20条规定，秘书长负责召集联大特别会议；第73条规定，由秘书长接受会员国递交的有关非自治领土的情报；第101条请秘书长任命秘书处工作人员；第110条规定，由秘书长接受有关批准宪章的通知。安理会议事规则规定，秘书长作为报告员为每次会议准备临时议程以及安理会所需的文件。大会议事规则规定，秘书长负责准备临时议程并有权要求补充议程项目，召集特别联大并通知会员国开会等。

题留给了联合国组织及其各主要机关,留给了实践。根据该条,秘书长要执行由联大及各理事会委托的其他职务。实践中,这类委托职务最经常的就是关于和平解决争端的职务。联合国成立以来,安理会和大会为处理有关国际和平与安全问题,委托给秘书长一系列政治职能,如1974年以来秘书长就塞浦路斯问题所进行的斡旋,参与阿富汗问题的谈判及最终的政治解决,为促成柬埔寨问题从战场走向政治解决所做的努力,促进两伊直接谈判,为解决海湾危机结束海湾战争进行的努力,推动中东和平进程及中美洲和平进程,以及波黑危机的解决等。特别是安理会和大会托付秘书长建立并指挥维和行动等任务,使得秘书长在和平解决争端方面的作用得以加强。如果说第98条只是为秘书长采取政治行动提供了一种被动的机会,那么,第99条则可以视为是宪章允许秘书长在处理国际事务方面发挥作用和在维护国际和平与安全方面发挥政治主动性的授权,秘书长的活动范围因此得到了空前的扩大。实践中,秘书长甚至突破了第99条的规定,在国际和平与安全领域发挥着独特作用。根据第99条,秘书长应该将其认为可能威胁国际和平与安全的事项提请安理会注意,但由于受到安理会内部各国国家利益和政治分歧的羁绊,秘书长依据该条提请注意的事项往往并不能得到有效的讨论与回应,于是秘书长另辟蹊径,以个人身份在危机事件中展开斡旋与调停。事实证明,秘书长个人的斡旋与调停,以及他派出的事实调查团或特使的活动在特定领域取得了不错的效果。

秘书长的这一开拓性工作也得到了联大和安理会的认可和赞许,近年来,一些联合国文件对秘书长在解决国际和平与安全问题上日益扩大的职权做出了承认。例如,1991年12月联大通过的《联合国在维持国际和平与安全方面事实调查宣言》要求“秘书长应经常有系统地监测国际和平与安全的情况,以便对可能威胁国际和平与安全的各种争端或局势提出早期警报”。该宣言甚至将安理会在维护国际和平与安全方面的一些职权赋予了秘书长,如规定“秘书长应特别注意在早期阶段使用联合国调查能力,以期有助于防止争端和局势”;“秘书长应主动或根据有关国家的请求,考虑就争端或局势派遣调查团”;秘书长“应在现有资源范围内维持和发展应付紧急调查任务的能力”。[1] 宣言确认的秘书长在和平解决争端的事实调查领域的上述权力并无宪章规定为依据,起草者依据的便是第99条提请安理会注意的授权。因此,有人认为,这份文件反映了现代国际生活的现实,清楚地指明了在预防与和平解决争端领域扩大秘书长作用的趋势。[2]

第二,国际会议的成果文件对于国际法规范形成的特殊作用不容忽视。

迄今为止,关于保护责任最重要的国际文件就是2005年《世界首脑会议成果》。这次会议是联合国历史上最大的一次世界首脑会议,170个国家的国家元首和政府首脑齐聚纽约联合国总部商讨千年发展目标和联合国改革问题。[3] 会议通过的成果文件以专门篇幅回答了“保护人民免遭灭绝种族、战争罪、族裔清洗和危害人类罪之害的责任”问题,这是国际社会在保护责任问题上首次集体发声,这份成果文件也因此在日后有关保护责任的文件和讲话中被经常引用与回顾。它虽然只是一次国际会议的成果文件,不具有直接国际法规范效力,但对于国际法规范形成的促成作用不容小觑。布朗利教授认为:

---

〔1〕《联合国在维持国际和平与安全方面事实调查宣言》,联合国文件A/RES/46/59。

〔2〕《和平解决争端手册》,第375段,载于联合国文件A/46/33。

〔3〕See Department of Public Information · News and Media Division · New York, “World Leaders Pledge Wide-Ranging Steps On Poverty, Terrorism, Human Rights, UN Reform, As 2005 Summit Concludes in New York”. available at: http://www.un.org/News/Press/docs/2005/ga10385.doc.htm;庞森著:《走进联合国》,四川人民出版社2005年版,第269页。

"作为国家参加的会议之结论的'最后文件'或其他文件可以是多边条约的一种形式,但是,即使它是记录未经全体一致通过之决议的文件,[1]这种结果仍可以构成有关事项之习惯法状态的有力依据。"[2]这方面《赫尔辛基最后文件》就是最好的例子。《赫尔辛基最后文件》是1975年欧洲安全与合作赫尔辛基会议通过的。该文件不是有约束力的协议,但它在强调国际人权的作用和重要性上在中欧和东欧的影响被证明是无法估计的,国际法院在"尼加拉瓜"案中也提到了该文件。[3]

第三,联大决议往往是国际法规范形成的开始。[4]

关于保护责任问题,迄今有两份联大决议涉及。而对于联大决议的地位,虽一直存在争议,但联大通过的决议在国际法规范的形成中所起的重要作用超乎了1945年联合国成立时所能想象,更不是1920年《国际法院规约》第38条起草时所能设想的。[5]

根据宪章的规定,联大决议的性质主要是"建议"(recommendation)。关于此建议,通常认为不含有法律义务的意思。但凯尔森认为,宪章

---

[1] 《世界首脑会议成果》并不是"全体一致通过",委内瑞拉、古巴等国对成果文件发表了保留意见。参见第60届联大第8次全体会议记录,联合国文件A/60/PV.8。

[2] [英]伊恩·布朗利:《国际公法原理》,曾令良、余敏友等译,法律出版社2007年版,第10页。

[3] 参见[英]马尔科姆·N.肖:《国际法》(第6版),白桂梅等译,北京大学出版社2011年版,第94~95页。

[4] 关于联大决议对于国际法规范形成的重要作用,可参见[英]伊恩·布朗利:《国际公法原理》,曾令良、余敏友等译,法律出版社2007年版,第10页;[德]沃尔夫刚·格拉夫·魏智通主编:《国际法》,吴越、毛晓飞译,法律出版社2002年版,第95~96页;[苏联]童金:《国际法原论》,尹玉梅译,中国民主法制出版社2006年版,第122~134页;[英]马尔科姆·N.肖:《国际法》(第6版),白桂梅等译,北京大学出版社2011年版,第92~94页;[英]蒂莫西·希利尔:《国际公法原理》(第2版),曲波译,中国人民大学出版社2006年版,第31~34页。

[5] 参见[英]蒂莫西·希利尔:《国际公法原理》(第2版),曲波译,中国人民大学出版社2006年版,第31页。

里"建议"这个名词在不同条文中有不同的意义,在某种情形下,联大的建议可能对会员国有法律上的约束力。当安理会认为违背联大的建议构成宪章第39条规定的对国际和平与安全的破坏时,该建议就会有约束力。因此,联大在国际和平与安全方面的建议,有可能具有约束力。[1] 对联大决议首先做详细研究的学者斯隆于1948年在《英国国际法年报》上发表了一篇论文,[2]认为联大的决议,虽然多数学者均推定为没有法律上的约束力,但这并不是不可以否定的推定。他指出,联合国大会具有双重性质,一方面它是具有独立国际法人人格——联合国——的一个机构;另一方面它是世界上58个国家[3]的公会。基于后一种资格,它具有若干潜在权力,无需宪章的明文规定。因此,会员国在投票赞同联大某项决议时,如果表示愿受其约束,这个决议就对该会员国有约束力,因为国际法并没有规定国家承担法律义务必须经过某种形式。此外,由于联大是目前国际社会中最具有代表性的机构,它在某些方面的决议,如人权,应认为有约束力。最后,联大固然不能制定新的国际法原则,但它可以宣告它认为某项规则是现行国际法原则,如果所有会员国全体一致地做这样的宣告,则此种宣告似乎可说是这个规则存在的确定证据。如果只有大多数会员国投票通过这种宣告,后者对于决定某一国际法规则存在与否,也有极大的价值。

且不说联大决议是否具有直接法律效力,它对国际习惯形成的重要作用是获得普遍共识的。国际习惯的形成,必须先有许多国家大体遵行的实践所构成的惯例,而大会的决议可以认为是国家集体宣示某

---

〔1〕 See Hans Kelsen, *The Law of the United Nations*. London: Stevens, 1950. 40,63,99,195-196,459.

〔2〕 F. B. Sloan, "The Binding Force of a 'Recommendation' of the General Assembly of the United Nations", *British Year Book of International Law*, Vol. 25(1948):1-33.

〔3〕 1948年的数据。截至2013年,联合国有193个会员国。

个规则,因而相当于国家的实践。当联大决议宣示某一规则时,并不当然使其成为国际法规则,但它却是这个规则存在的一个证据。如果这个决议是以全体无异议或绝大多数国家通过,而在一段时间内又重复或在其他情况下为一些国家或国际组织引为依据,它就可能达到具有国际法性质的阶段。至于何时达到这个阶段不易确定,但大会决议在造法过程中扮演重要角色是没有疑问的。[1] 联合国的实践也证明,联大决议往往成为国际习惯和国际条约的开始。例如,1962 年 12 月联大通过"关于各国探索及使用外层空间活动的法律原则宣言"决议[2]后,1967 年 10 月英、美、苏三国召开外交会议,订立了《关于各国探索和利用包括月球和其他天体的内外层空间活动的原则条约》;1975 年 12 月联大通过"保护人人不受酷刑和其他残忍、不人道或有辱人格的待遇或处罚宣言"的决议,[3] 其后,人权委员会起草了一个《禁止酷刑和其他残忍、不人道或有辱人格的待遇或处罚公约》,于 1984 年 12 月 10 日由联大决议[4]通过,开放供各国参加。

第四,联大决议可使国际习惯形成的时间大大缩短。

联大决议对国际法规范形成的重要作用还体现在,通过联大决议,可使国际习惯形成的时间大大缩短。在国际法院对西南非案的判决中,日本籍法官田中首先指出这个作用。他认为有像联合国这样的国际组织的存在,国家就有机会向所有会员国表示其立场,并且可以立刻知道他们的反应。以往国际习惯的形成必须经过"一贯并一致"的国家实践和法律确信,所以需要较长的时间。由于联合国作为中介及现在非常发达的资讯传播方式,使习惯形成所需的时间大为缩短。

---

〔1〕 Thomas Buergenthal and Harold G. Maier. *Public International Law*. 2nd ed. St. Paul, Minn.: West Publishing Co., 1990. 31 - 32.

〔2〕 参见联合国文件 A/RES/1962(XVII)。

〔3〕 参见联合国文件 A/RES/3452(XXX)。

〔4〕 参见联合国文件 A/RES/39/46。

大会决议虽然对会员国没有约束力,但重复的决议相当于国家实践的重复。每一个决议被视为是个别参与国家的集体意志的表示,且较传统的习惯形成方式更能快速与正确地表达国际社会的意志。[1] 这种快速形成国际习惯的方式,被学者称为"国际法的立即习惯"。[2]

因此,尽管目前关于保护责任的两个联大决议尚未就保护责任以及保护责任中武力使用的具体规则作出规定,在数量上也还没有形成重复的决议,但借助联大决议的重要影响力,应该说,保护责任已经进入国际立法的视野范围。

第五,安理会决议本身就是具有约束力的规范性文件和国际实践的具体形式。

宪章第25条规定:"联合国会员国同意依宪章之规定接受并履行安全理事会之决议。"据此,安理会的决议所有会员国都有义务遵守并履行。当然,安理会迄今提及保护责任的决议主要是涉及某一国家或区域特定局势,这些针对特定局势的决议只对该局势和相关国家发生约束力,并不具有普遍的规范力。但从国际法规范形成的角度来看,安理会这些针对特定局势的决议恰恰是国际实践的具体体现,当"一贯并一致"的实践最终形成,国际习惯也就具有了实践基础。

---

〔1〕 ICJ Reports, 1966, pp. 291 – 292.

〔2〕 Bin Cheng, "United Nations Resolutions on Outer Space: 'Instant International Customary Law'?", *Indian Journal of International Law*, Vol. 5(1965):23 – 48.

第四章　规范保护责任中武力使用的几点建议

北约对利比亚的轰炸引发的争论之二:为了人道目的,出于保护责任,如何使用武力对主权国家实施干预?上一章的分析表明,保护责任中的武力使用有其一定的国际法理论基础,可要在现有的武力使用法框架内顺利实施,还存在一定的法律障碍;同时由于国际政治现实的羁绊,该理论若应用于实践易背离人道目的,被大国操纵而成为满足国家私利的工具,并造成与预期目标相违的后果。但由于先天的道德优势和国际社会在面对人道危机时的尴尬处境,使保护责任理论有其可期待性,目前走向规范化的趋势明显。要解决其法律障碍,尽可能地避免被政治操控,最大限度地实现该理论预期目标,就必须重视对其概念和实施的有效控制。本章,笔者就试图对规范该理论提出一些建议。

一、严格界定保护责任及其武力使用的适用范围与程序

目前,国际社会对于保护责任的定义还没有形成权威性的阐释,只是在《世界首脑会议成果》及联大第 60/1 号决议中,对保护责任"确立了一个权威性的框架,会员国、区域安排和联合国系统及其伙伴可据以为保护责任订立理论、政策和体制机制",[1]"但各国之间关于保护责任的应用和履行还存在很多分歧"。[2] 尤其是广大发展中国家,普遍存在保护责任只是强国保护弱国的担心,担心自己国家的主权被发达国家在保护责任的旗号下肆意破坏,[3]尤其担忧其中的武力使用变成人道主义干涉的翻版。而在发达国家和大国之间,对于保护责任及其武力使用的实施则存在政治意愿不足和难以统一协调的问题。[4] 在这种国际现实下,要消除担忧、达成共识,就必须提高保护责任概念的确定性和限定性,避免弹性与宽泛。尤其在以下两个方面要做出明确规定。

(一)限定保护责任及其武力使用的适用范围

关于保护责任中武力使用的适用范围,ICISS 的报告认为在两种条件下可以为了保护的目的使用武力,即"大规模的丧生,无论是实际发生的情况还是令人担心的情况,不论是否抱有种族灭绝意图"和"大规模的种族清洗,不论是实际发生的情况还是令人担心的情况,

---

〔1〕 "Implementing the responsibility to protect", Report of the Secretary-General, UN Doc. A/63/677. para. 2, available at: http://www. un. org/zh/documents/view_doc. asp?symbol = A/63/677&referer = http://www. un. org/zh/documents/index. shtml&Lang = E.

〔2〕 Statement from the People's Republic of China at the Informal Interactive Dialogue of the UN General Assembly on the Responsibility to Protect Held on 11 September 2013, available at: http://www. globalr2p. org/media/files/china. pdf.

〔3〕 See Thomas G. Weiss, "R2P after 9/11 and the World Summit", *Wisconsin International law Journal*, Vol. 24, No. 3(2006):748.

〔4〕 See Gareth Evans, "From Humanitarian Intervention to the Responsibility to Protect", *Wisconsin International law Journal* Vol. 24 No. 3(2006):703.

无论其方式是杀戮、强迫驱逐、恐怖行为还是强奸”。[1] 可见,ICISS将保护责任中武力使用的适用范围界定得较宽泛。而威胁、挑战和改革问题高级别名人小组将此范围调整为保护人民免遭“大规模屠杀和强奸、采用强行驱逐和恐吓方式进行的族裔清洗、蓄意制造的饥馑和故意传播的疾病”。[2] 安南秘书长在其《大自由:实现人人共享的发展、安全与人权》报告中的“武力使用”部分,认为“灭绝种族、族裔清洗和其他类似危害人类罪”[3]构成国际和平与安全的威胁,应依赖安理会予以保护。到了2005年的世界首脑峰会,各国国家元首和政府首脑就保护责任的适用范围做了“极其谨慎”[4]的限定,将其严格限定为四种国际罪行,即灭绝种族、族裔清洗、战争罪和危害人类罪。

但这种严格限定适用范围的做法并不是唯一结论,还有一些关于保护责任适用范围的理解甚至比ICISS的建议还要宽泛,主张保护责任作为一项良善的公共政策,应该涵盖所有人权保护和人类安全问题,要求国际社会有责任保护人民免于从艾滋病、自然灾害、气候变化,到核武器扩散、恐怖主义、地雷和炸弹等其他武器的大规模毁坏等的影响。[5]

---

〔1〕 ICISS, *The Responsibility to Protect*. Ottawa: International Development Research Centre, 2001. para. 4. 19.

〔2〕 “A More Secure World: Our Shared Responsibility”, Report of the High-level Panel on Threats, Challenges and Change. the United Nations Department of Public Information, 2004. UN Doc. A/59/565. para. 201.

〔3〕 “In Larger Freedom: Towards Development, Security and Human Rights for All”, Report of the Secretary General, delivered to the General Assembly. UN Doc. A/59/2005. para. 125. available at: http://www. un. org/zh/documents/view _ doc. asp? symbol = A/59/2005&referer = http://www. un. org/zh/documents/index. shtml&Lang = E.

〔4〕 Statement from the People’s Republic of China at the Informal Interactive Dialogue of the UN General Assembly on the Responsibility to Protect Held on 11 September 2013. available at: http://www. globalr2p. org/media/files/china. pdf.

〔5〕 See Gareth Evans. “The Responsibility to Protect: Holding thc Linc”. available at: http://www. globalr2p. org/media/files/gareth_-the-responsibility-to-protect-holding-the-line. pdf.

对此,本书认为,必须坚持世界首脑会议所严格限定的适用范围,任何一方不得随意解释和扩大。首先,世界首脑会议成果文件是在170个国家国家元首和政府首脑参加的大会上,经过充分协商与讨论通过的,即使不是所有国家都同意这一限定范围,至少代表了相当广泛的共识基础,如果重新审议此适用范围,必然造成新的混乱与分歧,不利于政治意愿的统一协调。其次,根据协定国际法和习惯国际法,各国有义务防止并惩处灭绝种族、战争罪和危害人类罪。其中灭绝种族,不管是在和平时期还是在战争期间发生,根据《防止及惩治灭绝种族罪公约》,都是国际法所禁止的罪行,是绝对不能允许的。战争罪和危害人类罪则是战争法和国际人道法所明确禁止的国际罪行。这些法律规范都具有国际强行法的地位,属于所有国家的义务。族裔清洗本身虽非国际法所述犯罪行为,但可构成其他三种犯罪之一。因此,将保护责任及其武力使用的适用范围限于这四类罪行,体现了国际强行法的义务要求。最后,扩大适用范围易造成保护责任的滥用,偏离保护责任的初衷。范围广泛就会为某些国家以人道干涉为名干涉别国内政提供了更多的借口,从而为强权政治的推行创造条件,违反国际法,破坏国际秩序。且过分扩大适用范围,包裹太多东西在保护责任旗帜之下,会扩散国际焦点,侵蚀保护责任的号召效用,稀释其在真正需要的情况下的动员能力。最终使其脱离原貌,丧失实际用途,想要保护所有人免于所有可能的侵害,最后就会变成没有保护到任何一个人。

(二)保持安理会对保护责任中武力使用的专属权力

关于使用武力实施保护责任的程序,威胁、挑战和改革问题高级别名人小组和安南秘书长,以及世界首脑会议都认为,应将武力行动严格限定在宪章第七章的范围之内,即在联合国集体安全制度的框架下,由安理会决定进行,否定安理会职权之外的选择措施。相反,

ICISS 虽然也肯定安理会的作用,认为“在涉及为了保护人类的军事干预的任何问题上,安全理事会应是第一个呼救港口”,但同时它强调,在“安理会明确拒绝进行干预的提案,或者安理会未能在合理的时限内处理这类提案”的情况下,可以借助“联合一致共策和平”程序“谋求大会支持军事行动”,或者“由某个区域或分区域组织在其界定范围内进行集体干预”,甚至由“临时性的联盟或个别国家进行干预”也是可以接受的。[1] ICISS 的建议得到了潘基文秘书长的部分继承。潘基文既同意由安理会根据宪章第七章采取武力行动,也赞同由联大根据“联合一致共策和平”的程序授权使用武力。[2] 潘基文的理由是:宪章第 24 条授予安理会维持国际和平及安全的“主要”责任,而不是全部责任;而联大根据宪章第 11 条、第 12 条、第 14 条和第 15 条,也有和平与安全方面的职能。[3] 但潘基文坚持在根据宪章第八章采取区域措施时,应事先取得安理会的授权,反对事后授权说。[4]

在此问题上,国际社会应当在以下方面达成共识:第一,联合国框架之外的单边武力干预必须禁止。战后建立联合国的目的就是吸取战争教训,在集体承诺的基础之上争取实现国际持久和平与安全,途径就是将破坏或威胁破坏国际和平与安全的行为视为是对全体国际社会的冒犯,由世界各国在联合国的框架内采取集体行动反击之。因

---

〔1〕 ICISS, *The Responsibility to Protect*. Ottawa: International Development Research Centre, 2001. para. 6. 28 – 6. 40.

〔2〕 “Implementing the responsibility to protect”, Report of the Secretary-General, UN Doc. A/63/677. para. 56. available at: http://www. un. org/zh/documents/view_doc. asp?symbol = A/63/677&referer = http://www. un. org/zh/documents/index. shtml&Lang = E.

〔3〕 “Implementing the responsibility to protect”, Report of the Secretary-General, UN Doc. A/63/677. para. 63. available at: http://www. un. org/zh/documents/view_doc. asp?symbol = A/63/677&referer = http://www. un. org/zh/documents/index. shtml&Lang = E.

〔4〕 “Implementing the responsibility to protect”, Report of the Secretary-General, UN Doc. A/63/677. para. 56. available at: http://www. un. org/zh/documents/view_doc. asp?symbol = A/63/677&referer = http://www. un. org/zh/documents/index. shtml&Lang = E.

此,任何在联合国体制之外的任何理由的武力使用都是对这一国际共同意志的违反,都是破坏国际和平与安全的行为,而不是维护国际和平与安全的行为。一些国家或国家集团绕开联合国打着人道主义的旗号使用武力,实质是强权政治、霸权主义,不仅无助于人权问题的根本解决,反而破坏了人权保护所赖以存在的国际法与国际秩序基础。第二,"联合一致共策和平"程序合法性存疑,削弱了安理会的职权。"联合一致共策和平"程序是冷战的产物,是美国为推行霸权主义操纵联大运作的结果。1950 年 6 月,美国利用苏联代表缺席的机会,操纵安理会通过决议发动了对朝鲜的侵略战争。但随着 8 月苏联代表的回归,美国再次操纵安理会通过继续朝鲜战争的决议变得不可能。此时,美国开始考虑绕开苏联的否决权操纵联合国大会以实现其战略野心。1950 年 9 月 25 日,美国拉拢加拿大、乌拉圭、法国、土耳其和菲律宾等国向联合国大会提交了一份关于"联合一致共策和平"的决议案。由于美国及其盟友在联合国大会占大多数,因而联合国大会于 11 月 3 日顺利通过了第 377 号决议,批准了"联合一致共策和平"程序。[1] 大会的这项决定在当时就引起了不小的争论,因为这项决议从程序到内容都违反了宪章关于联合国大会职权的有关规定。根据这项决议,大会在安理会由于否决权而无法做出决定的情况下可以代替安理会做出建议,这就使原本属于安理会的专有权力有向大会转移的可能。自 20 世纪 60 年代以后,由于联合国会员国的数量迅速增加,大国对联合国大会的控制越来越困难,因此联合国大会根据这项决议行使其在维持国际和平与安全方面的权利的可能性越来越小。1970 年 12 月 16 日,联大通过了一项"加强国际安全宣言",[2] 要求加

〔1〕 参见朱大伟:《联合国大会"联合一致共策和平"377(V)决议之审视——联合国大会权力的首次扩展》,载《武汉科技大学学报》(社会科学版)2008 年第 4 期。

〔2〕 联合国文件 A/RES/2734(XXV)。

强安理会的作用,以进一步促进国际和平与安全,并且建议安理会充分发挥宪章所规定的采取强制行动的能力,建议会员国尽一切努力增强安理会的权威与效能。大会的这一行动无疑证明大会已经充分意识到了安理会在维持国际和平与安全方面的无法替代的作用,并愿意将这项权力重新交给安理会。如果使用武力实施保护责任在安理会未取得一致意见的情况下,付诸于该程序,必将导致大国的分裂,而没有大国的支持,不仅武力使用的合法性存在疑问,之后的武力行动也很难保证能顺利实施和取得预期效果。第三,安理会在使用武力上的垄断地位必须捍卫。根据宪章,只有安理会才有根据局势判断决定为了维持和恢复国际和平与安全使用武力的权力,其他任何机构都没有此权力。宪章所规定的这种"集权体制"是建立一个有效的集体安全保障体制所不可缺少的,是对国际联盟分权决策体制的一个突破,战后几十年的相对和平也证明了这一体制的合理之处。虽然安理会的工作中还存在某些问题,但推进改革、提高效率是正确选择,而不是舍弃安理会另寻途径。关于安理会在决策武力使用时的机制的完善由下文述及。

二、从严把握保护责任中武力使用的"门槛"

法国及北约迫不及待地在利比亚领空投下了炸弹,但在之前的卢旺达,"人权卫士"们按兵不动,他们告诉世界,那里只是一场内战冲突,并没有屠杀活动,不需要国际社会使用武力进行干预。[1] 可是利比亚的情况真的需要使用武力才能解决吗?诚然,在干预与不干预的背后起决定性作用的是干预者的政治考量,但设定一个使用武力实施国际保护的标准至少能防止在这一问题上的随意性,能够对滥用武力

---

〔1〕 See "Special Report of the Secretary-General on the United Nations Assistance Mission for Rwanda", UN Doc. S/1994/470, available at: http://www.un.org/zh/documents/view_doc.asp? symbol = S/1994/470&referer = http://www.un.org/zh/documents/index.shtml&Lang = E.

实施保护责任和选择性使用武力实施保护责任起到一定的约束作用。这一标准被秘书长潘基文称为“门槛”,[1]而使用武力的“门槛”应当是实施保护责任的各种手段中最高的。国际社会帮助主权国家为履行保护责任而进行预防、能力建设和重建工作的门槛应当低于做出反应的门槛;依据宪章第六章做出反应的门槛应当低于依据第七章做出反应的门槛;依据第七章采取非武力执行行动的门槛应当低于采取武力执行行动的门槛。为使用武力设置较高的门槛,能够增强武力使用的正当性——“同其他任何法律制度一样,国际集体安全体制的效力最终不仅取决于决定是否合法,而且取决于人们是否都认为这些决定是正当的,是根据确凿的证据作出的,并有正当的道义和法律理由”。[2]

当然,设定这样的门槛,并不是要为是否应当使用武力预设一个衡量的“模板”,这种模板既不恰当也无可能。我们主张,武力使用必须坚持“通过安理会逐案处理”,因为每一情况都不相同,每种情况下所用方法和工具的选择,应根据实地具体情况以及对可能出现的后果作出知情的判断后作出;每一情况都有差异,如果试图使这些门槛条件在所有情况下的应用显得千篇一律,结果只会适得其反。这些门槛只是为决策者提供一个考量标准与政策指导,以促进保护责任中武力使用尽量连贯和一致地加以运用。

关于武力使用的门槛标准,国际法协会(ILA)曾在20世纪70年代的一系列研究报告中,就单边人道主义干预的正当性问题形成过

---

[1] See “Implementing the responsibility to protect”, Report of the Secretary-General, UN Doc. A/63/677. para. 50, available at: http://www.un.org/zh/documents/view_doc.asp?symbol=A/63/677&referer=http://www.un.org/zh/documents/index.shtml&Lang=E.

[2] “A More Secure World: Our Shared Responsibility”, Report of the High-level Panel on Threats, Challenges and Change. the United Nations Department of Public Information, 2004. UN Doc. A/59/565. para. 204.

12 条共识。[1] 但这 12 条标准是为单边人道主义干预而设，与国际社会有关保护责任中武力使用的共识并不相符。本书认为安南秘书长及他的“威胁、挑战和改革问题高级别小组”为武力使用正当性建议的五个标准值得考虑。建议国际社会就此标准进行进一步磋商与讨论，在形成广泛共识的基础上，通过联大的宣告性决议予以确认。

（一）正当理由：人道主义危机的严重性

在发生大规模人道主义危机时，迅速采取措施加以缓解和制止是国际社会的普遍共识和正当要求。[2] 但要使用武力予以缓解和制止，则必须要以人道主义危机具有相当的严重性为前提。在这一问题上，有几个问题需要注意。

第一，在国内武装冲突中准确区分应予干预的人道主义危机。保护责任取得合法性的前提之一是干预目标国违反了国际人权法与人道法规定的义务。因此，实施保护责任，包括使用武力实施保护责任，只能针对行为者违反国际人权法与人道法实施的灭绝种族、战争罪、

---

[1] 这 12 条标准如下：(1)必须存在即将发生或正在进行的大规模侵犯人权的情况；(2)在开始进行人道主义干预之前，所有可行的非干预补救方法必须已经用尽；(3)在任何这样的干预开始之前，如果时间允许，潜在的干预者必须向安理会提交它对于所计划的干预所要达到的特定的、有限的目标的见解；(4)干预者的首要目的必须是纠正对人权的大规模侵犯，而不是其他附属于干预者自身利益的目标；(5)干预者的目的必须尽可能少地影响被干预国的权威框架，同时达到它特定的、有限的目的；(6)干预者的意图必须是用尽可能短的时间进行干预，一旦达到了特定的有限的目的，干预者就应该停止干预；(7)干预者的意图必须是使用尽可能少的、必要的强制措施去获得它的特定的、有限的目标；(8)只要有可能，干预者必须尝试并获得被干预国的得到承认的政府的邀请去进行干预，因而与得到承认的政府进行合作；(9)在开始干预之前，干预者必须请求安理会开会以便告知它如果安理会不先采取行动，人道主义干预将要开始了；(10)联合国进行的干预优先于地区组织进行的干预，地区组织进行的干预优先于一群或个别国家进行的干预；(11)在进行干预之前，干预者必须对被干预国提供一个明确的最后通牒或“最后的要求”，要求其采取积极行动结束或改善大规模侵犯人权；(12)任何不遵守上述标准的干预者将被认为是破坏了和平，这样就可以应用《联合国宪章》第 7 章。参见[英]尼古拉斯·惠勒：《拯救陌生人——国际社会中的人道主义干涉》，张德生译，中央编译出版社 2011 年版，第 44～45 页。

[2] Statement by China at the 2009 UN General Assembly Debate on R2P, 24 Jul 2009, available at: http://www.globalr2p.org/media/files/china-2009-r2p-debate.pdf.

族裔清洗和危害人类罪行为。如果行为者没有违反国际人权法与人道法的义务,就不存在需要实施保护责任的人道主义危机。在当前的国际现实情况下,大部分国际社会关注的人道主义危机都伴随着一国国内发生内战或叛乱等国内武装冲突。此时,依法严格考察行为者行为的国际违法性就变得很重要。人道主义危机可能因为内战或叛乱等国内武装冲突而产生,但国内武装冲突并不一定引起人道主义危机。在发生国内武装冲突的情况下,不能将之与单纯的灭绝种族、战争罪、族裔清洗和危害人类罪等针对平民的犯罪行为等同。

根据国际法,国家禁止实施灭绝种族、战争罪、族裔清洗和危害人类罪等行为,但国家合法政府对国内的叛乱行为采取军事行动则是国际法所允许的。利比亚政府单纯采取武力镇压和平示威群众的行为可能违反国际法,但当反对派拿起武器,成为武装叛乱者时,利比亚政府军采取对应的武力镇压行动则是完全合法的。此时,维护国家领土完整和政治独立的主权原则拒绝国际社会的任何干预,若以保护责任为借口对一国实施武力干预,则构成对一国内政的粗暴干涉,与国际法不容。

第二,不单纯以平民伤亡数量评价人道主义危机的严重程度。发生大规模平民死亡与受伤是人道主义危机的必要条件,但非充分条件。尤其在发生国内武装冲突的情况下,单纯发生大规模的平民伤亡并不能证明一国政府不能或不愿履行对其国民的保护责任。因为武装冲突必然带来附带损伤,战争中不伤及平民只是理想状态,实践中不太可能发生。在发生平民伤亡的情况下,判断国家政府是否履行了保护责任还是应当以国际人权法和人道法为依据。例如,根据国际人道法,战争中的各方必须遵守区分、比例以及军事必要等原则,当行为者的军事行动满足了这些原则的要求,即使造成平民伤亡也是法律允许的。此时,就不宜以政府未尽到保护责任造成平民伤亡为事实依据，使用武力实施保护责任。

第三，影响人道主义危机严重性的关键因素是“危及国际和平与安全”。保护责任及其武力使用合法性的另一前提是一国国内的人道主义危机构成对国际和平与安全的威胁与破坏，从而国际社会需要依据集体安全体制采取集体干预行动。如果一国国内实施的灭绝种族、战争罪、族裔清洗和危害人类罪等违法行为的影响只限于国境之内，没有超越国境产生“溢出效应”，给他国和人民造成严重影响，那么，保护责任及其武力使用的实施也就失去了合法基础。因此，国内人道主义危机严重危及国际和平与安全是国际社会使用武力实施保护责任的关键门槛。从联合国的实践来看，一国国内局势造成的难民潮、战火蔓延境外、武器走私与扩散、地区恐怖主义活动、大规模流行疾病等都可能成为危及国际和平与安全的因素，具体评估标准需要联合国和安理会在一个个案例为基础的实践中去总结并达成共识。

（二）正确意图：首要目的是制止或避免人道灾难

正确意图同正当理由是密切相关联的。在某种程度上，正确意图可以称为是正当理由的主观方面，但这不影响它被作为一项独立的门槛条件。正当理由的存在或实现不一定意味着正确意图的实现。例如，一个国家可能有正当的使用武力的理由，但它却根本没有使用武力的意图，更进一步说，使用武力的意图可能同正当理由根本无关，即使这种理由是客观存在的。考察历史，使用武力对外发动战争的目的主要有：屠杀和掠夺、殖民扩张、促进宗教利益、向他国输出革命、报复、自卫（含预先性自卫和集体自卫），以及制止和避免人道灾难。作为集体安全体制的一种执行手段，为实施保护责任而使用武力必须以制止或避免人道灾难为首要目的。

之所以强调首要目的，是因为即使是在一个国家的一次战争行为中，也往往混杂着多个战争目的，更别说由国际社会众多国家合意采取的武力行动。各国在各自国家利益的驱使下都难免有自己的私利掺杂其中,“完全的公正无私——没有任何狭隘的私利——可能是理想的情况,但不大可能始终是现实情况:国际关系与任何其他领域一样,各种动机混杂是活生生的事实”。[1] 在这混杂的战争目的中,必须坚持一个原则,即有违国际法、违反国家主权原则和不干涉内政原则的目的必须排除,如支持叛乱团体分裂主权国家、颠覆政权、掠夺资源、旨在改变边界等。毕竟主权国家承担人权保护的首要责任,主权是人权的前提与基础,“国际社会履行保护责任必须严格遵守《联合国宪章》和全面尊重有关国家的主权、独立、统一和领土完整”。[2] 除此之外的其他一些利己目的则是可以容忍的,如出于消除难民潮对本国的影响而参与集体行动,出于提高本国的地缘政治影响力而支持使用武力等。当然,纯粹无私的人道目的始终是值得鼓励的。其实在当今时代,当一个合格的国际公民本身就是符合国家的自身利益的。由于当前世界各国关系如此密切并且相互依存,遥远国家发生的危机现在能够在其他地方产生大问题,从而危及各个国家赖以生存的国际环境,因此可以说,携手合作共同努力解决这类问题,符合每个国家的利益。

但辨别国际行为体的目的从来不是件容易的事。目的存在的主要问题之一是它的主观性。那些对军事政策有影响的行为者通常不会向大众公开他们的意图,那些关于战争及和平问题的政治磋商通常也都是秘密进行的。在国内法上,判断公民或法人的主观目的可以通过其客观外在行为来判断。但在国际法上,主观目的判断则有很大不

---

〔1〕 ICISS. *The Responsibility to Protect*. Ottawa: International Development Research Centre, 2001. para. 4. 35.

〔2〕 Statement by China at the July 2011 UN General Assembly Informal Interactive Dialogue on the R2P. available at: http://www. globalr2p. org/media/files/china1. pdf.

同,因为这里涉及的主体是各个国家和国家集团,而国家的目的则又要牵涉完全不同的政治行为者的目的。在每个国家中,不同的政治派别捍卫的是截然不同的有关国家利益或统治精英的观点,某个政治行为的主观背景完全是利益冲突及诸多政治意愿相互对抗的结果,因此,国家的行为表现并不一定一致,且通过国家行为判断其主观目的往往需要较长的时间考察,这又与人道灾难的紧迫性不相兼容。这时,坚持集体或多边的决策当然是确保使用武力实施保护责任得以制止或避免人道灾难为首要目的重要举措。此外,在决定使用武力实施保护责任时,考察一下干预目标国人民对于干预行动的支持度,也是确保达到正确意图门槛的一个方法。

（三）最后手段:穷尽和平手段后万不得已的办法

武力使用只有作为最后手段才能是正当的,即只有在所有解决冲突的非武力手段已经尝试后才能够采用它,这是正义战争理论的要求,[1]对于为了人道目的的保护责任中武力使用来说,同样适用。在一国国内发生严重的人道危机的早期阶段,国际社会做出及时、适当的反应,采取对话、协商等和平方法去调停争端、解决分歧,是保护责任的重要内容。[2] 当局势的继续发展危及国际和平与安全之维持时,安理会仍可以根据宪章第六章规定的和平办法实行处置。其中包括但不限于派遣军事人员和警务人员到那些冲突地区执行维和任务。1992 年,为避免前南斯拉夫地区正在进行的暴力冲突引发的人道灾难泛溢,安理会首次向巴尔干小国——马其顿派出了预防性维和部队,取得了不错的效果。即使安理会根据集体判断,认为局势的发展

---

〔1〕 参见布鲁诺·考彼尔特斯、尼克·福臣、时殷弘主编:《战争的道德制约:冷战后局部战争的哲学思考》,邹琳等译,法律出版社 2003 年版,第 115 页。

〔2〕 Statement from the People's Republic of China at the Informal Interactive Dialogue of the UN General Assembly on the Responsibility to Protect Held on 11 September 2013. available at: http://www.globalr2p.org/media/files/china.pdf.

需要根据第7章采取执行行动时,非武力的执行行动仍然应当优先于武力使用。这些行动包括经济与外交制裁,尤其是经济制裁,安理会在许多场合使用过它。但过往的实践表明,影响经济制裁效果的一个重要原因在于对一国政府实施的经济制裁往往对该国平民造成甚至比战争还致命的影响,而对人道暴行的实施者——政府与统治阶层,难以产生实质性威慑。因此,近年来,“指定的制裁”或被称为“聪明的制裁”得到重视,它针对相关责任人的个人利益实施,如冻结领导人的个人银行账户、拒绝存取硬通货、限制出境。这种制裁在促使人道主义危机和平解决中能发挥一定作用。其实,在正式使用武力之前威胁使用武力也是制止或避免人道主义危机的选项之一。在国际法上,威胁与使用武力一样受到严格限制,但安理会本身可以为维持国际和平与安全而威胁使用武力。比如,我们可以在安理会就1990年8月伊拉克军队入侵科威特做出的决议中见到这种威胁。这种威胁的目的是加强外交压力,迫使一国政府最终屈服于安理会的决定。但这类威胁只有在一旦没有能够得到积极的回应,安理会具有真正的能力和意愿实际使用武力的前提下才能有效。

总之,面对人道主义危机,国际社会必须探索和平解决危机的每一种外交和非武力渠道,只有在各种和平手段已经穷尽之后才能证明使用武力作出反应是正当的。当然,这并不一定意味着对每一个和平手段都要进行实际尝试,在其失败后才能选择使用武力,经常的情况是根本没有时间来完成这个过程。只要有证据证明即使这些和平手段实际尝试了也不可能取得成功,武力使用就能够取得正当性。

(四)相称性:使用武力的手段应该与人道目标相称

关于武力使用的相称性原则,西方学者有过不少论述:“战争造成的毁坏及招致的损失必须同开战前预期的利益相称”;[1]“军事行动造成的损害应当同军事上的获益相称”;[2]“所做的善大于恶或预防了大恶的发生”时,一个国家就获得了相称性;[3]“为正当理由而成功运用武力所能带来的善应当超过战争可能带来的恶”。[4] 由此看出,相称性原则强调的是相对性,没有什么东西的自身是相称的,总是要相对于其他东西而言才能是相称的。刑法理论上强调“罪刑相适应”就是要求对于罪犯所适用的刑罚应当同他所犯罪行相称(两者是相对而言的)。按照这一理论,如果把保护责任中武力使用视为是对国家违反国际人权法和人道法行为的惩罚的话,那么,具体的惩罚手段——武力使用,就应当与其违法行为相称。具体而言,为了实现保护人类目标的武力干预的手段、方式、持续时间等应该与制止引起人道灾难的国际违法行为的目的相适应,不能超过必要限度,对目标国政治制度、经济建设和社会发展的影响应严格限于实现干预的目的需要。

在保护责任中武力使用的门槛条件里强调相称性原则的意义在于:

第一,相称性的考虑对国际社会决策是否使用武力实施保护责任给出了具体指导。一场战争带来的恶果明显地超过它所带来的善果,那么相称性原则就不支持参战;相反,如果善果明显大于恶果,这条原则就会支持开战。一国国内如果发生的只是一般性的损害人权的行

[1] Malham Wakin ed, *War, Morality and the Military Profession*. Boulder, Colo.: Westview Press, 1986. 248.

[2] Sheldon Cohen, *Arms and Judgement*. Boulder, Colo.: Westview Press, 1986. 39.

[3] Paul Ramsey, *The Just War: Force and Political Responsibility*, New York: Charles Scribner's Sons, 1968. 195.

[4] W. V. O'Brien, *The Conduct of a Just and Limited War*, New York: Praeger, 1981. 27.

为，冒着破坏主权的风险使用武力实施干预就属于“杀鸡用了宰牛刀”；如果一国国民主要是经济文化权利受到政府压制，那么使用武力造成大量伤亡与破坏的干预行动也是不符合相称性要求的；如果有关的危机涉及某个国家当事方与某个叛乱少数派别之间的冲突，就应当吸引当事双方进行谈判；只有在大规模暴力将导致严重人道主义灾难不可避免或已经发生的情况下，才能考虑由国际社会使用武力实施干预。

第二，相称性的考虑对国际社会决策使用武力进行人道保护的规模、持续时间和强度给出了指导。使用武力的规模、持续时间和强度必须与行动目标相称。这里特别要注意为实施保护责任而使用武力与一般战争行为在行动目标上的区别。保护责任中使用武力的目标是保护居民，保护居民不受侵扰、迫害或屠杀，削弱相关方面侵犯人权、制造灾难的能力，并尽快和尽可能全面地使人权和法律原则得到遵守，而不是如传统战争那样追求从军事上打败或消灭敌人、打败某个国家。出于此目的，在决策保护责任中武力使用时还必须考虑增加干预后阶段恢复的机会，保证武力干预结束时不把所有的门关死。因此，武力行动的“渐增主义”和“渐进主义”是在决策时必须考虑的，[1]实施人道主义目的的军事行动不主张压倒性实力的使用。

（五）权衡后果：武力使用应有合理的成功机会

早在17世纪，格老秀斯就把“合理的成果机会”纳入了正义战争理论。[2] 其基本要求就是在发动战争之前，要评估战争行动成功的可能性，在没有合理的成功机会的情况下发动战争就是非正义的。将

---

〔1〕 ICISS, *The Responsibility to Protect*. Ottawa: International Development Research Centre, 2001. para. 7.31, 7.51.

〔2〕 参见布鲁诺·考彼尔特斯、尼克·福臣、时殷弘主编：《战争的道德制约：冷战后局部战争的哲学思考》，邹琳等译，法律出版社2003年版，第91页。

这一原则应用于实践的难题之一在于如何定义“成功”。战争中的成功往往意味着胜利,但各个国家对胜利的理解是不一样的。以自卫反侵略作战为例,对于强国来说,胜利意味着在靠近战争开始的边境线的某个地方制止敌国的入侵,同时自己又毫发无损。而对于弱国来说,只要制止了入侵,哪怕军队全军覆没,也是胜利的,因为通过一场英勇战斗,这个国家或民族赢得了尊重。即使是同一国家,在战争的不同阶段,对于成功的主张也可能是不一致的。战争开始时,领导者可能会勇敢地宣称成功意味着彻底的胜利,而一旦战事展开,同一群领导者可能会说只要能击退入侵或是在虽未获全面胜利的情况下达到某些目的,就算是成功的。

战争中的这一难题到了保护责任中的武力使用反倒变得简单了。对于为实施保护责任而使用武力来说,成功就意味着消除人道主义威胁,制止或避免冲突、屠杀与灾难。要达成这一目的,指标就一个:削弱相关责任者侵犯人权、制造灾难的能力。这里必须重申以武力促成政权更迭的非法性。也许武力颠覆政权是永久彻底消除政府侵犯人权、制造灾难能力的手段,但保护责任中武力使用只是应对紧急与迫切的人道危机的最后手段,只有在局势具有迫切性和“万不得已”的情况下,诉诸武力才是合法的。追求永久、彻底地解决一国人权保护的状况不是武力使用的目的,使用武力也不可能真正实现国内人权保护问题的根本解决。人权问题根本解决的途径有赖于主权国家的经济与社会发展,而武力颠覆政府违反国家主权原则,是国际法禁止的行为。保护责任中使用武力需要实现的只是暂时削弱有关政府侵犯人权、制造灾难的能力,解除现实的危机,而不是一国政府长期能力的丧失。一国政府长期治理能力的改善非武力所能为,那属于保护责任中“重建责任”的话题。因此,只有武力使用具有合理的成功机会,能够削弱相关责任者侵犯人权、制造灾难的能力,制止或避免冲突、杀戮与暴行,实现对人民的有效保护,才能证明武力使用的正当性。反之,如果武力使用不能实现保护人民的目的,甚至使用武力实施干预的后果比不使用武力更糟,就没有理由使用武力。尤其是,如果在使用武力的过程中引起了更大规模的冲突,那么为了有限的人类保护目的的武力使用就无法被证明是正当的。如果某些人的生命根本无法拯救,除非付出不可接受的代价——也许是一场规模更大的将军事大国卷进其中的区域性战火,就将属于这种情况。在这种情况下,不管现实令人多么痛心,也不再有正当的理由使用武力。

设立这一门槛,似乎将对大国使用武力排除在外了。因为大国意味着军事实力的强大,对任何一个大国采取武力行动,可以想象,一场重大的冲突会难以避免,因此招来对保护责任中武力使用"双重标准"的责难。但本书认为,使用武力时权衡后果与双重标准无关,不能实现大国军事、政治能力的削弱是武力本身的局限,而非武力使用制度的不公正。对于大国而言,可以通过使用其他类型的压力,如协调一致的政治、经济制裁等实现保护责任。但如果大国利用自身的权力与影响,对涉及自身利益的有关保护责任中武力使用的决策进行阻碍与干扰,如不当行使否决权,则属于"双重标准"问题,它的解决需要通过相关制度改革来规制。

三、注重联合国相关配套制度的改革完善

保护责任应当在联合国框架内以符合宪章与国际法的方式实现,这是国际社会关于保护责任的基本共识。坚持安理会对保护责任中武力使用的专属权力,这是本书关于保护责任中武力使用的基本观点。要实现保护责任及其武力使用的规范化运作,联合国相关制度的改革必不可少。

(一)预警与评估机制的完善

及时果断的行动依赖于准确可靠的预警与评估。使用武力实施

保护责任的前提是和平手段不足以解决有关国家人民正在遭受的人道灾难,那么,如何判断有关国家的人民正在遭受人道灾难?如何判断和平手段不足以解决问题?这些问题必须依据预警信息和评估做出回答。

在这方面,联合国在以往的人道主义行动中是有教训的。20世纪90年代,发生在卢旺达和斯雷布雷尼察两地给人类造成痛苦回忆的两次大屠杀,都凸显了联合国在面对人道危机时信息管理和分析及预警的不足。在卢旺达,联合国关于联合国在卢旺达种族灭绝事件中的作用的评估报告[1]指出,总部“对预警和风险分析重视不够,这方面的体制资源不足”,而且“联合国体制内的分析能力薄弱”。为加强联合国的预警能力,报告呼吁改善“联合国分析信息和对信息做出反应的能力”,以及改善联合国系统内的信息流通和对安理会的信息流通。秘书长关于斯雷布雷尼察的报告[2]认为,预警不会自动导致及早或有效的行动,但是如果能够更全面、更及时地提出报告,“国际社会就可能不得不做出更迅速有力的反应,就有可能拯救一些人的生命”。报告指出,这种不沟通情报的情况“是整个冲突期间普遍存在的薄弱环节”。报告还评论说“会员国不愿意与像联合国这样公开和被他们视为‘不安全’的组织分享敏感情报,正是我们的所有特派团艰难开展行动的一个重大障碍”。而在达尔富尔,由于缺乏权威的评估,各方对当地的局势发生争议。美国为了达到利用保护责任干预苏丹的目的,坚持认为在当地发生了“种族灭绝”,但遭到联合国、非盟和欧盟的反对。[3] 甚至过往国际社会的反应只能依据媒体的报道做

---

[1] 参见联合国文件 S/1999/1257。

[2] 参见联合国文件 A/54/549。

[3] 参见贺文萍:《达尔富尔问题:中国非洲政策的新考验》,载《国际展望》2010年第2期。

出，而那些媒体的报道往往夸大其词，导致反应行动偏离方向、前后不一。

提供保护责任的本质在于在正确的时间、地点，出于正确的理由，做正确的事情。及时果断的武力行动特别注重评估，注重理解：发生了什么？为什么会发生？信息不灵或分析错误会误导决策者，导致反应过度或回应不力，更为甚者，虚假的警报或有选择地报告情况，更会损害联合国公信力。因此，预警和评估必须公平、谨慎、具有专业性，杜绝政治干扰或双重标准。为此，首脑会议承认，会员国通过联合国成功采取行动的一个必要条件是预警和评估，呼吁提高联合国对可能的灭绝种族、战争罪、族裔清洗和危害人类罪提出预警和进行评估的能力，明确承诺“支持联合国建立预警能力”。

实事求是地讲，经过多年的实践，联合国预警能力方面已经取得了实质性提高，对于联合国来说，为预警目的收集和评估信息也不是一项全新的举措。目前，在联合国系统内，承担危机信息评估与预警职能的主要机构是秘书处。秘书处下设的“防止灭绝种族问题特别代表办公室”就起因于族裔和种族问题导致的种族灭绝情况承担主要预警责任。秘书处人道主义事务协调厅预警与应急规划科也与各相关区域办事处协作，评估世界不同地方发生人道主义紧急情况的风险。在联合国开发计划署预防危机和复原局内，联合国部门间预警和预防行动协调框架（常被称为“框架小组”）还提供了一个非正式论坛，供联合国各机构、部厅、基金和方案就早期现象显示紧张关系日益加剧的某些局势分享信息和分析。此外，秘书处维持和平行动部、联合国儿童基金会、联合国人权事务高级专员办事处和联合国难民事务高级专员办事处等，也都在各自的职责范围内就接触到的有关危机信息而对履行保护责任提供具有重大价值的见解。但这些机制在为使用武力实施保护责任及时提供所需的信息和评估方面，至少有两方面的不足:一是现有信息流通机制间的信息和分析交流不足;二是除有关预防灭绝种族的预警机制外,为预警目的收集和分析信息的现有机制并不会从保护责任角度看待这些信息。[1]

鉴于与保护责任有关的犯罪和侵害行为所涉范围广泛,性质严重,必须坚持多渠道、多视角收集获取有关预警信息,重视联合国系统内机构间的统一协调,以秘书处为主导开展集中信息评估,为安理会决策提供依据。

第一,发挥各会员国政府在联合国预警系统中的信息来源作用。会员国作为集体安全体制中的一员,对集体安全有需求也有责任。强化各国政府在人道危机信息来源上的能动性,是建设更好的预警系统非常重要的途径。尤其是邻国政府往往是及时获得信息的关键。但现实取决于各国愿意在多大程度上透露可能危及自己情报网的信息,以及这类情报值得信赖的程度。只要政府开始认识到保护责任既是各自责任,也是共同责任,或许就不会不愿意了。建议在秘书处设立一个能够接收和分析来自会员国的敏感情报并且直接向秘书长报告的特别机构。

第二,依靠区域组织提高联合国预警与评估能力。在预防地区冲突和防止煽动或实施灭绝种族、战争罪、族裔清洗或危害人类罪方面,联合国与区域组织有共同的责任和关切,而区域组织对当地情况的了解和当地视角是联合国所不具备的。借助区域组织的信息与评估系统,在有关保护责任的问题上,特别是涉及预警、评估和及时果断的反应时,在联合国及其区域和次区域伙伴之间促进信息、构想、见解的定

---

〔1〕 See "Early warning, assessment and the responsibility to protect", Report of the Secretary-General. UN Doc. A/64/864, para. 10, available at: http://www.un.org/zh/documents/view_doc.asp?symbol=A/64/864&referer=http://www.un.org/zh/documents/index.shtml&Lang=E.

期双向流动，将极大提高双方的预警与评估能力，同时，也有助于就某一具体情况下需要应对的挑战以及未来的政策选择形成共识，在随之而来的反应性行动中加强协调。

第三，以其他独立来源的信息作为官方渠道的补充。在政府和政府间组织之外，各种独立来源的信息能够帮助补充从官方渠道获得的信息。在寻求迅速了解和评估不断演变的局势时，对这些独立来源的信息和分析进行比较，将不无裨益。独立信息来源很多，包括本地民间社会团体和跨国民间社会团体、区域专家以及人权和人道主义监测团体等。其中本地民间团体极少得到联合国决策者的注意，但它们也许是最早发现和了解当地人道危机真实情况者，它们能够及时提供不断演变的冲突局势的敏感信息。此外，在全球，许多跨国民间团体，以及人权和人道主义监测团体拥有发展完善的网络、方法和报告渠道，这些团体经常在暴行发生初期最先发出警报。这些独立的报告，无论是地方来源还是跨国来源，都能够帮助指明联合国需要注意的局势，能够帮助证实或补充从官方渠道收到的信息。

第四，坚持联合国为主的调查渠道。上述信息来源渠道对于联合国提高预警与评估能力是必需的，但非充分的。毕竟，不管是政府、区域组织，还是其他独立来源，不管是出于不愿还是不能，都不能保证所提供信息与评估结果的真实、全面。联合国在相关区域的实地调查与核实，是保证信息准确和评估结果公正不可缺少的步骤。联合国可以根据宪章第六章部署监测团和观察团，就实地情况提出实时报告，协助当事方对具体事件进行调查，评估和核查各方遵守国际人权义务和保护责任的情况。针对当事国往往不愿意看到自己的国内事务国际化的现实，联合国可以任命技巧娴熟、经验丰富而又对该地区情况十分了解的特使、调解员和特别代表，通过他们在争端各方之间的斡旋与调查，充分了解当事国政府意愿与现地情况。根据宪章有关规定，联合国大会和安理会也还都可以指定实况调查团,负责调查和报告所称违反国际法的行为。安理会在达尔富尔就是这样做的。人权理事会也可派出实况调查团,任命特别报告员就相关局势提供咨询意见。

第五,发挥秘书处在预警与评估系统中的中枢作用。上述每一项机制获得的信息与初步评估情况最终要流向联合国秘书处。根据宪章第99条赋予秘书长“得将其所认为可能威胁国际和平及安全之任何事件,提请安全理事会注意”的特别授权,秘书处拥有巨大能力可以大声或慎重地警告世界冲突与严重人权危机的发生。为了提高秘书处信息收集和分析能力,2000年《联合国和平行动问题小组报告》[1]中的建议是可以接受的。该报告由安南秘书长召集成立的“联合国和平行动问题小组”起草。在“信息的收集、分析和战略规划能力”部分,该小组建议在秘书处内设立“和(平)安(全)执委会信息战略秘书处”。该信息战略秘书处由担任有关和平与安全方面政策和信息分析工作各部门单位合并组成,这些单位包括维和部政策分析股和情况中心、政治部政策规划股、人道协调厅政策发展股,以及新闻部媒体监测和分析科。信息战略秘书处将“根据所有来源提出关于任务活动和有关的全球事务的最新消息”,“将正在萌芽的危机提请和安执委会的领导人注意”,“作为一个联络中心,及时分析互相交叉的各主题问题,并为秘书长编写关于这类问题的报告”。[2] 秘书长根据秘书处做出的评估报告,决定是否将有关情况向安理会提请注意。此时的具体工作可交由秘书长“防止灭绝种族问题和保护责任问题联合办公室”办理。必要时,秘书长可通过其特别顾问召集由主要副秘

---

〔1〕 联合国文件 A/55/305 - S/2000/809。该报告又因和平行动问题小组主席为阿尔及利亚前外交部长拉赫达尔·卜拉希米先生,而被称为《联合国卜拉希米报告》。

〔2〕 “Report of the Panel on United Nations Peace Operations”. para. 72, available at: http://www.un.org/en/ga/search/view_doc.asp? symbol = A/55/305.

书长参加的紧急会议，确定政策选择。

（二）决策机制的改革

在充分预警与正确评估的基础上，使用武力以实施保护责任的决定必须在集体安全体制下由安理会依职权做出。但“由于安理会现行的决策机制的局限性以及国际政治因素对安理会决策的影响，安理会现行的使用武力机制的启动却一直步履艰难”。如果“安理会使用武力机制不能有效防止和制止国际和平与安全的新威胁”，“现行的国家或国家集团使用武力机制将可能被强行突破，联合国现行的集体安全制度也可能将受到毁灭性的冲击”。[1] 为了维护现行集体安全体制的有效性，以及最大限度地促成保护责任在国际政治的现实中不过分偏离其道德目标，现行安理会决定使用武力的机制有必要从以下方面进行改革与完善。

1. 改革安理会组成与工作方式

自安理会成立以来，国际和平与安全面临的威胁和挑战发生了变化，成员国之间的力量对比也发生了变化。但是，安理会却变化缓慢，面临着信誉不佳与效力低下的指责。首先，安理会在决定采取行动时并非始终公平，这大大损害了它的信誉。五个常任理事国中有些国家享有特殊地位，在面对种族灭绝或其他严重暴行时，并不能采取一贯的行动，无法保证全世界范围各处人权都能得到保护。其次，安理会决定的执行不仅依靠安理会成员，还需要其他国家在军事、财务和政治上的广泛参与。但由于广大会员国在安理会中没有足够的代表权，因而减少了对安理会决定的支持，导致安理会做出的决定和规定的任务常常缺少现实性，缺乏足够的资源和政治决心而不能得到有效的执行。在《联合国千年宣言》中，所有国家决心，“加紧努力全面改革安

---

〔1〕 李寿平：《国际和平与安全的新威胁与联合国框架下的使用武力规则》，载《北京理工大学学报》（社会科学版）2007 年第 3 期。

全理事会的所有方面”,[1]这反映了大多数国家久已有之的看法。关于安理会改革的具体方案,2004 年“威胁、挑战和改革问题高级别小组”曾经建议了两个(见附录),可供参考。[2] 本书无意提供具体改革方案,认为在改革安理会以适应使用武力实施保护责任的要求时,以下原则与建议值得重视。

第一,对联合国贡献最大的国家应更多地参与安理会决策。这里的贡献从内容上看,包括财务、军事和外交各方面,如缴纳联合国分摊预算款项、参与联合国维和行动、对支持联合国目标和任务的外交活动的贡献等;从范围上看,主要是对于维持国际和平与安全而言。这样的安排既有宪章依据——宪章第 23 条规定:选举安理会非常任理事国时首先要斟酌各会员国对于维持国际和平与安全的贡献,又符合权利义务一致原则,有利于决定的执行。会员国对维持国际和平与安全承担了较多的义务,做出了从财务、军事到外交的贡献,从法理上也有权在事关国际和平与安全的决策中获得更多的发言权。同时,安理会有关维持国际和平与安全的决定也离不开这些国家的财务、军事与外交支持。不保证这些国家的决策权,只片面追求安理会决策在国际社会的广泛代表性与民主性,最终的结果就是安理会的决定成为一纸空文,国际社会在面对和平与安全的现实威胁时,只能议而不行。

第二,更多的发展中国家应进入安理会决策过程。如前所述,基于“与权力的相关性”,发展中国家对于保护责任以及保护责任中武

---

〔1〕 联合国文件 A/RES/55/2,第 30 段。

〔2〕 关于联合国安理会改革的其他建议与论述可参见:陈晓东等著:《联合国:新议程和新挑战》,时事出版社 2005 年版,第 164 ~ 168 页;李铁城主编:《世纪之交的联合国》,人民出版社 2002 年版,第 239 ~ 271 页;庞森著:《走进联合国》,四川人民出版社 2005 年版,第 252 ~ 271 页;杨泽伟主编:《联合国改革的国际法问题研究》,武汉大学出版社 2009 年版,第 144 ~ 182 页;梁西:《安理会改革热潮再析》,载《武大国际法评论》(第 5 卷),武汉大学出版社 2006 年版;李雪平:《联合国安理会改革的国际法思考》,载《法律科学》2005 年第 4 期。

力使用的态度在其向国际法规范发展的过程中发挥着至关重要的作用。基于同样原理，在使用武力实施保护责任时，保证发展中国家参与决策对于规范武力使用的正确实施意义重大。发展中国家由于经济社会发展水平的局限，人权保护缺少必要的物质支撑，加上发达国家出于国家利益扩张的需要，往往以人权为借口对发展中国家实施武力"保护"。因此，发展中国家面临被保护责任打开主权屏障的危险。这种情况下，如果再不保证发展中国家参与使用武力实施保护责任的决策，保护责任就难免被误用为损害这些国家主权的工具。正如阿尔及利亚总统布特弗利卡所言，"我们不否认安理会有权利和责任去帮助受难中的人们，但我们保持对任何破坏我们主权行为的极度敏感，不仅因为主权是我们应对这一不平等世界的最后防线，而且在于我们没有参与到安理会的决策过程"。[1]

第三，安理会决策应听取军事顾问意见。武力使用更多的是一次军事行动。在决定是否使用武力实施保护责任时，需要从军事角度考察使用武力是否与人道目标相称，尤其在评估武力使用是否有合理的成功机会时，更涉及对一次具体时间、空间与地理、人文环境下军事行动后果的判断，这非一般政治家所能胜任。在决定使用武力的方式、对象、范围与期限等因素时，则进一步涉及一次战术行动的具体组织与实施，此过程中，专业的军事意见对于决策必不可少。在 2011 年 3 月讨论对利比亚设置禁飞区时，关于可选择的设置方式就产生了分歧：美国国防部长盖茨主张要设置禁飞区就必须摧毁利比亚的空军，其他人则认为要进一步打掉高射炮，还有人警告这些措施将使安理会

〔1〕 Thomas G. Weiss. "R2P after 9/11 and the World Summit". *Wisconsin International law Journal*, Vol. 24, No. 3(2006):748 - 749.

的任务偏离正轨。[1] 因此,由军事参谋团就是否应该使用武力以及如何使用武力从军事角度向安理会各国提供咨询意见,以保证安理会决策的专业性与科学性,就显得非常必要。

2. 明确宪章中"和平之威胁"的内涵

在国际安全威胁来源多样化和国际安全观转变的现实面前,安理会通过它的系列实践,将一国国内的人权危机接受为是对国际"和平之威胁",这实际上是对宪章所采纳的国际和平威胁内涵的突破和对集体安全义务的扩大。这种实践中的突破与扩大,对于应对国际安全新威胁有其积极意义,但从宪章条文的确定性来看,则易造成对有关条文内涵理解的不统一和适用上的随意性,进而造成国际社会过分依赖武力而导致武力的滥用。因此,有必要明确宪章中"和平之威胁"的内涵,将一国国内严重的人道危机包含其中。这样明确的规定既有助于防止武力的滥用,也有助于武力的选择性适用问题的解决。因为"和平之威胁"的内涵做了这样的明确后,一方面,安理会必须在某国内人道危机达到一定严重程度时才能采取武力行动;另一方面,安理会在某国内人道危机已经达到一定严重程度的情况下,必须果断决定使用武力,不得因适用国家不同而有所选择。

在技术上,明确"和平之威胁"的内涵可以通过两种途径实现,一是修改宪章,二是对宪章做出解释。对于前者,宪章关于修改宪章的规定[2]和联合国成立以来修改宪章的实践[3]都表明,其修改程序非

---

〔1〕 参见拉梅什·塔库尔:《世界对利比亚人的保护责任》,袁军译,来自载耶鲁大学全球在线(复旦版)网站,http://www.yaleglobalfd.fudan.edu.cn/。

〔2〕 宪章第108条规定:"本宪章之修正案经大会会员国三分之二表决并由联合国会员国三分之二、包括安全理事会全体常任理事国,各依其宪法程序批准后,对于联合国所有会员国发生效力。"

〔3〕 联合国成立至今,宪章只有三次修正,一次是将安理会的非常任理事国由6个增加到10个,另两次是将经社理事会的理事国由18个增加为27个,后又增加为54个。

常复杂与耗时，以此途径实现明确“和平之威胁”内涵的目的并不现实。对于后者，学界认为在条约的解释方法上，除了“文本解释”和“缔约意图解释”之外，还有第三种基本解释方法，即将条约的目的和宗旨作为最重要的依据。[1]《维也纳条约法公约》也规定：“条约应依其用语按其上下文，并参照条约之目的及宗旨所具有的通常意义，善意解释之。”[2]具体到《联合国宪章》，宪章第1条明确将“增进并激励对于全体人类之人权及基本自由之尊重”列为联合国的宗旨和目的，因此，将“和平之威胁”的内涵扩大为包含一国国内严重的人道危机在内并不违反宪章的目的和宗旨。至于解释的机关，根据宪章和国际法院规约，国际法院是做出这一解释的合适机关。建议由联大或安理会将该解释事项请求国际法院发表咨询意见，对于国际法院的咨询意见再由联大以决议的形式予以接受。[3]

3. 明确安理会“授权”使用武力的法律依据

由上文分析得知，宪章条款并不包含安理会授权使用武力的内容，安理会授权使用武力的合法性受到质疑。这导致使用武力实施保护责任在宪章框架内存在程序缺陷，虽然安理会目前的实践支持这种授权，但事实与法律之间的这种错位，使得使用武力实施保护责任有可能面临国家利益的挑战：一旦授权行动在实施中出现损害会员国利益的情况，尤其当大国的国家利益牵涉其中时，会员国就可以凭借宪章规定要求联合国停止授权。因此，明确安理会授权使用武力的法律

---

〔1〕 参见[英]马尔科姆·N.肖：《国际法》（第6版），白桂梅等译，北京大学出版社2011年版，第733页。

〔2〕《维也纳条约法公约》第31条第1款。参见白桂梅、李红云编：《国际法参考资料》，北京大学出版社2001年版，第223页。

〔3〕 联合国成立后曾请国际法院对宪章若干条款的解释发表咨询意见，其意见每次均为联合国大会所接受。例如，在1962年7月22日国际法院发布“若干联合国费用”的咨询意见后，联合国大会在同年12月19日以76票赞成、17票反对及8票弃权通过第1854A（XVII）号决议，接受国际法院的意见。参见丘宏达：《现代国际法》，三民书局2006年版，第935页。

依据就成为完善安理会决策机制的重要一环。

明确安理会授权使用武力的法律依据,唯一的途径就是完善宪章相关内容。具体的完善方案,有研究者做过论证,其建议是:在宪章现第47条和第48条之间增订新的第48条,文字阐述为:"安全理事会如认为第41条所规定之方法不足或已经证明为不足时,并在第42条至第47条所规定之行动无法实施的情况下,得授权会员国采取必要之空海陆军行动,以维持或恢复国际和平及安全。安全理事会应当掌握此项经其授权的行动的控制权。"原第48条顺延为第49条,其后条文以此类推。相应的,第39条修改为"安全理事会应断定任何和平之威胁、和平之破坏或侵略行为之是否存在,并应作成建议或抉择依第41条及第42条或第48条规定之办法,以维持或恢复国际和平及安全。"这样安排的理由是,宪章第42条规定的执行行动虽然因为执行机制问题而处于瘫痪状态,但它仍然是集体安全体制下的最佳武力使用方案,在未来的发展中也可能重启执行机制,因此不能取缔。而第43条至第47条都是保障第42条执行行动的配套规定,与第42条构成一个整体,第48条的规定既适用于执行行动又适用于授权行动,因此将授权行动的条款规定在现第47条和第48条之间最合适。[1] 本书赞同此方案。当然宪章的任何修改都绝非易事,克服武力使用程序缺陷的另一选项是完善联合国执行机制,组建联合国军队,详细阐述见下文。

4. 区域组织使用武力只能经由安理会"事先和明确的授权"

采用区域办法使用武力是实施保护责任的途径之一,但区域办法也必须在集体安全体制内经由安理会授权实施。对此,宪章第53条作了明确规定。但关于安理会对区域组织的授权,学界存在两个争论:一是事先授权还是事后授权;二是明示授权还是默示授权。

---

〔1〕 参见詹颖:《安理会授权使用武力问题研究》,西安政治学院2007级硕士学位论文。

关于第一个争论，有观点认为，第53条规定的授权不一定是事先授权，安理会在任何阶段的授权都隐含着对区域组织早先行动的授权。[1] 这一观点如果在保护责任中得到支持，那么联合国对于武力使用门槛条件的掌握、对于人道局势的科学预警与正确评估、对于武力行动的控制与监督都将沦为空谈。对事后授权的承认，无异于鼓励区域组织先斩后奏，因为区域组织往往希望首先使用武力，而后再尝试寻求安理会授权。这将使宪章所确定的安理会对国际和平与安全承担主要责任的集体安全体制遭到严重破坏。因此，对于按照宪章第53条采取的区域武力行动必须坚持由安理会事先授权。

关于第二个争论，有观点认为，第53条规定的授权不一定要求是明示的，只要安理会对区域组织采取的武力行动没有表示反对，就认为是授权了。例如，在古巴导弹危机事件中，美国试图以宪章规定的区域行动为自己对古巴的隔离行动进行辩护，并认为安理会没有谴责美洲国家组织的行动，构成默示授权。[2] 默示授权的观点也动摇了集体安全体制的基础，分析宪章安排，可以看出宪章制定者的意图是由安理会对集体安全承担主要责任，区域方法是作为辅助和补充手段被接受的。如果接受默示授权的观点，将导致安理会对区域组织执行行动控制力的降低，危及安理会在武力执行措施方面的优先权。因此，该观点遭到一些包括西方学者在内的反对。[3] 从使用武力实施保护责任的角度来看，当一国国内严重的人道危机或灾难局势在充分

〔1〕 See J. N. Moore, "the Role of Regional Arrangements in the Maintenance of World Order". In: R. A. Falk, C. E. Black, eds, *The Future of the International Legal Order*. Vol. 3, 1971. 159.

〔2〕 See Leonard Meeker, "Defensive Quarantine and the Law", *American Journal of International Law*, Vol. 57(1963):522.

〔3〕 See Louis Henkin, *How Nations Behave: Law and Foreign Policy*. 2nd ed, New York: Columbia University Press, 1979. 291 – 292.

预警与评估的基础上被明确提交安理会决策时，安理会的决定要么是支持使用武力，要么是反对使用武力，在支持决定难以做出情况下的所谓默示本身就表明了安理会决策者在这一问题上意见的分歧，其实质是对武力使用难以达成一致意见，也就意味着反对使用武力。在此情况下，没有模棱两可的中立态度。所以，由区域组织使用武力实施保护责任只能在安理会的明示授权下实施。

5. 安理会授权使用武力的决议应具有法律上的确定性

为了避免“惨不堪言之战祸”，《联合国宪章》对武力使用做了严格的限制。一切武力使用都必须合乎宪章的规定，其中安理会决定使用武力是合法使用武力的方式之一。但即便如此，如果安理会的有关决议对于使用武力的规定缺乏法律上的确定性，对武力使用的范围、目的、时效、责任等不作出明确的规定，也势必造成武力的滥用与失当，惨不堪言之战祸仍难以避免。

综观迄今为止安理会授权使用武力的历次决议，有的授权用语过于宽泛，有的则较为具体。例如，关于海湾战争的第678号决议，授权联合国会员国“使用一切必要手段，维护并执行第660(1990)号决议及随后的所有有关决议，并恢复该地区的国际和平与安全”。[1] 这里的“使用一切必要手段”与“恢复该地区的国际和平与安全”对于使用武力的范围与目的的规定就太笼统。在最近授权对利比亚使用武力的决议中，存在的主要问题则是没有对使用武力的时间和范围做出明确规定，并且只规定了使用武力进行干预者的权利，而没有为干预者设定相关的责任与义务。[2] 但在索马里维和行动中，安理会的系列决议则避免了“恢复国际和平与安全”这样的宽泛目标，对使用武力

---

〔1〕 联合国文件S/RES/678。

〔2〕 参见李伯军：《从军事打击利比亚看国际干预的法律标准》，载《法治研究》2011年第7期。

的目的做出了相对具体的规定。第794号决议授权秘书长和会员国“为索马里境内的人道主义救济行动尽快建立安全的环境”;[1]第814号决议决定“扩大联索行动部队的编制及任务”;[2]第837号决议在联合国维和部队遭到索马里地方武装袭击后,授权对有关责任人进行逮捕。[3] 可见,安理会在索马里的每一次授权使用武力都有特定的目的,每一次武力使用的升级都有明确的授权。安理会授权使用武力最具确定性的一次是授权武力打击索马里海盗。第1816号决议就授权会员国使用武力“制止海盗及海上武装抢劫行为”的行动范围、期限、使用武力者的责任、合作协调机制,以及安理会的监督责任都作了具体的规定。[4]

诚然,安理会决议的模糊用语有其积极外交意义,模糊的表述及与之相关的较不确定的含义有助于缓解分歧,让有关各方参与进来。但从决议执行的角度来看,模糊的表述则给决议的执行与实施带来了障碍。决议涉及的问题越复杂、越敏感,安理会的授权及其实施条件就越需要直接、具体,尤其在涉及使用武力的情况下,清晰明确的命令和接战规则是十分重要的。因此,安理会为了实施保护责任而决定使用武力,必须吸取以往的经验教训,在授权用语上对武力使用的范围、目的、时效、责任等都要作出详细的规定,以免本来合法的武力使用蜕变为武力的滥用。

(三)行动机制的改革

1. 提高联合国快速反应军事能力

目前执行安理会有关使用武力的决议是通过授权会员国,依靠会

---

〔1〕 联合国文件S/RES/794。
〔2〕 联合国文件S/RES/814。
〔3〕 参见联合国文件S/RES/837。
〔4〕 参见联合国文件S/RES/1816。

员国的军队来实现的。这样一种授权机制从宪章规定看存在程序缺陷,但通过完善宪章条款可以解决这一合法性问题。合法性问题解决了,并不代表解决了授权使用武力的一切问题。从实践来看,授权会员国或某一区域组织,依靠其军队执行安理会有关决议,存在下列问题:(1)兵员与装备不足。"目前,许多国家的武装部队维持执行冷战时期任务所需要的兵员配置,只有不到10%的现役军人可以随时待命出发;此外,很少国家有足够的运输和后勤能力来运送可以出发的人和为其供应物资。这两种情况限制了全球可以提供的人员。"[1]而且这种行动方式严重依赖会员国的出兵意愿,当会员国意愿不足时,联合国将面临无兵可用的窘境。卢旺达大屠杀已经充分暴露了这一问题。1994年5月,随着卢旺达屠杀的继续发展,时任联合国秘书长加利向安理会提出报告,建议将大约5500人装备精良、训练有素的一个旅的正规军空运到卢旺达,以保护身处险境的平民。[2] 但这一建议遭到美国的反对,安理会其他常任理事国也没有主动提出派兵,导致这一计划落空。类似的窘境并不止在卢旺达出现,秘书长经常处于这样的境地,当他接到安理会的决议,明文规定了部队人数时,却不知道是否会得到可部署到现场的部队。即使最后终于有部队抵达战区,也可能装备不足。[3] (2)由于伤亡成本高导致出兵国国内民意不支持。只要是武力行动,就不可避免地会有作战人员的伤亡情况发生。一旦有伤亡发生,政治领袖们就会面临来自国内民意的压力,导致武

[1] "A More Secure World: Our Shared Responsibility", Report of the High-level Panel on Threats, Challenges and Change. para. 216. the United Nations Department of Public Information, 2004. UN Doc. A/59/565.

[2] See "Report of the Secretary-General on the Situation in Rwanda". UN Doc. S/1994/565, available at: http://www.un.org/zh/documents/view_doc.asp? symbol = S/1994/565&referer = http://www.un.org/zh/documents/index.shtml&Lang = E.

[3] See "Report of the Panel on United Nations Peace Operations". para. 108, available at: http://www.un.org/en/ga/search/view_doc.asp? symbol = A/55/305.

力行动不能持久。美军在索马里的情况是对这一观点的恰当佐证。1993年10月在索马里的一场交火中,18名美国游骑兵队员丧生,这直接导致克林顿总统决定从索马里撤军,索马里维和行动归于失败。在民主国家,政府被认为应该对它的公民负责,为它的公民服务,国家是全体公民的国家,只有在保卫国家利益时,使其士兵冒生命危险才是正当的。而为了所谓人道目的出于保护责任,牺牲本国士兵的生命去拯救遥远的陌生人,很难获得国内公民的理解和支持。(3)安理会丧失对武力行动的指挥权。在会员国派出自己的部队执行安理会决议的情况下,各国部队往往直接听命于本国指挥系统,联合国很难对执行行动实现有效控制与指挥。1950年的朝鲜战争中,所谓的联合国军实际上受美国的直接指挥;海湾战争中,多国部队的行动实际上也不受安理会的控制;[1]在索马里,美国派出的陆军游骑兵完全置于第二期联合国索马里行动指挥系统之外,直接听命于位于佛罗里达坦帕市麦克迪尔空军基地的美军中央司令部。[2]

为了保证使用武力实施保护责任行动目标的实现,有必要执行宪章第43条的规定,建立常规联合国军队,提高联合国快速反应军事能力。关于建立常规联合国军队的提议很多。例如,联合国前副秘书长布赖恩·厄克特于1993年发表文章,建议成立一支5000人的高度轻量化的步兵志愿兵部队,该部队在安理会的直接领导下,以对危险冲突爆发早期阶段的暴力活动实施强制干预。[3] 1995年时任秘书长加

---

〔1〕 See Bums Weston, "Security Council Resolution 678 and Persian Gulf Decision Making Precarious Legitimacy", *American Journal of International Law*, Vol. 85, No. 3(1991): 526.

〔2〕 参见[法]让-马克·夸克:《迈向国际法治:联合国对人道主义危机的回应》,周景兴译,三联书店2008年版,第67页。

〔3〕 See Gareth Evans, *The Responsibility to Protect: Ending Mass Atrocity Crimes Once and For All*, Washington, D. C.: Brookings Institution Press, 2008. 215.

利在其《和平纲领补编》报告中也提议建立一支快速反应部队，由会员国志愿提供部队，平时部署在各自国内，按照联合国的要求进行训练。一旦联合国行动指令下达，部队在规定的时间内完成部署。[1]本书设想的联合国快速反应部队应能同时在全球不同地区执行两项武力干预任务，人数以10000为宜，人员由联合国成员国志愿提供，[2]平时部署在各自国内，按照联合国的要求进行训练。执行任务时接受安理会军事参谋团的控制与指挥。

2. 强化武力使用中的责任

保护责任中的武力使用与其他战争行为相比，都属于破坏性的极端措施，为了避免造成不必要的损害，需要遵守一些共同的行为准则，如国际人道法。国际人道法作为强行法，适用于一切武装冲突。事实上，为实施保护责任而使用的武力其所针对的范围和目标都明显窄于全面战争，因此，保护责任中武力使用在遵守国际人道法方面，应适用更高的标准。例如，在实施行动之前为了避免平民伤亡与民用目标附带损伤的预防措施应该更全面与细致。保护责任中武力使用也有与其他战争行为明显不同的特点，主要体现在保护责任中武力使用是以保护平民为目的，而不是如战争行为那样打败与消灭敌人。因此其具体行动目标选择应严格限定在安理会决定的范围之内，采取渐进主义，逐步削弱相关方面侵犯人权、制造灾难的能力；在具体战略战术上，追求有限打击，主张渐增主义，不宜采取通常军事行动追求的出其不意、突袭，压倒性实力使用等行动。总之，尽量减少平民伤亡和物质损害，以增加冲突后阶段恢复的机会，是保护责任中武力使用始终要

---

〔1〕 参见李铁城主编：《世纪之交的联合国》，人民出版社2002年版，第46~47页。

〔2〕 根据联合国和平行动问题小组2000年提交的报告，目前世界上已经有87个国家表示愿意参加联合国维和行动常备军的安排，总兵力可达14.79万，其中31国已经与联合国签署了正式谅解备忘录，做出了承诺。（参见李铁城主编：《世纪之交的联合国》，人民出版社2002年版，第47页。）因此，由各国志愿提供10000人组成联合国快速反应部队当不成问题。

恪守的原则。根据该原则要求,安理会可以研究制定保护责任中武力使用行动准则,以明确武力使用责任,规范保护责任中的武力使用。

(四)监督与责任机制的构建与完善

1. 完善实时报告制度

无论是安理会授权会员国或国家集团采取的执行行动,还是将来依靠联合国快速反应部队执行的武力强制行动,都必须坚持安理会对行动的绝对控制,反对少数国家或国家集团将其意志凌驾于联合国和安理会之上,或打着联合国旗号肆意干涉他国内政。安理会对武力执行行动的控制首先来自被授权国家或国家集团,以及联合国快速反应部队对其执行行动的主动报告。主动报告虽然是执行者的一种主观行为,有时难免偏颇,但对于促进执行者自我约束与增强责任感也是不无益处的,同时它也是安理会掌握执行行动情况的信息途径之一。以往安理会授权使用武力的决议中,也曾有这方面的规定,如授权使用武力打击索马里海盗的第 1816 号决议要求“目前正在同过渡联邦政府合作的国家在 3 个月内向安全理事会通报为履行……授权而采取的行动的进展情况”。[1] 其后的第 1897 号决议又规定“请目前正在同过渡联邦政府合作的国家和区域组织在 9 个月内向安全理事会和秘书长通报为履行……授权所采取行动的进展情况”。[2] 在使用武力实施保护责任时,需要将这样的报告活动制度化,明确报告的时间、内容、报告的对象等。关于报告的时间,为便于安理会及时掌握情况,一方面可以对执行行动实施有效监督,另一方面也可以及时根据情况决定进一步的授权行动或措施,应该坚持及时报告,对于一些重要的战术行动,甚至可以要求提前报告。报告的内容应包括行动目标的选择、作战手段的运用、兵力投入,以及预期与实际的战术后果等。

---

〔1〕 联合国文件 S/RES/1816。

〔2〕 联合国文件 S/RES/1897。

报告应向安理会军事参谋团做出。

2. 实行武力使用中的全面监测

听取执行者的报告是安理会对执行行动实施控制的一个方面，另外，安理会必须在执行行动中实施主动监测，重点监测执行者是否遵守保护责任中武力使用行动准则，有无违反国际人道法的行为发生，行动目标是否在安理会决议范围之内，整个行动对于实现人道保护目的的有效性等。承担行动中主要监测任务的仍然应是安理会军事参谋团。军事参谋团自 1946 年成立以来，一直形同虚设，没有发挥实质作用。有学者将军事参谋团作用的发挥视为完善联合国集体安全机制的重要战略步骤，认为这能改变安理会只能授权行动却无法指挥和控制行动的尴尬局面。[1] 在使用武力实施保护责任的行动中，可以赋予军事参谋团以必要的权威，并提供足够的预算，由它通过派遣军事观察员、建立情报系统等方式对战场实施有效监测。

3. 重视武力使用后的评估与调查

作为全程控制的一部分，在武力使用之后对其实施评估与调查也是非常重要的一个环节。评估主要针对武力使用的效果展开，集中评估武力使用对于保护责任目的实现的有效性。以安理会决议确定的具体目标为依据，以干预目标国人道危机的解除为主要指标，综合评价武力使用给目标国的政治结构、经济发展、文化传承、社会文明和人民生活造成的影响。调查主要针对武力使用过程中的违法行为展开，对武力使用中违反国际人道法和武力使用准则的行为实施全面调查。评估与调查可以由安理会或人权理事会包括秘书长授权成立的实况调查团和调查委员会进行。在利比亚战争中，针对北约在利比亚使用武力一事，人权理事会就授权成立了利比亚问题国际调查委员会展开

---

〔1〕 参见门洪华：《和平的纬度：联合国集体安全机制研究》，上海人民出版社 2002 年版，第 246～247 页。

调查。该调查委员会提交的调查报告认为北约总体上开展了一次高度精确的行动,并且表现出避免造成平民伤亡的决心,但仍有平民在空袭中丧生。[1]

4. 建立保护责任中武力使用的责任机制

"如果保护责任是真正的国际法初级规范,那么对它的违反或不履行就应该有制裁或相应的法律后果,否则,保护责任的法律规范属性就值得怀疑,只能作为软法或政治原则来看待。"[2]在事实调查的基础上,对使用武力实施保护责任中违反国际人道法和武力使用准则的行为进行责任追究是保护责任规范化的必然要求。在这一责任机制的构建中,责任主体的确定是个较为复杂的问题。不管是安理会授权会员国使用武力的情况,还是依靠联合国快速反应部队使用武力,执行行动的军事人员都具有双重身份,一方面是代表联合国执行决议,另一方面又是派遣国军队一员。对其在使用武力中的职务行为造成的损害,是应该归责于联合国还是派遣国?这一问题需要对联合国使用武力的组织和实施机制进行深入考察与分析的基础上,依据国际责任法原理,才能得出正确结论。本书限于篇幅,不做这方面的探究。除了责任主体的确定之外,承担责任的形式也是该机制需要解决的问题。简单来说,保护责任中武力使用是出于保护人类的目的而使用武力实施的干预,如果使用武力造成了新的人道灾难当然是事与愿违,对责任者应该追究责任,其中,由责任者承担赔偿与战后一定范围的重建责任是可行的形式。当然,对于犯有严重罪行的个人,不排除起

---

〔1〕"Responsibility to protect: timely and decisive response", Report of the Secretary-General. UN Doc. A/66/874 - S/2012/578. para. 55, available at: http://www.un.org/zh/documents/view_doc.asp? symbol = A/66/874&referer = http://www.un.org/zh/documents/index.shtml&Lang = E.

〔2〕赵洲:《国际保护责任机制的建构与实施——苏丹达尔富尔问题的实证分析》,载《法商研究》2008年第3期。

诉至国际刑事法院,以追究其战争罪责任。

四、重视发挥区域组织的作用

(一)国际安全领域的区域主义与普遍主义之争

区域主义和普遍主义的争论是围绕国际安全的两种不同实现路径的争论。区域主义者认为,国际安全的实现应以区域机制为主,国际安全可以在世界不同区域内由区域大国主导实现;而普遍主义则强调普遍性世界组织对国际安全的重要作用,主张建立一个普遍性的对国际安全负责任的中央组织。这样的争论在联合国建立之初,随着《联合国宪章》的起草,激烈展开。英国是区域主义的代表,强调区域组织在维护地区安全中的重要作用,认为"只有切身利益受到争端直接影响的国家,才对保证争端的解决具有足够的热情"。[1] 而美国则坚持普遍主义,主张将联合国建设成为一个强有力的国际组织以实现对全球性安全事务的管理。最终普遍主义占了上风,宪章做出了以联合国为主导的、安理会负主要责任的集体安全体制安排,要求各会员国在此集体安全体制下采取统一行动以应对国际和平与安全的威胁。作为对区域主义合理观点的认可,宪章也以第 8 章的形式对区域办法在集体安全体制中的作用作出了规定。第 8 章承认区域机关和区域办法在解决地方争端中的积极作用,但要求其作用的发挥只能作为联合国和安理会主导作用的补充和辅助,如规定没有"安全理事会之授权,不得依区域办法或由区域机关采取任何执行行动";[2]"依区域办法或由区域机关所已采取或正在考虑之行动,不论何时应向安全理事会充分报告之"[3]。此外,宪章第 6 章第 33 条第 1 项将"区域机关或

[1] 许光建主编:《联合国宪章诠释》,山西教育出版社 1999 年版,第 366 页。

[2] 《联合国宪章》第 53 条。

[3] 《联合国宪章》第 54 条。

区域办法之利用”作为各方解决争端的办法之一，第7章第47条第4项指出，军事参谋团“与区域内有关机关商议后，得设立区域分团”。这些规定也反映了宪章对区域主义观点的采纳与体现。

（二）区域组织对于履行保护责任的兴趣与优势

毕竟，联合国建立的背景是第二次世界大战刚刚结束，宪章应对的主要安全威胁是大国冲突导致的世界大战，区域或国家内部的武装冲突还不是当时国际社会关注的重点。但随着国际政治关系的发展和世界格局的转变，地区冲突逐渐取代世界大战成为国际和平与安全的主要威胁，区域主义有了复兴的迹象，区域组织的数量相较于战后初期有了突飞猛进的发展，区域组织在维护地区乃至国际和平与安全中的作用越来越突出，联合国也越来越重视在安全领域与各种区域组织的合作。

在为促进人权而履行保护责任方面，这些区域组织与联合国具有共同的利益，也都表现出极高的兴趣和热情。近年来，若干区域、次区域和其他组织，包括欧洲联盟、非洲联盟、欧洲安全与合作组织、阿拉伯国家联盟、北大西洋公约组织和西非国家经济共同体，都根据宪章采取措施，向易受灭绝种族、战争罪、族裔清洗和危害人类罪之害的人群提供保护。[1] 非盟甚至早于ICISS提出《保护的责任》报告之前，于2000年在其组织法第4(h)条就规定，“联盟有权依照大会决定，在发生下列严重情况时在成员国进行干预：战争罪、灭绝种族和危害人类罪”。[2] 西

---

〔1〕 See “Responsibility to protect: timely and decisive response”, Report of the Secretary-General. UN Doc. A/66/874 – S/2012/578. para. 42, available at: http://www.un.org/zh/documents/view_doc.asp? symbol = A/66/874&referer = http://www.un.org/zh/documents/index.shtml&Lang = E.

〔2〕 参见袁娟娟：《从干涉的权利到保护的责任——对国家主权的重新诠释和定位》，载《河北法学》2012年第8期；Francis M. Deng. “From ‘Sovereignty as Responsibility’ to the ‘Responsibility to Protect’”. *Global Responsibility to Protect*, 2010, Vol. 2(4):353 – 370.

非经共体所有成员国在2005年世界首脑峰会上一致肯定保护责任原则,敦促国际社会为遭受种族灭绝、战争罪、族裔清洗和反人类罪的人提供帮助。[1] 西非经共体委员会并于2012年6月在尼日利亚首都阿布贾举行了一次关于保护责任的地区政策论坛,讨论了国家、地区和国际组织在对保护责任局势做出反应时的相互联系与配合。[2]

这些区域组织由于距实地事件更近,可能掌握更详细的信息,可能对所涉历史文化有更深入的了解,使用或不使用武力的结果可能对他们产生更直接的影响,并且"因为环境的相似性,地区组织更懂得如何在文化层面上处理冲突,因此他们更容易被对外部干预非常警惕的国家政府所接受"。[3] 在苏丹,安理会的系列决议反复指出,非盟在处理苏丹的严峻形势上应该发挥更重要更积极的作用,苏丹政府也更倾向于非盟领导下而不是联合国领导下的部队派驻苏丹。这些都充分说明了区域组织在处理类似问题上的优势。[4] 因此,安理会在决定使用武力实施保护责任时,充分发挥区域组织的作用,加强与它们的沟通与合作非常重要。

(三)区域组织在实施保护责任中的具体作用

区域组织在使用武力实施保护责任方面的优势首先体现在危机的早期预警与评估方面。目前,一些区域组织已经制定了相应的规章

---

[1] GCR2P, "ECOWAS wants member countries more responsive in protection of citizens", available at: http://www.globalr2p.org/resources/339.

[2] GCR2P, "Report of Regional Policy Forum on the Responsibility to Protect", available at: http://www.globalr2p.org/media/files/ecowas_report_on_regional_policy_forum_on_r2p.pdf.

[3] Hollywood D. M.. "It Takes a Village or at Least a Region: Rethinking Peace Operations in the Twenty First Century, the Hope and Promise of African Regional Institutions", *Florida Journal of International Law*, 2007 (1):75 - 154.

[4] 安理会没有在苏丹实施武力干预,只是派出了维和部队,但在安理会认可非盟在危机处理中的作用以及苏丹政府对非盟的接纳问题上,派出维和部队与使用武力实施保护责任是相同的。

加强危机的早期预警。这方面最为明显的是欧安组织，该组织专设有少数民族事务高级专员（HCNM），其责任就在于遇有严重冲突风险的情势时，发布早期预警信号，在冷战后欧洲控制次国家冲突的过程中该高级专员发挥了重要作用。联合国与其区域伙伴在收集和交流信息、比较各自的文件记录、交流对共同关心的局势的评估结果等方面有着天然的协同增效作用。安理会在特定情况下决定使用武力时，也可能需要考虑周边国家和区域组织的意见。这时，如果全球和区域两级的政府间机构一致赞同采取类似行动，则可以最大限度地提高危机反应效率。在这种情况下，就政治合法性而言，这两级的决策可以相辅相成。在行动能力上，区域组织也可以发挥积极作用。目前，欧盟关于建立战斗后备队的决定和非盟关于建立非洲后备能力的决定，是对安理会军事执行能力极为重要的补充。此外，这两级机构还可以在联合培训文职和军事人员，在执行行动中开展人员交流等方面进行协同与合作。

总之，发展联合国的能力不应与许多区域组织正在做出的努力相竞争，区域组织的努力并不一定同联合国的努力背道而驰。在使用武力实施保护责任问题上开展联合国与区域组织的协作是国际社会落实保护责任的关键一环，是推进保护责任的可靠途径。

第五章　中国应对保护责任中武力使用的策略思考

一、保护责任及其武力使用给我国带来的机遇与挑战

（一）维护我国重要战略机遇期要求营造有利的国际环境

“21世纪头20年，对我国来说，是一个必须紧紧抓住并且可以大有作为的重要战略机遇期。”[1]“牢牢抓住和用好我国发展的重要战略机遇期，是我们赢得主动、赢得优势、赢得未来的关键所在。”[2]所谓战略机遇期是指国内外环境在得到正确把握的前提下，能够为其长远经济社会发展提供良好的条件，对其历史命运产生全局性、长远性、决

---

〔1〕《十六大报告辅导读本》，人民出版社2002年版，第17页。

〔2〕《胡锦涛总书记在庆祝中国共产党成立90周年大会上的讲话》，载西安政治学院训练部编：《胡锦涛总书记“七一”重要讲话理论解读》，第12页。

定性影响的某一特定历史时期。[1] 从世界形势来看,在20世纪90年代中期以后,冷战结束对世界的直接冲击基本过去,世界开始进入新的发展阶段,以经济为基础、科技为先导的综合国力竞争正在取代冷战时期大国间以大规模军备竞赛为主要表现的全面对抗。从国内环境来看,到20世纪90年代末,我国已经实现了"三步走"国家战略的第二步战略目标,人民生活总体上达到小康水平。21世纪头20年,我国将集中力量,全面建设惠及十几亿人口的更高水平的小康社会。国内国际因素共同形成的历史合力促成了中国重要战略机遇期的形成。抓住这一重要战略机遇期将有利于中国经济融入世界经济体系;有利于国内稳定和国家的统一;有利于新技术革命在国内的开展与深入;有利于实现中华民族伟大复兴的"中国梦"。但机遇也意味着挑战,挑战与机遇往往相伴而生,尤其是外部环境的考验是长期的、复杂的、严峻的。首先在经济上,随着"走出去"战略的实施,中国在同世界各国开展经济合作的同时,也带来经济竞争与摩擦;其次在政治上,西方国家并未放弃"西化""分化"中国的战略;再次在安全上,虽然总体安全环境较好,但周边安全环境问题较为突出,一些国家同中国有领土、领海权益等利益纠纷;最后在战略上,中国同唯一超级大国美国之间的战略互信一直处于若有若无状态,建立并深化中美战略互信仍是中国外交的一个难题。在当前中国抓住、实现、延长战略机遇期的进程中,"关键在于科学评估中国特色社会主义所面临的外部环境并做出妥善应对"。[2]

第一,要妥善处理大国关系中的合作与竞争。冷战结束以来,大

---

〔1〕 参见易金务:《关于重要战略机遇期的答问》,载《人民日报》2004年1月19日第9版。

〔2〕 曲星主编:《国际战略环境的新变化与中国战略机遇期的新阶段》,世界知识出版社2012年版,第280页。

国关系的基本特点已不再是结成对立的阵营进行军事对抗，而是更多地注意各方面的竞争与合作，并把重点放在设法增进合作和缓解矛盾，尤其是避免对抗上。世界各国包括主要大国都承认，各国在维护世界和平与争取发展的问题上存在共同利益，可以在维护并扩大共同利益中获得自己应得的一份。因此多数国家特别是大国之间都在致力于防止固有的和新产生的分歧激化和失控。虽然美国一直力图主导世界，但由于多极化的发展，国际关系在民主化方面还将取得进步，这为中国发展和改善与各大国的关系创造了有利条件。近年来，中国同世界各大国广泛建立了各种类型的合作与伙伴关系，相互之间正形成一种新的合作与竞争模式。如何在维护中国自身利益的同时更好地与各大国实现机遇共享，是中国维护重要战略机遇期的重要问题。

第二，要大力加强周边合作，建立巩固的地缘战略依托。对中国维护重要战略机遇期来说，在周边巩固和加强地区性依托，意义举足轻重。从国际合作条件来看，区域合作具有区位和文化方面的双重优势，是我国内环境和域外大环境之间的中间环节，既可补充域外有利因素对我国助益之不足，又是减轻域外各种冲击和缓解全球化负面影响的有力屏障。为了给国内经济建设营造一个良好的周边安全环境，维护国际和地区的和平与稳定，中国自 20 世纪 90 年代以来与周边国家和地区大力发展了经济合作。同时，还依据形势特点在周边地区积极推动和促进区域安全合作，取得了一系列积极成果。但由于少数国家对中国提出不合理的领土主张，并试图借助西方大国的力量来同中国博弈，导致中国周边地缘战略仍然面临考验。应对考验，巩固周边战略稳定，仍然是当前中国维护重要战略机遇期的客观要求。

第三，要巩固和加强与发展中国家的团结与合作。中国是一个发展中国家，历来重视发展同广大发展中国家的友好关系，始终把加强和发展同发展中国家的团结与合作视为中国外交政策的基石。从政治上说,维护世界和平与发展离不开发展中国家;从经济发展角度来看,密切与发展中国家之间的经贸关系,对中国实现持续、快速、稳定的经济发展也是不可或缺的;从安全利益来看,促进与发展中国家特别是中国周边的发展中国家的友好关系对中国维护自身的安全非常重要。但近年来,受国际局势变化和自身发展等多种因素影响,发展中国家本身也发生了一些深刻变化,如除少数国家外,发展中国家作为一个整体经济发展缓慢,有的国家还出现了倒退现象;由于发展水平参差不齐,各国利益也不尽相同,导致发展中国家分化现象日趋严重,削弱了发展中国家的整体力量;民主化浪潮对发展中国家政局产生了深远影响,许多发展中国家在不同程度上出现了政局不稳和社会动荡。因此,进一步巩固和加强与发展中国家的团结与合作,是帮助发展中国家发展进步,促成世界和平与稳定,维护中国战略机遇期的多赢举措。

(二)保护责任及其武力使用对国家安全与发展带来挑战与机遇

保护责任及其武力使用,对传统国家主权观念提出了挑战,并进而对国际秩序产生深远影响,尤其是一旦保护责任及其武力使用在联合国获得认可,成为具有约束力的国际法规范,那么各国内政与外交将不得不因之而做出调整。从我国观点来看,挑战与机遇并存。

1. 国内人权状况将面临国际社会更严苛的审视,但也为我国人权事业的发展提供了机遇

保护责任的基本理论依据就是新型安全观——将人的安全与权利提高到与国家主权同等的地位,认为一国国内的人权状况不再是单纯内政问题,而是关系国际和平与安全的重要问题。从而,国际社会将关注与改善一国国内人权状况作为自己的责任,主权国家也对国际社会承担人权责任。而由于意识形态的原因,我国的人权状况一直是西方国家指责与非议的对象,他们以西方的人权价值观为指标,对我

国人权事业横加指责，不顾我国人权保护事业取得的历史进步，无限放大与聚焦我国人权保护工作中的个别失误，从而达到诋毁与丑化我国际形象，培植敌对势力、异见分子的目的。保护责任的提出及其规范化的发展，必将给西方国家继续指责与干预我人权事业提供口舌。但我们也应当看到，追求人权和人权保护与我们的社会主义建设事业并行不悖，也是我国发展目标之一。社会主义国家以解放和发展生产力为手段，最终要实现人的全面发展与自由。保护责任规范的确立，将有利于我国履行国际人权义务，有利于我国在人权领域开展广泛的对话与合作，最终促进我国人权事业的发展。

2. 对我国坚持独立自主的外交政策提出挑战，但也为我树立负责任大国形象搭建了平台

独立自主是我国处理对外关系的基本原则。它意味着在国际关系中，不依附于任何大国或国家集团，不屈服于任何外来压力，强调实事求是，一切从中国人民和世界人民的根本利益出发，根据事物本身的是非曲直，做出自己的判断，决定自己的态度。中国奉行独立自主的政策，也尊重他国奉行独立自主的政策。新中国成立以来，我国坚持独立自主外交政策，同世界上绝大多数的国家和地区发展了政治、经济、贸易关系和文化交流，建立了新型合作关系，在世界上赢得了信誉，获得了越来越多的朋友；我们形成了自己的外交风格，提高了我国的国际威望。但对于保护责任这样的国际规范，由于它是由西方发达国家主导建立，一切行为模式与法律后果都是西方发达国家话语权的体现，反映的是西方的所谓民主价值观，一旦我国在国际事务中坚持独立自主，坚持按照事物本身的是非曲直主持公平、伸张正义，必将遭到西方国家的反对甚至孤立。苏丹达尔富尔的例子颇有说服力。根据保护责任理论，中国政府承认苏丹政府负有保护公民的首要责任，但是对于国际社会是否进行干预，始终认为应该首先发挥联合国和非

洲联盟的作用，严格限制不必要的军事干预。中国政府这一主张显然触及了少数西方发达国家在这一地区的利益，他们无视中国政府在解决苏丹达尔富尔问题中发挥的重要作用，利用国际舆论混淆视听，对中国横加指责，使中国政府承受了很大的压力。但事实胜于雄辩，达尔富尔局势的发展最终证明了中国政策是基于不掺杂一丝私利的独立判断，中国是世界各国人民可以信赖的伙伴，这也是负责任大国的应有形象。

3. 我国的主权保护将面临更严峻的形势，但也为我反对人道主义干预提供了有力武器

如前所述，国家主权的内涵正由传统的权力向现代的权力与责任转变。但这一变化更多地反映了西方发达国家的价值观，对于广大发展中国家来讲，作为责任的主权更多地意味着来自外部干预的压力。尤其是对于我国这样一个尚未实现国家统一的发展中大国，在发展经济、关注民生的同时，维护国家主权统一领土完整的任务还很重。除了台湾地区、"疆独""藏独""三股势力"海洋权益等问题都还是困扰我国主权的现实问题，也是西方敌对势力试图遏制我国和平发展和平崛起，乃至分裂我国领土完整的着力点。保护责任理论的提出正给了这些敌对势力侵犯我主权提供了借口与理由。但也应当看到，保护责任既有对"主权平等"与"不干涉内政"原则冲突的一面，也有对人道主义干预进行限制的一面。保护责任本身就是作为对人道主义干预的矫正而出现的，尤其随着在联合国体制内对其不断规范与制度化，它对国家主权的冒犯必将降到最低，那些霸权国家抛开联合国而实行的单边人道主义干预必将遭受越来越多国际正义力量的声讨和国际法的压力，即使是在联合国框架内的人道干预也必将越来越规范，更多地顾及主权权能。总之，保护责任也是我国将来反对人道主义干预的有力武器。

4. 赋予了我国更多的国际义务,但也为我国将自己的价值和利益诉求嵌入新的国际规范提供了可能

保护责任将国内人权保护视为是主权国家的首要职责,同时也是对国际社会的义务。一旦保护责任获得国际法规范的地位,则对内承担保护人权的责任、对外承担国际保护责任就成了世界各国不容回避的法律义务。尤其是对于我国这样一个尚处于社会主义初级阶段的发展中国家,国力尚不强大、经济尚欠发达、自身发展很不平衡,国内人权保护必须与我国经济发展水平相适应,国际保护责任也必须与我国综合实力相称,而不顾经济社会发展水平,一味强调责任的做法将使我国背上沉重的负担,反而不利于我国主权权能的提高和国家利益的维护。但事物都是一分为二的,保护责任的规范化可能使得我国承担更多的国际义务,也提供给我国参与国际规范的形成过程、最大限度地将自己的价值和利益诉求嵌入国际规范的机遇。长期以来,国际规范与规则的制定与实施,对政治、经济与社会发展水平相对低下的国家总是不利的。因为在国际政治格局中,掌握较多话语权的总是部分发达国家,国际规范与规则也更多反映它们的利益与价值。既然历史提供给我们一个参与新的国际规范形成的机会,我们就不能忽视。要在联合国框架内,积极参与保护责任的磋商与会谈,充分表达我国的立场与观点,以使该规范最大限度地体现与反映我国的国家利益与诉求。

二、我国应对保护责任中武力使用的基本策略

(一)立足自身发展,提高主权能力

保护责任的理论基础之一是“负责任的主权”,即认为国家主权不仅意味着对内对外的权力,还意味着对内对外的责任。新中国成立以来的主权实践充分体现了主权的这一责任内涵。在对外关系上,中

国坚定奉行独立自主的和平外交政策，坚持各国不分大小主权一律平等，不干涉别国内政，在和平共处五项原则基础上全面发展与各国的友好合作；中国充分尊重各国维护本国利益的正当权利，充分顾及他国正当关切和利益，反对的是霸权主义和非正当国家利益。在对内关系上，坚持科学发展，促进社会和谐，改善人民生活，增进人民福祉，是中国政府治国理政的基本遵循和主要原则。中国“现代主权的形成以维护本国人民的生存发展为首要使命，从一开始就具有了主权对国内人民负责的正当性和合法性”。[1]

但国际政治的充分民主尚未实现，少数强权国家推行霸权主义的野心与行径是当前发展中国家主权维护的主要障碍，尚未发展成熟并得到严格科学规范的保护责任理论存在被滥用的危险，容易被强权国家用作为打开别国主权防御的工具。在此情况下，作为中国这样的发展中国家，唯有立足自身发展，增强综合国力，想方设法提高主权能力，才是维护国家主权的根本途径。党的十八大已经为建设中国特色社会主义，实现社会主义现代化和中华民族伟大复兴绘制了总蓝图。本书依据保护责任及其武力使用与国家主权维护之间的直接脉络关系，认为要将滥用保护责任及其武力使用对我国家发展与安全的影响降到最低，以下几方面的发展与改革不容忽视。

1. 继续全面提高人权保护水平

中国政府历来重视人权保护工作，“在以人为本、全面协调可持续发展的科学发展观指导下，中国将人权事业的发展与经济建设、政治建设、文化建设、社会建设和生态文明建设相结合，把保障人民的生存权、发展权放在首位，努力促进经济、社会和文化权利与公民、政治权利的全面、协调发展。经过多年不懈努力和奋斗，中国的人民生活

---

〔1〕 赵洲：《迈向责任理念的中国主权及其实践》，载《南京社会科学》2009 年第 5 期。

水平、民主建设水平、依法治国水平、文化发展水平、社会保障水平、环境保护水平都迈上了一个大台阶。但中国是一个发展中的大国，人口众多，区域差异较大，资源有限，环境和生态保护压力大，发展中不平衡、不协调、不可持续问题依然突出。国家各项事业发展中关系人民群众切身利益的问题还较多，需要继续付出艰苦努力加以解决。在中国，实现更高水平的人权保障，任务依然十分繁重”。[1]

在经济权利方面，要继续深化经济体制改革，加快产业结构调整，大力发展第三产业，促进城乡就业，持续提高居民收入水平，实现改革成果全民共享。公民与政治权利方面，要在坚持民主集中制的基础上大力推进政治体制改革，完善人民代表大会制，改革选举办法，发扬民主、改进作风，提高公民政治参与度；深化行政体制改革，保证公民享有广泛的政治权利和自由。在保障公民社会权利方面，要关注群众现实利益问题，重视公民社会保障权利、健康权、受教育权和环境权的实现。以保障和改善民生为重点，进一步健全基本公共服务体系，推动教育事业、社会保障体系建设、全面医保、保障性住房建设快速发展，要树立尊重自然、顺应自然、保护自然的理念，努力建设美丽中国，使公民的环境权益得到切实保障。文化权利方面，要以文化体制改革创新为突破，激发社会文化创造力，全面满足城乡居民的文化需求。

2. 完善对严重违反国际人权法与人道法行为的国内惩治法律体系

目前，国际社会较为接受的主张是将保护责任及其武力使用适用于“灭绝种族、战争罪、族裔清洗和危害人类罪”四种情形，因为这四种情形是国际人权法和人道法所明确禁止的国际罪行。将以这四种罪行为典型的严重违反国际人权法与人道法的行为纳入国内法律惩

---

〔1〕 中华人民共和国国务院新闻办公室：《2012 年中国人权事业的进展》，载《人民日报》2013 年 5 月 15 日第 019 版。

治体系，一是国家履行国际法义务的需要；二是履行保护责任中预防责任的需要——保护责任包括预防责任、反应责任和重建责任，其中主权国家“确保追究侵犯人权行为及过去的暴行罪”，有助于预防这些行为；[1]三是维护国家主权的需要——国际罪行国内惩治的本质是由主权国家行使对相关案件的管辖权，而司法管辖权是国家司法主权的体现，是国家主权的一个方面，完善相关国内法律制度可以防止他国利用此空白干涉本国内政。

审视我国目前的立法实践，实体法上主要是在《刑法》中用少数条款对战争罪的部分罪名作出了规定。这些规定，从罪名覆盖面来看，无法涵盖国际战争法关于战争罪的所有罪行，更不必说对于灭绝种族、族裔清洗和危害人类等罪行的规定尚属空白。从适用对象来看，现有规定的犯罪主体主要限于中国人民解放军和中国人民武装警察部队的现役军官和警官、文职干部、士兵和具有军籍的学员以及执行军事任务的预备役人员和其他人员，无法适用于境外军人及其他人员。程序法上，在我国对于刑法中规定的战争罪行的追究适用普通刑事诉讼程序进行，存在的主要问题是由于战争罪，以及灭绝种族、族裔清洗和危害人类罪等多数发生于武装冲突中，具有战时的特殊性，普通刑事诉讼程序对此特殊性顾及不够。因此，必须重视对有关国际人权法和人道法的国内转化工作，首先，要从宪法层面，理顺国际法与国内法的关系；其次，在现行刑法典中纳入我国缔结和加入的国际人权法和人道法的相关罪名；最后，完善追究严重违反国际人权法和人道主义法罪行的法律程序。

---

〔1〕“Responsibility to protect: State responsibility and prevention”, Report of the Secretary-General. UN Doc. A/67/929 - S/2013/399, para. 40, available at: http://www.un.org/zh/documents/view_doc.asp?symbol=A/67/929&referer=http://www.un.org/zh/documents/index.shtml&Lang=E.

3. 解决台湾地区问题,实现国家完全统一

当今世界,和平与发展仍然是时代主题,国际力量对比总体朝着有利于维护世界和平方向发展,但世界仍不安宁,霸权主义、强权政治有所上升。中国一贯坚持独立自主的主权立场,但西方一些国家始终没有放弃冷战思维,仍然用意识形态标准来判断国家行为,利用各种机会干涉中国内政。尤其是中国领土统一问题尚未完全实现,外国势力频繁插手,企图使该问题长期化、国际化,达到阻碍中国和平发展的目的。因此,能否实现国家完全统一,是关系中国能否有效维护主权、反对外部势力干涉的重大问题。

自从顺利收回香港和澳门的主权后,中国当前在国家统一问题上最棘手也最为复杂的是台湾问题。但应当看到,中国经过 30 多年改革开放和现代化建设,国家经济实力和综合国力都上了一个大台阶,国际地位和国际影响力显著提升,反西方大国介入能力有所增强,实现祖国和平统一有了较为坚实的物质基础和实力保障。同时,受大陆长期政策的积极影响和岛内政治、经济、社会发展现实的警示,“台独”在两岸尤其是台湾岛内民意支持率越来越低,分裂不得人心,和平统一大势所趋。今后在台湾问题上,我们应继续坚持一个中国原则,坚持和平统一、一国两制方针,反对“台独”,坚持“九二共识”共同立场。具体政策上,鼓励经济优先,推定两岸共同市场发展,加快各项贸易协定的缔结与实施,着眼长远,帮助台湾地区实现经济恢复发展,密切两岸经济联系,让台湾人民在两岸的经济交往中得到实惠得到利益。发挥两岸同宗同源的文化优势,积极培育中华民族传统文化基因,扩大两岸文化交流与合作,提高两岸文化的认同感,以文化的亲和力、感召力消除两岸同胞的隔阂感、疏远感。创新特殊时期两岸政治交往形式,加强与岛内统一势力的协调配合,积极争取中间力量,孤立反对势力,鼓励民间交流,采取各种形式扩大两岸政治共识与互信。

同时，针对台湾岛内分裂倾向的发展和某些外国势力的干涉表示，一方面要努力用和平方式实现统一，另一方面不能承诺放弃使用武力。在很大程度上，能否解决台湾问题不仅关系到中国维护国家主权的信心和能力，更是对中国维护自己主权意志提出的严峻考验。

4. 加快国防与军队改革，提高反干涉军事能力

国家主权、安全和领土完整，始终是国家的核心利益，而巩固的国防和强大的军队是国家主权、安全、领土完整的坚强后盾。面对外部势力的干涉企图，包括极端情况下的武力干涉可能，最可靠最有力的应对当是建设巩固的国防和强大的军队，提高反干涉军事能力，有效维护国家利益，为全面建成小康社会提供重要力量支撑和坚强安全保障。

进入21世纪新阶段，国际战略竞争更加激烈，科学技术特别是信息技术迅猛发展，世界新军事革命进入了新一轮的加速发展阶段。中国深化国防和军队改革，推动中国特色军事变革深入发展，是应对世界新军事革命挑战的必然选择，也是努力缩小与世界强国在军事实力上的差距、掌握军事战略竞争主动权的必然举措。深化国防和军队改革，必须紧紧围绕党在新形势下的强军目标，着力解决制约国防和军队建设发展的突出矛盾和问题，实现国防和军队现代化建设各个领域整体性变革。要努力推动军事理论、武器装备、组织体制、军事训练以及保障方式创新，破解制约军队建设和战斗力提升的深层次矛盾。要始终着眼于构建中国特色现代军事力量体系，调整优化作战力量结构，健全有利于联合作战的体制机制，推进作战要素融合集成，加快形成精干、联合、多能、高效的信息化军事力量体系。中国共产党第十八届三中全会通过的《中共中央关于全面深化改革若干重大问题的决定》已经就深化国防与军队改革问题作出了具体部署，提出了“深化军队体制编制调整改革”“推进军队政策制度调整改革”“推动军民融

合深度发展”的改革要求，全党全国上下必须统一思想，凝聚意志力量，确保改革目标的实现。

(二)加强保护责任研究，在保护责任理论建构中争夺话语权

“国际法历史发展的轨迹证明了调整国际关系的国际法具有鲜明的地域性色彩，国际法始终在民族国家立场的推动和影响下辩证发展”，[1]各民族国家的国际法立场、国际法理论是国际法整体良性发展的基础。随着中国在国际社会的地位逐渐提高，国际影响力逐渐加强，中国在国际舞台上话语不鲜明、话语能力不足的问题显现出来。国际法中国理论的薄弱客观上影响了中国在众多国际问题上向世界做出论据充分的立场阐释和对面临的法律问题提出切实可行的制度建议。因此，提高中国国际法话语权、形成具有中国特色的国际法理论成为客观需要和主观期待。从保护责任的中国理论研究来讲，需要有针对性地做好以下工作。

1. 设立专门研究机构，促进国内对保护责任研究的深入开展

如前所述，自2005年之后，保护责任进入国内学者研究视野，并很快引起了国际法和国际关系研究者的兴趣，推出了一批有见地的研究成果。尤其是近两年来，国内关于保护责任的研究成果明显增多，各大学和研究机构的硕士，乃至博士论文均有以此为选题的，研究不断深入。但历数国内研究现状，仅在形式上与国外同课题的研究相比，即至少存在两项不足：一是缺乏专门研究组织，研究者单兵作战，显得力量不足。目前国内未见专门以保护责任为主题的研究机构，有关学术论文均为个人研究成果，由分散各地和各机构的研究者根据个人研究兴趣和理论背景做出，缺乏组织，没有形成研究合力。而在西方国家，致力于保护责任的专门研究机构有加拿大“保护的责任”中

---

[1] 何志鹏：《国际法哲学导论》，社会科学文献出版社2013年版，第335页。

心(Canadian Centre for the Responsibility to Protect)和“保护的责任”亚太研究中心(Asia-Pacific Centre for the Responsibility to Protect),还有致力于保护责任宣传与推广的非政府机构——“保护的责任”国际联盟(International coalition for the responsibility to protect)和“保护的责任”全球中心(The Global Centre for the Responsibility to Protect)等。这些机构组织有自己的研究人员,并与世界上的其他国际组织、政府组织、学术团体开展交流与合作,通过专题研究、召开国际研讨会、参与联合国和世界人权组织及其他区域国际组织的对话交流等形式,广泛制造影响,宣传西方价值观,推动保护责任向规范化方向发展。二是研究成果分量不足,至今未见系统深入的研究专著面世。国内可见的关于保护责任的研究成果主要是学术期刊上发表的学术论文和学位论文,显得系统性不足,成果分量不够,至今未产生有影响的研究专著。反观国外的研究,除了数量更为可观的学术论文,目前已经有多部研究专著出版,其中影响较大的有加雷思·埃文斯教授著的《The Responsibility to Protect:Ending Mass Atrocity Crimes Once and For All》、[1] Alex J. Bellamy 教授的《Responsibility to Protect》、[2] James Pattison 著的《Humanitarian Intervention and the Responsibility to Protect》[3]等。

因此,有必要改变单打独斗、各自为政的现状,设立专门的研究机构,整合现有研究力量,加强国内研究者的交流与合作,推动国内保护责任研究向更高层次发展。本书建议在“中国国际问题研究所”设立“保护责任研究中心”,就保护责任在联合国的规范化发展进行跟踪研究,主导国内学术界就保护责任问题开展的对外学术交流活动,为

---

〔1〕 Brookings Institution Press, 2008.

〔2〕 Polity Press, 2009.

〔3〕 Oxford University Press, 2010.

国家有关部门提供决策参考。同时,鼓励各民间机构,主要是各大学与科研院所,设立保护责任研究机构,对有价值的研究课题进行项目扶持与资金资助,并积极搭建学术平台,为国内致力于保护责任研究的学者提供交流与合作的机会,促进国内有关研究繁荣发展。

2. 加强与西方理论界的联系与交流,在保护责任理论建构中发出中国声音

总体上,国际法是近代欧洲文明的产物,[1]它以"希腊与基督教西方文化为依据",[2]西方国家在国际法的形成中发挥了更多的作用和影响。但第二次世界大战以来,新兴国家的兴起,第三世界的形成,也使国际法发生了一些改变。闭关锁国是不行的,任何国家都不能孤立于国际社会之外,理论研究也是如此。中国国际法研究必须加强国际交流与合作,跟踪国际法发展的进程,积极参与国际法的运作和发展。必须根据中国国情和有关情况,提出本国的见解和主张,提高参与能力和水平,增强影响力。这方面,举办和参与国际研讨会是一个可行的途径。当前,世界很多国家和地区——尤其是发展中国家,都很重视借助国际研讨会或专题论坛,向世界阐述自己关于保护责任的见解和主张。例如,2012 年 8 月 23 日在巴西,由巴西主要研究机构联合"保护的责任"全球中心、斯坦利基金会,举行了关于保护责任的理论研讨会,探讨巴西总统在第 66 届联大上提出的"保护中的责任"(Responsibility While Protecting)问题,对"保护中的责任"在全球达成共识起到了非常重要的促进作用。[3] 2012 年 6 月 13 日在尼日利亚首都阿布贾,西非国家经济共同体举办了关于保护责任的地区政策论

---

〔1〕 参见[美]阿瑟·努斯鲍姆:《简明国际法史》,张小平译,法律出版社 2011 年版,"译序"。

〔2〕 [美]孔慈:《变动中之国际法》(上),王学理译,商务印书馆 1971 年版,第 1 页。

〔3〕 See GCR2P, "Conversation on the 'Responsibility While Protecting' in Brazil". available at: http://www.globalr2p.org/resources/340.

坛，邀请联合国、区域组织、外交使节团、民间社团组织和研究机构参加，向世界很好地解释了该地区国家关于保护责任的政策蓝图。[1] 2009年2月26日至27日在墨西哥城召开了拉丁美洲和加勒比地区保护责任区域论坛，24个拉丁美洲国家政府代表和学术界与民间社团社会代表充分表达了该区域国家在保护责任问题上的立场。[2]

中国也曾于2011年5月9日，由中国国际问题研究所联合北京外国语大学联合国与国际组织研究中心举办了以保护责任为主题的学术研讨会，邀请了来自澳大利亚的"保护责任"亚太研究中心、中国国际问题研究所、外交部条法司和北外联合国与国际组织研究中心的相关学者出席。会上，国内外学者就保护责任做了主题发言和讨论交流。但这次研讨更多的是为国内研究者提供的一次学术交流活动，国际影响力有限。今后，国内研究机构和学者应该更多参与和组织国际性学术交流活动，要注重与联合国等国际组织的合作，注重学术研讨与政策论坛相结合，提高层次，扩大影响，为保护责任理论建构做出中国独有的贡献。

（三）维护联合国权威，坚持联合国框架下的集体安全体制

"集体安全机制是以国际组织为基础的，通过对武力使用实施法律管制，以集体办法维持国际社会普遍和平与安全的国际制度。"[3] 第二次世界大战后宪章所确立的联合国框架下的集体安全体制是以联合国为依托，由安理会承担维持国际和平与安全主要责任的国际制

---

〔1〕 See GCR2P, "ECOWAS Regional Policy Forum", available at: http://www.globalr2p.org/resources/339.

〔2〕 See GCR2P, "Regional Forum for Latin America and the Caribbean on Responsibility to Protect", available at: http://www.globalr2p.org/resources/362.

〔3〕 杨泽伟主编：《联合国改革的国际法问题研究》，武汉大学出版社2009年版，第368页。

度,尤其是“使用武力被置于安理会严格和完全的控制下”。[1] 1945年创立的这一体制“是革命性的”,[2]它“确立了第二次世界大战结束以来以宪章为核心的国际法律秩序”,实现了人类历史上第一次超过半个世纪之久的广泛和平,近70年的实践证明,联合国框架下的集体安全体制“具有不可替代的正当性和生命力”。[3] 维护联合国权威,坚持联合国框架下的集体安全体制,对于维护我国重要战略机遇期,改善国家安全环境也有重要意义:它有助于我国与世界各国增强政策互信,进行互利合作,破解安全困境;有助于我国反对霸权主义强权政治,维护国家主权与领土完整;有助于我国在多边合作的基础上解决三股势力等非传统安全威胁问题。维护联合国权威,对于我国来讲,一方面要维护国际法现有原则和机制的地位,反对任何国家绕开联合国采取行动;另一方面要着力解决联合国目前遇到的种种问题,加强作用,提高效率。

1. 捍卫“主权平等”“不干涉内政”等国际法基本原则的既有地位

关于国际法基本原则的地位与作用,西方学者认为,国际法基本原则“构成了最高的法律标准,可以视为国际共同体的宪政原则”,[4]“反映了国家间交往的核心规则”。“由于其作用巨大,它与国际秩序的细节和技术性内容是不同的。”[5]我国著名国际法学者王铁崖先生认为:“国际法的基本原则和强制法规则有相同之处”,[6]它们“是那

---

[1] Ian Browlie, *International Law and the Use of Force by States*. Oxford University Press, 1963. 273.

[2] [意]安东尼奥·卡塞斯:《国际法》,蔡从燕译,法律出版社2009年版,第426页。

[3] 余敏友、马冉:《联合国集体安全体制对使用武力的法律控制》,载《武大国际法评论》(第5卷),武汉大学出版社2006年版。

[4] [意]安东尼奥·卡塞斯:《国际法》,蔡从燕译,法律出版社2009年版,第65页。

[5] [德]沃尔夫刚·格拉夫·魏智通主编:《国际法》,吴越、毛晓飞译,法律出版社2002年版,第43页。

[6] 王铁崖主编:《国际法》,法律出版社1995年版,第49页。

些被各国公认的、具有普遍意义的、适用于国际法的一切效力范围的、构成国际法的基础的法律原则"。[1] 国际实践表明,国际法基本原则体现了国际法的法律约束力,在促进国际法治和建设国际和谐社会方面具有重要作用。

联合国框架下的集体安全体制将维持国际和平与安全的主要责任,尤其是使用武力的垄断权赋予了安理会,但安理会行使权力并非无所顾忌,"国际法院在西南非洲案的咨询意见中明确表示:虽然《联合国宪章》第24条赋予了安理会维护国际和平与安全所必需的权力,但对这些权力的行使还是有限制的,对这些权力进行限制的唯一基础是《联合国宪章》第1章所确立的根本原则和目的"。[2] 宪章第1章所确立的这些原则既是国际关系的基本准则,也已经发展成为公认的国际法基本原则,它们是:国家主权平等原则、和平解决国际争端原则、禁止使用武力原则、不干涉内政原则、善意履行国际义务原则等。此外,1970年《国际法原则宣言》又将"国际合作"和"民族平等与自决"宣布为国际法基本原则。其中,国家主权平等原则被公认为是这一国际法基本原则体系的核心。[3]

国际法的发展适应国际政治与国际关系变化的需要,日新月异,但国际法基本原则应具有一定的稳定性与指导性。保护责任理论的产生与发展迎合了国际社会某种安全与利益的需要,对其进行规范的过程,以及联合国配套改革措施的跟进,必然会对现行国际法的某些具体规则产生冲击,集体安全体制的一些具体安排也产生了变革的需

[1] 王铁崖主编:《国际法》,法律出版社1995年版,第46页。

[2] 朱文奇:《北约对利比亚采取军事行动的合法性研究》,载《法商研究》2011年第4期。

[3] 关于国家主权平等原则作为国际法基本原则体系的核心地位,参见王秋玲:《论国际法基本原则的基石与核心》,载《法学杂志》2007年第2期;侯富儒:《战后国际法基本原则体系的建立与新发展》,载《西南民族大学学报》(人文社科版)2005年第5期。

要,在这一过程中,上述以国家主权平等原则为核心的国际法基本原则在国际法中的最高地位和在国际关系实践中的指导地位不能动摇,一切变化与改革都必须以此为前提,否则,国际法和国际关系的基础将被撼动,国际秩序面临重组,任何“细节和技术性内容”的调整都变得毫无意义。

在应对保护责任理论规范化发展中,坚持国际法基本原则还有另一层重要意义——借以界定正当的国家利益。保护责任,尤其是其中的武力使用,是出于保护人类目的的武力干预,实施中强调其“首要目的是制止或避免人道灾难”,但国家在国际关系中的行为从来是以国家利益为导向的,完全排除本国国家利益的无私行为在国际实践中几乎不可能。所以,使用武力实施保护责任时,在制止和避免人道灾难的首要目的之下,允许参与国本国的国家利益掺杂其中,但必须保证其国家利益是正当利益,如果打着保护责任的旗号实现国家的不正当利益则意味着保护责任的滥用。那么,如何判断国家利益的正当性?国际法基本原则是最重要的判断标准。符合国际法基本原则的国家利益是正当的,是主权国家应该享有的;反之,违背国际法基本原则的国家利益就是不正当的。

在与国际强权政治和霸权主义的斗争中,捍卫国际法基本原则的地位,最重要的是要揭露“新干涉主义”“人权高于主权”等西方理论的非法性,捍卫国家主权的不可侵犯性。充分利用各种国际政治舞台,对上述理论进行法理与事实的批驳,向国际社会昭示这些理论背后隐藏的政治动机,团结大多数坚持正义标准的国家,争取在国际上对那些试图改变既有国际法基本原则地位的国家形成孤立之势。

总之,国际法基本原则“不仅是广大发展中国家政治独立和经济发展之本,也是涉及国际形势总体和平稳定的大局能否得到维护、中国高速发展的历史机遇期能否得到维持和延续的大问题”,维护国际法基本原则“就是维护中国和平发展的外部环境,就是维护中国的国家利益”。[1]

2. 维护现行武力使用规则,警惕滥用武力先例的形成

禁止使用武力是国际法基本原则之一。以该原则为核心,以非法使用武力的例外为重要组成部分,形成了现行的武力使用规则。这一规则是国际社会对以往人类战争行为和滥用武力行为经验教训的总结,是人类和平愿望的反映。它构成了战后集体安全体制的重要组成部分,是国际和平与安全的基础。它将肆虐的武力约束在法律的笼子里,避免造成不必要的伤害。任何对该规则的违反都将对国际法和国际秩序造成重大损害。保护责任中争议最大的就是其中的武力使用,要消除人们的担忧,唯有严格看守这一法律的笼子,避免一切滥用武力的行为对之形成突破。

在现行武力使用规则的护佑下,国际社会保持了半个多世纪的总体和平,但局部地区的冲突清晰地警示人们,世界并不太平,霸权主义、强权政治仍然是国际和平的主要威胁,当资本扩张的本质与现代主权制度发生冲突时,使用武力进行干涉与掠夺是那些强权国家的本能选择。当现行武力使用规则束缚了他们的野心时,出于对国际法的虚伪与表面服从,他们往往炮制出另类的借口,以规避现行规则。所谓“失败国家”“新干涉主义”“人权高于主权”等都是这样产生的。对此,我们必须保持足够的警觉,坚决维护现行武力使用规则的有效性,深刻揭露一切违反该规则、制造规则例外的政治企图,尤其要警惕国际法上滥用武力先例的形成。“国际政治中许多不合理的实践重复一百遍,就可能成法。”[2]第一次世界大战前,曾有很多学者以国际

---

〔1〕 曲星:《联合国宪章、保护的责任与叙利亚问题》,载《国际问题研究》2012 年第 2 期。

〔2〕 苏长和:《“保护的责任”不可滥用》,载《解放日报》2012 年 2 月 8 日第 4 版。

社会存在大量的人道主义干预的实践为由,主张人道主义干预具有习惯国际法的地位。[1] 虽然这一观点在当代的支持者已不多,但其利用先例造法的倾向值得我们警惕。

目前,国际社会就保护责任,尤其是其中武力使用的有关规则尚未达成一致意见,利比亚战争也只是西方个别国家集团在保护责任旗号下实施的以满足自身利益为目的的一次干预行动,这一战争本身完全不能成为保护责任规范化的理由。但西方国家有将利比亚战争创设为先例,谋求再次使用武力对一主权国家进行干预的企图,对此,我们必须保持高度警惕,坚决维护现行武力使用规则,主张利比亚战争的特殊性和不可复制性。

3. 积极参与联合国改革,捍卫中国在联合国和安理会的权利

中国作为联合国的创始会员国之一,在起草宪章和创建联合国的过程中发挥了积极作用。同时,中国也借助联合国提升了国际地位,跻身安理会常任理事国之列。尤其是1971年中国恢复在联合国安理会的合法席位后,联合国成为中国维护自身合法权益、伸张国际正义的重要平台,也成为中国所争取的和平发展国际环境的重要组成部分。

但联合国今天面临的国际形势与1945年其成立之初的情况已大不相同,特别是冷战结束以来,世界出现政治多级化和经济全球化两大趋势,给联合国提出了许多新问题与新任务。国际冲突性质的变化与各种非传统安全威胁的出现,也促使安理会必须做出改变,以应对与第二次世界大战结束时完全不同的国际安全环境。对于中国而言,相较于联合国成立之初的20世纪中期的国情,经过30多年的改革开

---

〔1〕 关于“人道主义干预”是否具有习惯国际法地位的争论,可参见盛洪生、杨泽伟等:《武力的边界——21世纪前期武装冲突中的国际法问题研究》,时事出版社2003年版,第138~140页。

放,中国目前的政治、经济、文化等力量都取得了长足的进步,国家综合国力有了极大的提升。从维护国家利益的角度来看,中国作为世界上最大的发展中国家,对安全稳定的外部环境的需求最迫切,联合国作用的充分发挥有利于创造安全稳定的国际环境;中国国家统一大业尚未完成,反分裂任务还很艰巨,中国需要联合国这一反分裂、促统一的重要阵地;同时,中国作为联合国安理会常任理事国,是对国际和平与安全负有责任的大国,联合国及安理会职能的充分发挥事关中国的国际声誉。从履行国际义务方面来看,中国作为一个负责任的大国,在伸张国际正义、维护国际秩序方面负有重要的责任,一个高效负责的联合国有利于中国在此方面做出自己贡献。因此,中国一贯支持联合国根据形势发展,与时俱进,进行必要合理的改革,加强作用,提高效率。2004 年 10 月 12 日,中国国家主席胡锦涛在会见来访的安南秘书长时明确表示:"中国将一如既往地致力于加强以联合国为中心的国际多边机制,支持联合国改革。"[1]

中国支持联合国改革,积极参与联合国改革进程,必须注重捍卫中国在联合国及其安理会中的权利。一是捍卫中国作为发展中国家的权利。在联合国财政改革中,坚持"支付能力"原则,使经费分摊能体现各会员国经济发展的客观情况;在为国际和平与安全做贡献问题上,量力而行,兼顾国际责任与本国能力;在人权机制改革中,坚持国家主权在人权保护中的基础作用,强调生存与发展权的根本地位,同等重视经济、社会、文化权利与公民和政治权利,反对绝对、抽象人权,反对借人权干涉别国内政。二是捍卫中国作为安理会常任理事国的权利。对于安理会扩员问题,要警惕个别不负责任的国家不择手段地跻身常任理事国的企图,坚持安理会理事国成员的政治标准,反对在

[1] 《胡锦涛会见联合国秘书长安南》,载《人民日报》2004 年 10 月 13 日第 1 版。

未经充分协商、达成广泛共识的情况下强行推进改革方案，造成国际社会的分裂。慎重对待常任理事国的否决权改革问题，在安理会常任理事国构成格局没有发生根本改变，西方发达国家仍然占据多数席位，并且国际政治力量对比没有发生扭转，霸权主义、强权政治威胁不减，多级民主世界尚未形成的前提下，不支持任何取消或限制现行否决权的提议。

(四)承认国家人道责任，反对保护责任的扩大与滥用

人权保护规范是保护责任理论的基础。在现代社会，国家承担对其国民在人道主义方面的责任已经成为社会文明的共识，人权保护也是政府应尽的国际法律义务。但不同社会和经济发展阶段的国家对于人权的理解有所不同。对于广大发展中国家来说，对内促进社会和经济发展，充分保障人民的生存和发展权，是保护人权的根本途径；对外积极开展人权对话，坚持使用武力实施保护责任问题上的"一事一议"，反对保护责任的普遍适用，是当前防止强权政治和霸权主义滥用保护责任的现实需要。

1. 积极开展人权对话，在国际人权规范的制定与磋商中有所作为

国内外学者普遍认为，国际人权规范是保护责任理论产生的现实法律基础，也正是出于人权保护的现实需要，支持者们主张使用武力以实施保护责任。因此，国际人权保护规范的制定与发展对保护责任及其武力使用理论有重要影响。以国家利益的观点考察，确保国际人权规范符合自己国家利益，将更多的本国观点与立场融入国际人权规范中，是阻止国际社会以人权干涉内政，避免滥用保护责任以及武力使用对国家主权进行侵蚀的有效途径。

近代人权观念虽产生于西方，但人权思想在中国传统的孔孟之道和诸子百家的治国理念中即有所体现，如孔子说："己所不欲，勿施于人"；墨子说："必使饥者得食，劳者得息，乱则得治"；孟子主张："民贵

君轻”。这些都反映了最原始的平等与民主思想。新中国成立后,起草的第一部宪法中就规定了选举权和被选举权、言论、出版、集会、结社、游行、示威以及宗教信仰和人身自由等广泛的公民基本权利与自由。改革开放之后,中国不断加强立法、司法建设,积极履行国际人权义务。今天,中国政府在人权问题上的原则立场是:[1]促进人权,尊重主权,反对霸权。第一,中国尊重人权的普遍性原则,但人权的维护必须结合具体国情。中国认为人权首先是人民的生存权和国家的独立权。维护国家独立是人民充分享受人权和基本自由的前提。第二,强调普遍人权不仅包括公民权利和政治权利,而且包括经济、社会和文化权利;不仅包括个人权利,而且包括集体权利。发展权是一项不可剥夺的人权,是一项集体人权。经济和社会的全面、均衡发展是充分享受各项人权的基础。反对将人权概念政治化和在人权问题上采取双重标准。第三,主张人权问题本质上属于一国内部管辖的事情,国际人权准则须由主权国家通过国内立法对人权予以确认和保护。人权情况的改善,主要依靠本国的努力,反对任何国家利用人权来推行自己的价值观念、意识形态和发展模式,反对借口人权问题干涉别国内政,损害别国的主权和尊严。第四,各国社会制度不同,经济发展水平参差不齐,历史文化各异,对人权的看法和实现的方式自然不尽一致,在强调人权普遍性的同时,不应忽略国家和地区的特性。各国应在平等和相互尊重的基础上,通过对话和交流,增进了解,求同存异,减少分歧,扩大共识,反对搞对抗。

中国必须积极开展人权对话与交流,力争在国际人权保护规范的制定与磋商中有所作为,将上述立场与观点融入国际人权标准,赋予人权保护以新的内涵与理解。具体来讲,要通过向联合国提交有关人

---

〔1〕 参见李铁城主编:《世纪之交的联合国》,人民出版社2002年版,第509~510页。

权公约执行情况报告，以及发表国家人权报告的方式，向国际社会充分阐述中国在人权保护方面取得的进展，客观说明中国执行公约过程中遇到的困难和问题；邀请有关国际人权事务官员、各国政要代表、非政府人权组织等来华访问，增进他们对于中国人权事业方面的现状与取得进步的了解，广泛开展人权领域技术合作；与世界各国和地区开展人权对话与交流，特别注重与发展中国家就人权问题进行交流与磋商，统一立场，维护共同权益；利用好人权理事会人权论坛的作用，支持"普遍定期审议机制"长效运行，欢迎人权合作，孤立人权政治化企图；扩大并深化与联合国人权事务高级专员办公室的合作，通过组织召开（区域）人权研讨会、圆桌会议等，赋予国际人权理论以中国内涵；支持中国人权专家、官员进入国际人权机构任职，为国际人权保护事业做出应有的贡献；积极参与联大和经社理事会等关于人权问题的讨论，向世界阐明中国观点；主动参加各种国际人权文书讨论、起草与制定工作。

2. 倡导和谐世界理念，帮助当事国加强其保护责任能力建设

引起国际社会使用武力进行干预的严重人道灾难往往是目标国境内破坏性冲突的结果。在这些国家，族裔关系紧张、各群体之间严重不平等现象长期存在，加之国家机构和体制上的薄弱使国家建设面临较大的挑战和风险，国家失去了对暴力手段的垄断，出于种族、宗教或族裔的仇恨，或是为了攫取资源和掠夺，武装冲突在这些国家内扩散开来，造成生命大量损失。

根据保护责任理论，"预防"总是优于"反应"，对大规模暴行做出反应只能是在不能采取有效措施预防暴行发生之后的选择。预防责任首先在于主权国家，主权国家预防冲突发生、保护人民免遭种族灭绝、战争罪、族裔清洗和危害人类罪之害的能力是履行预防责任的充分条件。但冲突预防又不仅是一个国家的事情，预防失败可能带来广

泛的国际后果和代价，而且就成功的预防而言，经常需要国际社会的强有力支持。因此，国际社会也做出承诺，愿意帮助各国建设和提高这方面的能力。[1]

国际社会的帮助责任可以分为直接帮助和根源帮助两种。直接帮助致力于消除武装冲突和人道暴行发生的直接原因，具体的方式可能是斡旋、调解、促进对话或和解。基于公正、纪律严明的安全部门是缓解群体间紧张关系、防止暴力蔓延的关键，因此，采取合作与技术支援帮助目标国加强安全部门也是国际社会实施直接帮助的一种有效方式。根源帮助则致力于消除冲突与暴行发生的根源因素。那些国内武装冲突频发、人民生命与安全长期处于威胁之中的国家，往往是非常贫穷的国家，最穷的人没有抵抗能力。在这些国家，如果不涉及

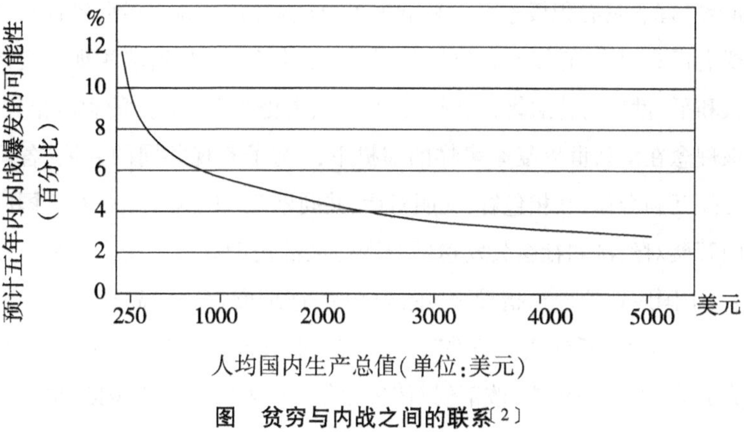

图　贫穷与内战之间的联系[2]

---

〔1〕 "2005 World Summit Outcome", UN Doc. A/RES/60/1, para. 139. available at: http://www.un.org/zh/documents/view_doc.asp? symbol = A/RES/60/1&referer = http://www.un.org/zh/documents/index.shtml&Lang = E.

〔2〕 资料来源：Macartan Humphreys（哥伦比亚大学）根据世界银行、乌普萨拉大学和平与冲突研究系及奥斯陆国际和平研究所提供的数据而进行的研究。转引自"A More Secure World: Our Shared Responsibility", Report of the High-level Panel on Threats, Challenges and Change. the United Nations Department of Public Information, 2004. 21。

像贫困和资源分配不均等根源就无法认清武装冲突的实质,如果不解决这些国家的发展难题,实现经济和社会的可持续发展,很难想象能治愈那些人道创伤。朝着减少贫困和实现基础广泛的经济增长方向迈出的每一步,都是在促进冲突预防工作。因此,提供发展援助与合作,促进经济增长,才是预防内部冲突与人道灾难的根源性措施。

中国作为一个发展中国家,多年来,在致力于自身发展的同时,积极向其他发展困难的国家提供力所能及的帮助,履行对发展中国家的援助义务。中国几十年的援助历史表明,中国的援助帮助发展中国家实现了经济恢复,中国也从发展中国家得到很多宝贵支持,双方实现了共同发展。

在开展国际间援助与合作问题上,中国领导人首次倡导的"和谐世界"理念具有积极意义。和谐世界由胡锦涛在2005年世界首脑会议上正式提出,它以全人类的共同利益为价值导向,追求实现人类持久和平、世界的普遍繁荣、国际关系的民主化和人与自然的和谐相处。该理念在承认世界复杂多样的前提下,"为了实现共同的发展,各国之间互利合作、互相包容,文明对话、共同繁荣"[1]这一主张对于国际间开展对经济和社会欠发达国家和地区的援助有重要现实意义。今后,中国应在该理念指导下,继续坚持"帮助受援国提高自主发展能力"、"不附带任何政治条件"、"平等互利、共同发展"、"量力而行、尽力而为"、"与时俱进、改革创新"等政策,[2]采取从物资援助、债务减免,到技术合作、人力资源开发合作等多种形式,积极开展与发展中国家的经济援助与合作,促进发展中国家的经济与社会发展,以增强这些国家保护其人民免遭人道暴行的能力,携手中国共同促进保护责任

---

〔1〕 王群:《和谐世界理念和国际法基本原则》,载《光明日报》2007年11月12日第9版。

〔2〕 国务院新闻办公室:《中国的对外援助》,载《人民日报》2011年4月22日第22版。

理论的规范发展。

3. 限定保护责任的发展,反对在实践中将其扩大化和滥用

第一,积极参与国际磋商与对话,主动将国家利益与诉求植入国际新规范,推动国际体系向积极健康的方向发展。

关于国际法法律性质的争论由来已久,主要围绕国际法拘束力或执行力展开。反对者的主要理由是由于国际社会缺少一个中央集权的执法机构,导致国际法的执行力很弱,因此它不是真正的法律或只是“弱法”(weak law)。但应当注意到,国际社会根据宪章在联合国框架下实施的集体干预不就是一种中央集权式的制裁吗?尤其是当保护责任理论一旦被接受为国际法规范后,由安理会决定使用武力实施的干预就是一种对主权国家违反国际人权义务的强有力的制裁。所以,对于这样的强制性规范,没有国家有理由轻视它。

但国际法规范的形成不是一朝一夕的,无论是条约法还是习惯法,都要经过长期的实践、动议、采纳的过程。并且,国际法与国内法不同,国际法是各个国际行为主体协调意志的产物,各国际行为主体——主要是主权国家——的意志在国际法形成的各个过程中以不用的方式介入,[1]相互协调与妥协决定了国际法的规范内容。最终形成的具有一定拘束力的国际法规范对某一具体国家的意志的体现程度取决于两个因素:其一,国家综合实力——国际话语权以国家综合实力为后盾,小国弱国的意志要想获得国际社会的重视,联合成一致的共同体是唯一选择;其二,国家意愿——也即国家将自身意志纳入国际法规范的主观愿望,这一意愿通常与形成中的国际法规范和该国国家利益的紧密程度有关,一个内陆大国自然对有关领海权益的国际法规范的形成兴趣不大。

---

〔1〕 参见[日]村濑信也:《国际立法——国际法的发源论》,秦一禾译,中国人民公安大学出版社 2012 年版,第 93 页。

考虑到保护责任及其武力使用对我国家利益的重要影响，在客观评价我国家实力的基础之上，科学分析国际政治力量对比，研究制定不同策略，积极参与国际磋商与对话，有效影响国际新规范的形成过程，主动将国家利益与价值追求植入国际新规范，既是维护国家利益的现实之举，又是承担国际责任的体现。毕竟，“持久和平、共同繁荣”的和谐世界是世界各国的共同利益。参与全球治理，实现国际秩序与规则的合理化，是每个国家应尽的国际责任。同时，作为世界上人口最多、最大的发展中国家，中国也有责任团结其他中小发展中国家，在国际规范与国际体系的变革中代表并维护发展中国家的利益，为和谐世界的建设承担力所能及的责任。

第二，加强与有关国家和国际组织的合作，坚持正义标准，揭露强权国家和组织滥用保护责任的霸权野心与私心。

在国际关系中，利益关系是影响国际行为的根本因素，国家利益是国家对外行为的根本动因。也就是说，国家对外行为的基本着眼点是维护和增强各自的国家利益和民族利益，国家对外行为的目标就是依据各自的利益而制定并实施的。因此，国家在履行国际义务中掺杂国家利益或私心本也无可厚非。现代国际关系的发展又表明，国际利益的维护和获取是与国家实力相联系的，一定的实力是国际行为主体赖以在国际社会中存在和发展的基础，是它们维护自身利益、推行对外战略和影响其他行为主体行为的能力。所以，具有超强能力的大国往往在维护自身利益和推行国家战略上更加游刃有余。但这样的大国在运用自身实力维护和增强本国国家利益时，两种情况会导致其运用实力不当，而发展成为影响国际关系和谐稳定的霸权主义：一是其维护的是非正当国家利益；二是其在维护本国国家利益时侵犯和损害了他国正当利益。国际社会对于保护责任最大的担心就来自霸权主义，即使是西方学者也承认，由于缺乏执行机制，最终将只能由强权国家来决定在什么情况下实施保护责任，这时“责任”(duty)实际上成为了某些国家的“特权”(prerogatives)。[1] 在联大关于保护责任的辩论发言中，发展中国家普遍表达了对保护责任在实施中选择性适用和双重标准的担忧。

应对霸权主义的现实策略是坚持正义标准对大国国家权力实行限制。此时，国际法的作用得以发挥。[2] 在法治世界，法律代表着正义，正义的标准就是法律，国际法在约束霸权主义、调整国际关系保持和平稳定、和谐发展方面发挥着不可替代的作用。作为安理会常任理事国和具有地区影响力的大国，同时也是国际社会负责任的一员，中国有责任遵循联合国宪章宗旨和原则，恪守国际法和公认的国际关系准则，在保护责任问题上，坚决维护安理会关于武力使用的专属权力，坚持武力使用的门槛条件，拒绝搞双重标准，确保安理会在科学预警和局势评估的基础之上做出科学决策，并严格武力使用过程中的监督与追责，最大限度地避免保护责任受强权政治和霸权主义的影响而被滥用。

此外，在反对强权政治、霸权主义的斗争中，中国要注重加强与广大发展中国家的团结与合作。中国作为发展中国家的一员，与其他发展中国家在战略上没有根本冲突。双方都面临发展国内经济的任务，因此在争取良好国际环境上的需求一致；双方为了发展都需要消除旧的不合理的国际政治经济秩序，代之以新的国际秩序；双方都面临着捍卫国家安全反对西方霸权主义的挑战。因此，在国际斗争中彼此需要对方的支持、配合与帮助，中国也一直把加强同发展中国家的团结

---

〔1〕 See PHILIP CUNLIFFE, "Dangerous duties: power, paternalism and the 'responsibility to protect'". *Review of International Studies*, 2011, Vol. 36(S1):79－96.

〔2〕 关于国际法对国家权力的限制，可参见[美]汉斯·摩根索，[美]肯尼思·汤普森，戴维·克林顿修订：《国家间政治——权利斗争与和平》(第7版)，徐昕等译，北京大学出版社2006年版，第307～360页。

与合作作为外交工作的基本立足点。即使在保护责任问题上,中国与其他发展中国家的共同利益也大于分歧,中国要特别注重联合他们的力量,尤其是与77国集团、不结盟运动等组织的协同配合,共同维护国际正义,防止滥用保护责任及其武力使用。

第三,重视武力使用的个案规范,不主动推动保护责任在形式上的规范化。

尽管在保护责任规范化问题上,有国内研究者主张中国应"推动国际社会就'保护的责任'尽快达成协商一致,最终缔结一项具有法律约束力的普遍性国际多边条约,从而对和谐世界的构建起到真正的促进和保障作用"。[1] 但本书认为,在当前国际环境下,我国家安全面临多种威胁,国家完全统一还没有最终实现,与周边国家的领土与海洋权益争端有逐渐升温的趋势,内外勾结的分裂势力活动还很猖獗,国内人权问题也是西方国家借以干涉我国内政的主要借口。并且,我国的综合国力尚在上升期,政治与经济实力在国际强权面前尚显薄弱。因此,在近期推动保护责任国际条约的缔结未必符合我国国家利益。本书的观点是:在保护责任及其武力使用的实施上坚持个案规范,但不谋求保护责任及其武力使用在法律形式上的规范化,即避免保护责任及其武力使用在近期发展成为具有普遍约束力的国际法规范。官方理由是:在当前,联合国成员国对于保护责任的履行与实施还存在分歧,联合国应就这一问题展开进一步的磋商,不宜强行推进有关保护责任公约的制定程序;此外,保护责任目前也还不具备习惯国际法的效力。

之所以坚持个案规范,是因为各国国内的人道危机,尤其是国内冲突引起的人道危机情况复杂,在评估是否达到使用武力实施干预的

---

〔1〕 杨帅:《论"保护的责任"与和谐世界的构建》,载《中外企业家》2009年第10期。

门槛条件时，只能具体情况具体分析。其危机情节与后果是否达到"危及国际和平与安全"的程度？和平手段是否在该国已经没有成功机会？该国的具体环境是否允许武力使用有合理的成功机会？等等，都只能结合具体案情信息得出结论。在对具体国家人道危机进行是否使用武力实施保护责任的评估时，要严格规范标准，防止降低门槛，造成武力滥用。以叙利亚为例，"叙问题从本质上说是内政问题，叙利亚并没有与邻国发生争端、也没有对邻国使用或威胁使用武力、更没有对任何国家发动侵略。因此，严格说来，叙利亚问题不应该在安理会平台上进行讨论，更不在安理会根据宪章第七章进行干涉的范围之内"。[1]

---

〔1〕 曲星：《联合国宪章、保护的责任与叙利亚问题》，载《国际问题研究》2012 年第 2 期。

结　语

本书以保护责任中的武力使用为研究对象，试图对保护责任中武力使用与现行武力使用法的关系，以及中国对该理论的应对之策从理论与实践的角度做出回答。

本书在国内外学者已有研究成果的基础之上，首先考察了保护责任理论产生与发展的历史进程，得出的基本结论是：保护责任的基本内涵正得到越来越多国家的承认，国际社会对保护责任的认识趋向统一。对于保护责任中分歧最大部分——武力使用，笔者总结了其在保护责任中的地位和区别于其他武力使用形式的特征。认为武力使用是保护责任中反应责任的实现手段之一，是国际社会履行反应责任的最后手段，也是反应责任最终实现的强制保障措施。与人道主义干预之外的武力使用相比，超越分歧的人道目的是保护责任中武力使用的最大特点，而程序上的序列性是保护责任中武力使用区别于人道主义干预的重要特征，维持行动意志难度大则构成保护责任中武力使用与单个国家或团体武力使用的显著区别。

本书以利比亚战争——迄今保护责任中武力使用的唯一实践——为线索,引出国际社会关于保护责任中武力使用的两大争论:一是从实体上来看,应否因人道目的使用武力实施干预;二是从程序上来分析,如何因人道目的使用武力实施干预。

要解决实体方面的争论,就必须从国际法的角度回答保护责任中武力使用的合法性问题。为此,本书首先选择西方学者主张的保护责任中武力使用的法理基础——正义战争论——为切入点。经客观考察西方古典正义战争理论和自然法正义战争理论的主要内容,笔者认为,西方古典正义战争理论构成保护责任中武力使用的理论源头,但由于古典正义战争理论本身的缺陷以及与保护责任理论产生发展的时代背景完全不同,因此不能将前者用作论证后者正当性的依据。关于自然法正义战争理论,笔者认为保护责任中武力使用是在自然法正义战争理论基础之上的继承与发展,但自然法正义战争理论对"正义"的概念和标准缺乏明确、统一的共识,从而影响了其对保护责任中武力使用正当性的证明力。总之,无论是西方古典正义战争理论还是近代自然法正义战争理论,或以宗教神秘主义为基础,或以虚幻的人类理性为前提,以抽象的伦理道德来解读战争现象,忽视了战争这一社会现象的经济根源和政治本质。而马克思主义正义战争观首先从战争对它所处历史时代的作用来认识战争的正义性,其次从发动战争者的政治目的来认识战争的正义性,并注重分析政治目的背后的经济因素,实现了战争认识论上的飞跃。以马克思主义正义战争观来考察保护责任中的武力使用,结论是:第一,单纯基于人道目的的保护责任中的武力使用在现实的国际政治中不可能实现,掺杂干预者私利的政治目的损害了武力使用的正当性。第二,为履行保护责任而使用武力往往造成与人类文明进步背道而驰的严重后果,不符合人们对正义战争的期待。

在正义战争论之后,对国际上武力使用发挥主要调整与评价作用的是以《联合国宪章》为代表的实在国际法。本书选择以国际法基本原则为依据对保护责任中武力使用的合法性做评估。关于保护责任中武力使用与主权平等原则的关系,笔者认为,主权平等意味着国家在对内对外两方面的权威,但主权不是绝对的,至少要受到国际法的限制与约束,以《联合国宪章》为代表的现代国际法为国家和国际社会设立了具体的人权保护义务。保护责任中武力使用以负责任的主权为理论基础,以人权保护为基本价值取向,符合主权平等原则的时代内涵。关于保护责任中武力使用是否违反了不干涉原则,笔者认为关键在于确定"国内管辖事项"的范围。综合国际人权法、常设国际法院的咨询意见,以及国际法学者的观点,诸如"灭绝种族、战争罪、族裔清洗和危害人类罪"等严重人权犯罪超出了一国国内管辖范围是没有异议的,但由于此类人权犯罪往往发生在一国内乱的情况下,此时,如果以制止犯罪为名介入一国内乱,则属于干涉别国内政,毕竟,内乱属于一国国内管辖事项是有着充分的法理和文献依据的。关于保护责任中武力使用是否违反禁止使用武力原则,笔者认为它取决于对宪章第39条"和平之威胁"的理解。安理会长期反复的实践表明,一国国内的严重人道危机已经作为威胁国际和平之事项获得国际社会的普遍认可,因此在实体法上,安理会可以出于保护责任而决定使用武力。但在程序法上,由于宪章规定的安理会使用武力的条件并未实现,所以,即使是安理会决定使用武力实施保护责任,在目前的宪章程序上也是有瑕疵的。

保护责任中武力使用是否对世界各国具有法律约束力,除了考察其内容上的合法性之外,在形式上取决于它是否取得国际法认可的国际法律形式。因此,本书根据保护责任中武力使用在国际文件中的表现形式,运用国际法律渊源理论,对保护责任中武力使用的形式效力进行了分析,结论是:保护责任及其武力使用目前尚不是有效的国际法规范,但其规范化趋势不容忽视。

既然规范化趋势不可避免,且国际社会在程序上对如何为了人道目的使用武力实施干预争议较大,那么,重视对其概念和实施的有效控制,就成为保护责任中武力使用避免被选择性适用,最大限度地实现其理论目标的必然要求。为此,笔者就规范该理论提出了一些建议,主要是严格界定保护责任及其武力使用的适用范围与程序、从严把握保护责任中武力使用的"门槛"、注重联合国相关配套制度的改革完善、重视发挥区域组织的作用等。

最后,本书对中国应对保护责任中武力使用进行了策略思考。认为保护责任中武力使用的规范化发展对我国安全与发展来说既是挑战也是机遇。立足自身发展、提高主权能力是我国根本应对之策。此外,加强保护责任研究,在保护责任理论建构中争夺话语权;维护联合国权威,坚持联合国框架下的集体安全体制;承认国家人道责任,反对保护责任的扩大与滥用等也属策略方面值得考虑的内容。

创新是科学研究的生命。专注于保护责任中的武力使用问题做系统研究是一项初创型工作。研究过程中,笔者力争在研究方法与观点方面有所创新。

参考文献

中文类：

[1]宋新平：《武力使用法面临的困境与挑战》，载《南京政治学院学报》2011 年第 3 期。

[2]朱世宏：《"保护的责任"国内研究述评》，载《西安政治学院学报》2013 年第 6 期。

[3]李杰豪、龚新连：《"保护的责任"法理基础析论》，载《湖南科技大学学报》（社会科学版）2007 年第 5 期。

[4]李杰豪：《保护的责任对现代国际法规则的影响》，载《求索》2007 年第 1 期。

[5]颜海燕：《保护的责任解析》，载《西部法学评论》2010 年第 1 期。

[6]刘霞：《新型安全观视角下的"保护的责任"》，载《经济研究导刊》2011 年第 25 期。

[7]高凛：《论保护责任对国家主权的影响》，载《江南大学学报》2011 年第 2 期。

[8]邱美荣、周清：《"保护的责任"：冷战后西

方人道主义介入的理论研究》,载《欧洲研究》2012年第2期。

[9]付海娜、姜恒昆:《保护的责任与国家主权的实质——兼论达尔富尔冲突及其出路》,载《国际关系学院学报》2012年第2期。

[10]宋杰:《“保护的责任”:国际法院相关司法实践研究》,载《法律科学》2009年第5期。

[11]黄瑶:《从使用武力法看保护的责任理论》,载《法学研究》2012年第3期。

[12]蒋琳:《保护的责任:利比亚问题的国际法实践研究》,载《黑龙江政法管理干部学院学报》2011年第5期。

[13]汪舒明:《“保护的责任”与美国对外干预的新变化——以利比亚危机为个案》,载《国际展望》2012年第6期。

[14]兴成鹏:《保护责任之国际法问题探析》,外交学院2012年硕士学位论文。

[15]张晓晔:《人道主义干涉与保护责任》,复旦大学2010年硕士学位论文。

[16]李寿平:《“保护的责任”与现代国际法律秩序》,载《政法论坛》2006年第3期。

[17]杨永红:《论保护责任对利比亚之适用》,载《法学评论》2012年第2期。

[18]蔡从燕:《联合国履行R2P的责任性质:从政治责任迈向法律义务》,载《法学家》2011年第4期。

[19]李斌:《评析保护责任》,载《政治与法律》2006年第3期。

[20]赵洲:《国际保护责任机制的建构与实施——苏丹达尔富尔问题的实证分析》,载《法商研究》2008年第3期。

[21]赵洲:《强迫失踪与国家的人权保护责任》,载《中南大学学报》2012年第2期。

[22]赵洲:《在国内武装冲突中履行"保护的责任"的规范依据及其适用》,载《法律科学》2012 年第 4 期。

[23]刘波:《国际人权保障机制中的"保护责任"研究》,载《国际关系学院学报》2011 年第 4 期。

[24]杨永红:《从利比亚到叙利亚:保护责任走到尽头了?》,载《世界经济与政治论坛》2012 年第 3 期。

[25]郭冉:《"保护的责任"的新发展及中国的对策》,载《太原理工大学学报》(社会科学版)2012 年第 5 期。

[26]黄超:《框定战略与"保护的责任"规范扩散的动力》,载《世界经济与政治》2012 年第 9 期。

[27]杨泽伟:《国际社会的民主和法治价值与保护性干预——不干涉内政原则面临的挑战与应对》,载《法律科学》2012 年第 5 期。

[28]李斌:《保护的责任对"不干涉内政原则"的影响》,载《法律科学》2007 年第 3 期。

[29]阮宗泽:《负责任的保护:建立更安全的世界》,载《国际问题研究》2012 年第 3 期。

[30]朱奕锋:《浅谈"保护的责任"与国际法若干基本原则的关系》,载《中山大学研究生学刊》(社会科学版)2012 年第 3 期。

[31]赵洲:《"保护的责任"机制中的武力强制措施》,载《南通大学学报》(社会科学版)2012 年第 3 期。

[32]杨帅:《论"保护的责任"与和谐世界的构建》,载《中外企业家》2009 年第 10 期。

[33][澳]拉梅什·塔库尔:《世界对利比亚人的保护责任》,载 http://www.yaleglobalfd.fudan.edu.cn/,2013-12-23。

[34]宋新平:《武装冲突法研究》,军事科学出版社 2012 年版。

[35]刘胜湘:《国际政治学导论》,北京大学出版社 2010 年版。

[36][美]路易斯·亨金:《国际法:政治与价值》,张乃根等译,中国政法大学出版社2005年版。

[37][英]奈尔·麦克法兰、[英]云丰空:《人的安全与联合国:一部批判史》,张彦译,浙江大学出版社2011年版。

[38]黄世席:《北约对南联盟动武的国际法思考》,载《今日东欧中亚》1999年第5期。

[39]袁娟娟:《从干涉的权利到保护的责任——对国家主权的重新诠释和定位》,载《河北法学》2012年第8期。

[40][英]伊恩·布朗利:《国际公法原理》,曾令良等译,法律出版社2007年版。

[41]孙天仁:《利比亚局势牵动欧盟神经》,载 http://world.people.com.cn/GB/57507/13970897.html,2013-11-20。

[42]《出兵利比亚,欧盟为何更积极?》,载 http://newspaper.jfdaily.com/jfrb/html/2011-04/23/content_556434.htm,2013-11-20。

[43]《阿拉伯国家联盟谴责西方空袭利比亚行动》,载 http://news.ifeng.com/world/special/libiya/content-2/detail_2011_03/21/5266648_0.shtml,2013-11-20。

[44]《利比亚之战矛盾重重,美国不愿挑头欧盟心怀鬼胎》,载 http://news.sohu.com/20110329/n280036357.shtml,2011-11-20。

[45]黄培昭:《非盟向阿盟通报利比亚问题五点路线图计划》,载 http://news.ifeng.com/world/special/libiya/content-2/detail_2011_03/27/5390635_0.shtml,2011-11-20。

[46]《利比亚深陷"无政府状态"》,载《参考消息》2013年11月19日。

[47]朱文奇:《利比亚战争与国际干涉的新模式》,载《西安政治学院学报》2011年第5期。

[48]朱文奇:《北约对利比亚采取军事行动的合法性研究》,载《法商研究》2011 年第 4 期。

[49]李伯军:《从军事打击利比亚看国际干预的法律标准》,载《法治研究》2011 年第 7 期。

[50]盛红生:《利比亚为何对北约打响法律战》,载《法制日报》2011 年 6 月 14 日。

[51][美]伊曼纽尔·沃勒斯坦、布热津斯基等:《大变局:30 位国际顶级学者研判"后 9·11"时代的世界格局》,江西人民出版社 2002 年版。

[52][美]迈克尔·沃尔泽:《正义与非正义战争》,任辉献译,江苏人民出版社 2008 年版。

[53][奥]凯尔森:《法与国家的一般理论》,沈宗灵译,中国大百科全书出版社 1996 年版。

[54][美]威廉姆·H. 肖:《正义战争理论》,载《国外理论动态》2013 年第 6 期。

[55]崔建辉:《17 ~ 18 世纪西方正义战争理论的转变及其困境》,复旦大学 2009 年硕士学位论文。

[56]王海平:《西方正义战争理论的两个重要范畴:诉诸战争的权利和战争法规》,载《西安政治学院学报》2004 年第 3 期。

[57]王田:《正义战争价值问题研究》,国防大学 2003 年硕士学位论文。

[58]白彤东:《仁权高于主权——孟子的正义战争观》,载《社会科学》2013 年第 1 期。

[59]林东旭:《孔子、老子的战争观与方法论之比较》,载《闽江学院学报》2005 年第 1 期。

[60]曾雪灵:《荀子正义战争理论初探——兼论荀孟正义战争理

论的差异及其原因》,载《道德与文明》2013 年第 2 期。

[61]张露:《中西正义战争思想比较分析》,载《现代国际关系》2005 年第 4 期。

[62][英]罗素:《西方哲学史》(上卷),何兆武、李约瑟译,商务印书馆 1963 年版。

[63][挪]G. 希尔贝克、N. 伊耶:《西方哲学史——从古希腊到二十世纪》,童世骏等译,上海译文出版社 2004 年版。

[64]托马斯·阿奎那:《阿奎那政治著作选》,马清槐译,商务印书馆 1963 年版。

[65][荷]格老秀斯著、[美]A. C. 坎贝尔英译:《战争与和平法》,何勤华等译,上海人民出版社 2005 年版。

[66]肖佳灵:《国家主权论》,时事出版社 2003 年版。

[67]周桂银、沈宏:《西方正义战争理论传统及其当代论争》,载《国际政治研究》2004 年第 3 期。

[68]时殷弘、霍亚青:《国家主权、普遍道德和国际法——格老秀斯的国际关系思想》,载《欧洲》2000 年第 6 期。

[69]《世界史大辞典》,远流出版事业股份有限公司 1982 年版。

[70]于贵信:《古代罗马史》,吉林大学出版社 1988 年版。

[71]中国大百科全书编辑委员会编:《中国大百科全书(政治学)》,中国大百科全书出版社 1992 年版。

[72]夏尔·卢梭:《武装冲突法》,张凝等译,中国对外翻译出版公司 1987 年版。

[73]罗国强:《论自然国际法的基本原则》,武汉大学出版社 2011 年版。

[74][苏联]涅尔谢相茨:《古希腊政治学说》,蔡拓译,商务印书馆 1991 年版。

[75][古希腊]柏拉图:《理想国》,郭斌和、张竹明译,商务印书馆2002年版。

[76][美]罗兰·斯特龙伯格:《西方现代思想史》,刘北成、赵国新译,金城出版社2012年版。

[77]《列宁军事文集》,战士出版社1981年版。

[78]《毛泽东选集》(第2卷),人民出版社1991年版。

[79]《毛泽东军事文选》(第2卷),军事科学出版社1993年版。

[80]《马克思恩格斯军事文集》(第1卷),战士出版社1981年版。

[81]《马克思恩格斯全集》(第3卷),人民出版社1973年版。

[82]江泽民:《论国防和军队建设》,解放军出版社2003年版。

[83][美]汉斯·摩根索著、肯尼思·汤普森、戴维·克林顿修订:《国家间政治——权利斗争与和平》(第7版),徐昕等译,北京大学出版社2006年版。

[84]王逸舟:《西方国际政治学:历史与理论》,上海人民出版社2006年版。

[85]李海星:《人权哲学导论》,社会科学文献出版社2012年版。

[86]王伟娜:《论马克思主义正义战争论对传统正义战争论的超越》,载《南京市行政学院学报》2006年第2期。

[87]叶建新:《利比亚战争"红利"提升法国影响力》,载《中国国防报》2012年11月6日第4版。

[88]梵高月:《利比亚战争:我们从中看到什么》,载《中国国防报》2011年9月12日第3版。

[89]《北约国防部长会议总结利比亚战争》,载 http://world.people.com.cn/GB/15812993.html,2011-11-20。

[90]田文林:《反思利比亚战争的负面效应》,载 http://citiccard.

world. people. com. cn/BIG5/15492253. html,2011－11－20。

[91]车辉:《战争太残酷了:什么都比不上和平稳定的日子》,载《工人日报》2011年4月9日第7版。

[92]李开盛:《民主的代价:利比亚战争周年反思》,载《学习月刊》2012年第6期。

[93]《战后之战:考验利比亚反对派》,载http://news. xinhuanet. com/mrdx/2011－08/29/c_131080517. htm,2011－11－21。

[94]沈宗灵、黄楠森主编:《西方人权学说》(上),四川人民出版社1994年版。

[95]刘杰:《人权与国家主权》,上海人民出版社2004年版。

[96][美]汉斯·凯尔森:《国际法原理》,王铁崖译,华夏出版社1989年版。

[97]邵津主编:《国际法》(第2版),北京大学出版社、高等教育出版社2005年版。

[98]丛文胜:《战争法原理与实用》,军事科学出版社2003年版。

[99]白桂梅、李红云编:《国际法参考资料》,北京大学出版社2001年版。

[100]世界知识出版社编辑:《国际条约集(1648—1871)》,世界知识出版社1989年版。

[101]肖君拥:《国际人权法讲义》,知识产权出版社2013年版。

[102][美]阿瑟·努斯鲍姆:《简明国际法史》,张小平译,法律出版社2011年版。

[103]陈一峰:《论当代国际法上的不干涉原则》,北京大学出版社2013年版。

[104]许光建主编:《联合国宪章诠释》,山西教育出版社1999年版。

[105]丘宏达:《现代国际法》,三民书局2006年版。

[106][美]玛莎·芬尼莫尔:《干涉的目的:武力使用信念的变化》,袁正清、李欣译,上海人民出版社2009年版。

[107]王俊杰:《战争法——当代战争对传统战争法与武装冲突法的挑战与思考》,云南大学出版社2010年版。

[108]白桂梅:《国家强行法保护的人权》,载《政法论坛》2004年第2期。

[109][英]詹宁斯等修订:《奥本海国际法》(第1卷第1分册),王铁崖等译,中国大百科全书出版社1995年版。

[110][德]马克斯·普朗克比较公法及国际法研究所主编:《国际公法百科全书》(第三专辑),中山大学法学研究所国际法研究室译,中山大学出版社1992年版。

[111]刘家新、齐三平主编:《中国军事百科全书(第2版):战争法》,中国大百科全书出版社2007年版。

[112]黄瑶:《论禁止使用武力原则——联合国宪章第二条第四项法理分析》,北京大学出版社2003年版。

[113]世界知识出版社编辑:《国际条约集(1934—1944年)》,世界知识出版社1961年版。

[114][英]马尔科姆·N.肖:《国际法》(第6版),白桂梅等译,北京大学出版社2011年版。

[115][英]蒂莫西·希利尔:《国际公法原理》(第2版),曲波译,中国人民大学出版社2006年版。

[116][英]尼古拉斯·惠勒:《拯救陌生人——国际社会中的人道主义干涉》,张德生译,中央编译出版社2011年版。

[117]陈致中:《禁止使用武力原则是国际关系的强行法》,载《法学评论》2004年第3期。

[118]刘扬:《论国际法上的禁止使用武力》,载《国际关系学院学报》2005年第6期。

[119]陈文学:《国际法对战争及使用武力的规范》,载《中山大学学报》(社会科学版)2005年第6期。

[120]詹颖:《安理会授权使用武力问题研究》,西安政治学院2010年硕士学位论文。

[121]孙世彦主编:《国际法学的新发展》,中国社会科学出版社2010年版。

[122]梁西主编:《国际法》(修订第2版),武汉大学出版社2002年版。

[123][美]路易斯·亨金等:《强权与真理——国家法与武力的使用》,胡炜、徐敏译,武汉大学出版社2004年版。

[124][苏]童金主编:《国际法》,邵天任等译,法律出版社1988年版。

[125]王铁崖主编:《国际法》,法律出版社1981年版。

[126][美]托马斯·伯根索尔、肖恩·D.墨菲:《国际公法》(第3版),黎作恒译,法律出版社2005年版。

[127][苏]童金:《国际法原论》,尹玉梅译,中国民主法制出版社2006年版。

[128][意]安东尼奥·卡塞斯:《国际法》,蔡从燕译,法律出版社2009年版。

[129]庞森:《走进联合国》,四川人民出版社2005年版。

[130][德]沃尔夫刚·格拉夫·魏智通主编:《国际法》,吴越、毛晓飞译,法律出版社2002年版。

[131][比]布鲁诺·考彼尔特斯、尼克·福臣、时殷弘主编:《战争的道德制约:冷战后局部战争的哲学思考》,邹琳、戴锋宁等译,法

律出版社 2003 年版。

[132]戴轶、李文彬:《试论安理会授权使用武力的法律规制》,载《现代国际关系》2008 年第 4 期。

[133]饶戈平、蔡文海:《国际组织暗含权力问题初探》,载《中国法学》1993 年第 4 期。

[134]余敏友、马冉:《联合国集体安全体制对使用武力的法律控制》,载《武大国际法评论》(第 5 卷),武汉大学出版社 2006 年版。

[135]朱大伟:《联合国大会"联合一致共策和平"377(V)决议之审视——联合国大会权力的首次扩展》,载《武汉科技大学学报》(社会科学版)2008 年第 4 期。

[136]李寿平:《国际和平与安全的新威胁与联合国框架下的使用武力规则》,载《北京理工大学学报》(社会科学版)2007 年第 3 期。

[137]贺文萍:《达尔富尔问题:中国非洲政策的新考验》,载《国际展望》2010 年第 2 期。

[138]陈晓东等:《联合国:新议程和新挑战》,时事出版社 2005 年版。

[139]李铁城主编:《世纪之交的联合国》,人民出版社 2002 年版。

[140]曲星主编:《国际战略环境的新变化与中国战略机遇期的新阶段》,世界知识出版社 2012 年版。

[141]庞森:《走进联合国》,四川人民出版社 2005 年版。

[142]杨泽伟主编:《联合国改革的国际法问题研究》,武汉大学出版社 2009 年版。

[143]梁西:《安理会改革热潮再析》,载《武大国际法评论》(第 5 卷),武汉大学出版社 2006 年版。

[144]李雪平:《联合国安理会改革的国际法思考》,载《法律科

学》2005 年第 4 期。

[145][法]让－马克·夸克:《迈向国际法治:联合国对人道主义危机的回应》,周景兴译,三联书店 2008 年版。

[146]门洪华:《和平的纬度:联合国集体安全机制研究》,上海人民出版社 2002 年版。

[147]赵洲:《迈向责任理念的中国主权及其实践》,载《南京社会科学》2009 年第 5 期。

[148]王铁崖主编:《国际法》,法律出版社 1995 年版。

[149]何志鹏:《国际法哲学导论》,社会科学文献出版社 2013 年版。

[150][美]孔慈:《变动中之国际法》(上),王学理译,商务印书馆 1971 年版。

[151]杨泽伟主编:《联合国改革的国际法问题研究》,武汉大学出版社 2009 年版。

[152]王秋玲:《论国际法基本原则的基石与核心》,载《法学杂志》2007 年第 2 期。

[153]侯富儒:《战后国际法基本原则体系的建立与新发展》,载《西南民族大学学报》(人文社科版)2005 年第 5 期。

[154]曲星:《联合国宪章、保护的责任与叙利亚问题》,载《国际问题研究》2012 年第 2 期。

[155]王群:《和谐世界理念和国际法基本原则》,载《光明日报》2007 年 11 月 12 日第 9 版。

[156]盛洪生、杨泽伟等:《武力的边界——21 世纪前期武装冲突中的国际法问题研究》,时事出版社 2003 年版。

[157]苏长和:《“保护的责任”不可滥用》,载《解放日报》2012 年 2 月 8 日第 4 版。

[158]《胡锦涛会见联合国秘书长安南》,载《人民日报》2004 年 10 月 13 日第 1 版。

[159][日]村濑信也:《国际立法——国际法的发源论》,秦一禾译,中国人民公安大学出版社 2012 年版。

英文类:

[1]ICISS, *The Responsibility to Protect: Research, Bibliography, Background*, Ottawa: International Development Research Centre, 2001.

[2]Zhu Wenqi, Responsibility to Protect: a Challenge to Chinese Traditional Diplomacy, *China Legal Science*, 2013(1).

[3]Gareth Evans, *the Responsibility to Protect: Ending Mass Atrocity Crimes Once and For All*, Washington, D. C.: Brookings Institution Press, 2008.

[4]Alex J, Bellamy. *Responsibility to Protect*, Cambridge: Polity Press, 2009.

[5]James Pattison, *Humanitarian Intervention and the Responsibility to Protect: Who Should Intervene?*, Oxford University Press, 2010.

[6]Gareth Evans, The Responsibility to Protect: Holding the Line, http://www. globalr2p. org/media/files/gareth _-the-responsibility-to-protect-holding-the-line. pdf, 2013 - 03 - 10.

[7] Gareth Evans, The Role of the Human Rights Council in Implementing the Responsibility to Protect. Opening Presentation to Human Rights Council Side Event sponsored byAustralia, Hungary, Nigeria, Thailand and Uruguay, Palais des Nations, Geneva, 19 June 2012, http:// www. globalr2p. org/media/files/genevhrr2psideventge19vi12rev. pdf, 2013 - 10 - 10.

[8] Thomas Weiss, *Humanitarian Intervention*, London: Polity, 2007.

[9] Douglas Brommesson, Henrik Friberg Fernros, Individualisation and destabilisation of the international order: the case of the responsibility to protect, *International Review of Sociology*, 2009, 19(6):315 - 330.

[10] El Hassan bin Talal, Rolf Schwarz, The Responsibility to Protect and the Arab World: An Emerging International Norm?. *Contemporary Security Policy*, 2013, 34 (6):1 - 15.

[11] Dorota Gierycz, The Responsibility to Protect: A Legal and Rights-based Perspective. *Global Responsibility to Protect*, 2010, 2(3): 250 - 266.

[12] Natalie Zähringer, Norm evolution within and across the African Union and the United Nations: The Responsibility to Protect (R2P) as a contested norm. *South African Journal of International Affairs*, 2013, 20 (6):187 - 205.

[13] Luke Glanville, In Defense of the Responsibility to Protect. *J Relig Ethics*, 2013, 41(1).

[14] Luke Glanville, The International Community's Responsibility to Protect. *Global Responsibility to Protect*, 2010, 2(3):287 - 306.

[15] Jennifer M. Welsh, Maria Banda. International Law and the Responsibility to Protect: Clarifying or Expanding States' Responsibilities?. *Global Responsibility to Protect*, 2010, 2(3):213 - 231.

[16] Ekkehard Strauss, A Bird in the Hand is Worth Two in the Bush-On the Assumed Legal Nature of the Responsibility to Protect. *Global Responsibility to Protect*, 2009, 1 (3):291 - 323.

[17] Jutta Brunnée, Stephen J. Toope, The Responsibility to

Protect and the Use of Force: Building Legality?. *Global Responsibility to Protect*, 2010, 2(3):191 - 212.

[18] THERESA REINOLD, The responsibility to protect-much ado about nothing? *Review of International Studies*, 2011, 36(S1):55 - 78.

[19] Mary-Wynne Ashford, The Responsibility to Protect: a New Notion of State Sovereignty. *Medicine*, *Conflict and Survival*, 2003, 19 (1).

[20] Matt Deutscher, The Responsibility to Protect. *Medicine*, *Conflict and Survival*, 2005, 21(6):28 - 34.

[21] Dorota Gierycz, The Responsibility to Protect: A Legal and Rights-based Perspective, *Global Responsibility to Protect*, 2010, 2(3): 250 - 266.

[22] Alexandra Bohm, Responding to Crises: The Problematic Relationship between Security and Justice in The Responsibility to Protect, *Global Policy*, 2013, 4 (3).

[23] Roberto Belloni, The Tragedy of Darfur and the Limits of the "Responsibility to Protect", *Ethnopolitics*, 2006, 5(6):327 - 346.

[24] Johanna Damboeck, Humanitarian Interventions: Western Imperialism or a Responsibility to Protect?: An Analysis of the Humanitarian Interventions in Darfur, *Multicultural Education & Technology Journal*, 2012, 6(4):287 - 300.

[25] Thomas G. Weiss, R2P after 9/11 and the WorldSummit, *Wisconsin International law Journal*, 2006, 24(3):741 - 760.

[26] JAMES GOODMAN, Humanitarian collective security: restoring order?, *Global Networks*, 2013, 13(3):345 - 362.

[27] Gareth Evans, When Nations Kill their Own, http://www.

globalr2p. org/media/files/gareth-_when-nations-kill-their-own. pdf, 2013 – 04 – 30.

[28] Dieter Janssen, Humanitarian intervention and the prevention of genocide, *Journal of Genocide Research*, 2008, 10(6):289 – 306.

[29] Gareth Evans, the lesson ofLibya, http://www. globalr2p. org/media/files/the_lesson_of_libya_-_nytimes. pdf, 2013 – 04 – 30.

[30] Gareth Evans, Hypocrisy and War, http://www. globalr2p. org/media/files/gareth_-hypocrisy-and-war. pdf, 2013 – 04 – 30.

[31] ALEX J. BELLAMY, Responsibility to Protect and the problem of military intervention, *International Affairs*, 2008, 84(4).

[32] Sarah Teitt, Assessing Polemics, Principles and Practices: China and the Responsibility to Protect, *Global Responsibility to Protect*, 2009, 1(2):208 – 236.

[33] *The Responsibility to Protect*, report of the International Commission on Intervention and State Sovereignty, Ottawa: the International Development Research Centre, 2001.

[34] "2005 WorldSummit Outcome", http://www. un. org/zh/documents/view_doc. asp? symbol = A/RES/60/1&referer = http://www. un. org/zh/documents/index. shtml&Lang = E, 2013 – 02 – 10.

[35] Cristina Gabriela Badescu, *Humanitarian Intervention and the Responsibility to Protect: Security and Human Right*, Abingdon: Routledge, 2011.

[36] Bryan A. Garner, *Black's Law Dictionary*. 7th edition, West Group, 1999.

[37] Louis Henkin, *International Law: Politics and Value*. Dordrecht: Martinus Nijhoff Publishers, 1995.

[38] Gareth Evans, From Humanitarian Intervention to the Responsibility to Protect. *Wisconsin International law Journal*, 2006, 24(3):703 - 722.

[39] Ban Ki-moon, Responsible Sovereignty: International Cooperation for a Changed Word. addressed at an event inBerlin, Germany, 15 July 2008, http://www.un.org/News/Press/docs/2008/sgsm11701.doc.htm, 2013 - 04 - 30.

[40] "A More Secure World: Our Shared Responsibility", Report of the High-level Panel on Threats, Challenges and Change, the United Nations Department of Public Information, 2004.

[41] *United Nations*, *Human Development Report* 1994, New York: United Nations Development Programme, 1994.

[42] "Report of the Independent Inquiry into the Actions of the United Nations during the 1994 Genocide inRwanda", http://www.un.org/zh/documents/view_doc.asp? symbol = S/1999/1257&referer = http://www.un.org/zh/documents/index.shtml&Lang = E, 2013 - 02 - 10.

[43] "We the People: The Role of the United Nations in the 21st Century", Millennium Report of the Secretary-General of the United Nations, http://www.un.org/millennium/sg/report/ch3.pdf, 2013 - 10 - 10.

[44] Bill Graham's keynote speech to symposium, "Ten Years after the ICISS: Reflections for the Past and Future of the R2P", sponsored by Canadian Centre for the Responsibility to Protect, Toronto, 12 November 2011, http://ccr2p.org/? page_id = 20, 2013 - 10 - 10.

[45] "In Larger Freedom: Towards Development, Security and

Human Rights for All", Report of the Secretary General, delivered to the General Assembly, http://www.un.org/zh/documents/view_doc.asp? symbol = A/59/2005&referer = http://www.un.org/zh/documents/index.shtml&Lang = E,2013 - 03 - 30.

[46] "Responsibility to protect: State responsibility and prevention", Report of the Secretary-General, http://www.un.org/zh/documents/view_doc.asp? symbol = A/67/929&referer = http://www.un.org/zh/documents/index.shtml&Lang = E,2013 - 03 - 30.

[47] Ban Ki-moon, "Address to theSummit of the African Union", Addis Ababa, January 31, 2008, www.un.org/apps/news/infocus/sgspeeches/search_full.asp? statID = 180, 2013 - 10 - 10.

[48] "The role of regional and sub-regional arrangements in implementing the responsibility to protect", Report of the Secretary-General, http://www.un.org/zh/documents/view_doc.asp? symbol = A/65/877&referer = http://www.un.org/zh/documents/index.shtml&Lang = E,2013 - 04 - 23.

[49] "Implementing the responsibility to protect", Report of the Secretary-General, http://www.un.org/zh/documents/view_doc.asp? symbol = A/63/677&referer = http://www.un.org/zh/documents/index.shtml&Lang = E,2013 - 04 - 23.

[50] "Early warning, assessment and the responsibility to protect", Report of the Secretary-General, http://www.un.org/zh/documents/view_doc.asp? symbol = A/64/864&referer = http://www.un.org/zh/documents/index.shtml&Lang = E,2013 - 04 - 23.

[51] "Responsibility to protect: timely and decisive response", Report of the Secretary-General, http://www.un.org/zh/documents/

view_doc. asp? symbol = A/66/874&referer = http://www. un. org/zh/documents/index. shtml&Lang = E,2013 - 04 - 23.

[52]Liliana L. Jubilut, Has the "Responsibility to Protect" Been a Real Change in Humanitarian Intervention? An Analysis from the Crisis in Libya, *International Community Law Review*, 2012, 14(4):309 - 335.

[53] Gareth Evans, R2P and RWP AfterLibya and Syria. Keynote Address by Professor the Hon Gareth Evans, Co-Chair, Global Centre for the Responsibility to Protect, to GCR2P/FGV/Stanley Foundation Workshop, Responsibility While Protecting: What's Next?, Rio de Janeiro, 23 August 2012, http://www. gevans. org/speeches/speech485. html, 2013 - 03 - 30.

[54]Statement by Ambassador Liu Zhenmin at the Plenary Session of the General Assembly on the Question of "Responsibility to Protect", 2009/07/24, http://www. globalr2p. org/media/files/china-2009-r2p-debate. pdf, 2013 - 10 - 20.

[55] "UN General Assembly Debate on Implementing the Responsibility to Protect,2009", Global Centre for the R2P, 18 Oct. 2012,http://www. globalr2p. org/resources/343,2013 - 10 - 20.

[56] "'State Responsibility and Prevention': Summary of the Informal Interactive Dialogue of the UN General Assembly on the Responsibility to Protect held on 11 September2013", Global Centre for the R2P, 22 Oct. 2013, http://www. globalr2p. org/media/files/summary-of-the-r2p-report-2013. pdf, 2014 - 02 - 02.

[57]Statement by H. E. Mr. Oscar Gonzalez, Deputy Permanent Representative of the Mission of Cuba to the United Nations, at Informal

Interactive Dialogue on the Responsibility to Protect at the General Assembly, 11 September 2013, http://www. globalr2p. org/media/files/cuba-transcription. pdf, 2014 - 02 - 02.

[58] Statement Delivered by AMB. Samuel Moncada, Permanent Representative of the Mission of Bolivarian Republic of Venezuela to the United Nations, at Informal Interactive Dialogue on the Responsibility to Protect at the General Assembly, 11 September 2013, http://www. globalr2p. org/media/files/venezuela_en. pdf,2014 - 02 - 02.

[59] Statement ofNicaragua, at Informal Interactive Dialogue on the Responsibility to Protect at the General Assembly, 11 September 2013, http://www. globalr2p. org/media/files/nicaragua. pdf, 2014 - 02 - 02.

[60] Paul Ramsey. *The Just War: Force and Responsibility*, New York: Charles Scribner's Sons, 1968.

[61] Michael Walzer. *Just and Unjust Wars: Moral Arguments with Historical Illustrations*, New York: Basic Books, 1977.

[62] Ryan Dreveskracht, Just War in International Law: An Argument for a Deontological Approach to Humanitarian Law. *Buffalo Human Rights Law Review*, Vol. 16, 2010.

[63] Inis L. Claude, Jr. Just War: Doctrines and Institutions, *Political Science Quarterly*, 1980,95(1).

[64] H. Lauterpacht, The Grotian Tradition in International Law In Richard Falk, Friedrich Kratochwil and Saul H. Mendlovitz eds. *International Law: A Contemporary Perspective*. Boulder and London: Westview Press, 1985.

[65] Hedley Bull, The Grotian Conception of International Society

In Herbert Butterfield and Martin Wight eds. *Diplomatic Investigation*, Cambridge, Massachusetts: Harvard University Press, 1966.

[66] Richard H. Cox, Hugo Grotius, In: Leo Strauss and Joseph Gopsey eds. ,*History of Political Philosophy*. Chicago, 1987.

[67] Josef L. Kunz, Sanctions in International Law. *American Journal of International Law*, 1960, 54(2).

[68] John Finnis, Joseph Boyle, Germain Grisez. *Nuclear Deterrence*, *Morality and Realism*, Oxford: Claredon, 1987.

[69] Paul Christopher, *The Ethics of War and Peace: An Introduction to Legal and Moral Issues*. Englewood Cliffs, NJ: Prentic Hall, 1999.

[70] Robert L. Holmes, *On War and Morality*. Princeton: Princeton University Press, 1989.

[71] Ian Brownlie, *International Law and the Use of Force by States*. Oxford: Oxford University Press, 1963.

[72] Yoram Dinstein, *War, Aggression and Self-Defence*. fourth edition. Cambridge University Press, 2005.

[73] Malcolm N. Shaw, *International Law*. 5th ed, Cambridge, England: Grotius Publications Ltd. , 2003.

[74] Torbjom Knutsen, *A History of International Relations Theory*, Manchester: Manchester University Press, 1992.

[75] Singer, P. *One World: The Ethics of Globalization*. New Haven: Yale University Press, 2002.

[76] Louis Henkin, *International Law: Politics and Value*. Dordrecht: Martinus Nijhoff Publishers, 1995.

[77] J. G. Starke, *An Introduction to International Law*, 10th ed. ,

London: Butterworths, 1989.

[78] R. J. Vincent, *Nonintervention and International Order*, Princeton University Press, 1974.

[79] Malcolm N. Shaw, *International Law*. 5th ed. Cambridge, England: Grotius Publications Ltd., 2003.

[80] United Nations Information Organizations, *Documents of the United Nations Conference on International Organization*, Vol. 12. San Francisco, 1945.

[81] Antonio Cassese, *International Law*, Oxford Press, 2005.

[82] Louis Henkin, Richard C. Pugh, Oscar Schachter, Hans Smit. *International Law, Cases and Materials*. 3rd ed. St. Paul, Minn.: West Publishing Co. 1993.

[83] Hans Kelsen, *The Law of the United Nations*. London: Stevens, 1950.

[84] Thomas Buergenthal and Harold G. Maier. *Public International Law*. 2nd ed. St. Paul, Minn.: West Publishing Co., 1990.

[85] Malham Wakin ed., *War, Morality and the Military Profession*. Boulder, Colo.: Westview Press, 1986.

[86] Sheldon Cohen, *Arms and Judgement*. Boulder, Colo.: Westview Press, 1986.

[87] W. V. O'Brien, *The Conduct of a Just and Limited War*. New York: Praeger, 1981.

[88] Louis Henkin, *How Nations Behave: Law and Foreign Policy*. 2nd ed. New York: Columbia University Press, 1979.

[89] Summaries of Judgments, Advisory Opinions and Orders of the International Court of Justice 1948 - 1991. New York: UN, 1992.

[90] Oscar Schachter, United Nations Law in the Gulf Conflict. *American Journal of International Law*, 1991, 85(2):454 – 472.

[91] Niels Blokker, Is the Authorization Authorized: Powers and Practice of the UN Security Council to Authorize the Use of Force by "Coalitions of the Able and Willing", *European Journal of International Law*, 2000, 11(3).

[92] Michael Virally. The Sources of International Law In: Max Sørensen, eds. *Manual of Public International Law*. New York: St. Martin's Press, 1968.

[93] Gareth Evans, From Humanitarian Intervention to the Responsibility to Protect, *Wisconsin International law Journal*, 2006, 24,(3):703 – 722.

[94] Edward C. Luck, Sovereignty, Choice, and the Responsibility to Protect. *Global Responsibility to Protect*, 2009, 1(1):10 – 21.

[95] F. B. Sloan, The Binding Force of a "Recommendation" of the General Assembly of the United Nations, *British Year Book of International Law*, 1948, 25(3):1 – 33.

[96] Bin Cheng, United Nations Resolutions on Outer Space: "Instant International Customary Law?", *Indian Journal of International Law*, 1965, 5(2):23 – 48.

[97] J. N. Moore, the Role of Regional Arrangements in the Maintenance of World Order in R. A. Falk, C. E. Black, eds., *The Future of the International Legal Order*. Vol. 3, 1971.

[98] Leonard Meeker, Defensive Quarantine and the Law. *American Journal of International Law*, 1963, 57(2):520 – 537.

[99] "Report of the Secretary-General on the Situation inRwanda",

http://www. un. org/zh/documents/view_doc. asp? symbol = S/1994/565&referer = http://www. un. org/zh/documents/index. shtml&Lang = E, 2013 - 01 - 30.

[100] GCR2P, "ECOWAS wants member countries more responsive in protection of citizens", http://www. globalr2p. org/resources/339, 2013 - 09 - 20.

[101] GCR2P, "Report of regional policy forum on the responsibility to protect", http://www. globalr2p. org/media/files/ecowas_report_on_regional_policy_forum_on_r2p. pdf, 2013 - 04 - 30.

[102] GCR2P, "Conversation on the 'Responsibility While Protecting' inBrazil", http://www. globalr2p. org/resources/340, 2013 - 04 - 30.

[103] GCR2P, "ECOWAS Regional Policy Forum", http://www. globalr2p. org/resources/339, 2013 - 04 - 28.

[104] GCR2P, "Regional Forum for Latin America and theCaribbean on Responsibility to Protect", http://www. globalr2p. org/resources/362, 2013 - 04 - 28.

[105] Bums Weston, Security Council Resolution 678 andPersian Gulf Decision Making Precarious Legitimacy, *American Journal of International Law*, 1991, 85(3):519 - 537.

[106] Francis M. Deng. From "Sovereignty as Responsibility" to the "Responsibility to Protect", *Global Responsibility to Protect*, 2010, 2(4):353 - 370.

[107] Hollywood D M, It Takes a Village or at Least a Region: Rethinking Peace Operations in the Twenty First Century, the Hope and Promise of African Regional Institutions. *Florida Journal of*

International Law, 2007(1):75 – 154.

[108] PHILIP CUNLIFFE, Dangerous duties: power, paternalism and the "responsibility to protect". *Review of International Studies*, 2011, 36(S1):79 – 96.

[109] Alex J. BELLAMY, "Remarks to the Gengeral Assembly Informal Interactive Dialogue on the Responsibility to Protect", New York, 5 September 2012, http://www.globalr2p.org/media/files/alex-bellamy-statement-2012.pdf, 2013 – 10 – 30.

[110] "Security Council Press Statement on Libya", http://www.un.org/News/Press/docs/2011/sc10180.doc.htm, 2013 – 10 – 30.

[111] "Fundamental Issues of Peace, Security at Stake, Secretary-General Warns as He Briefs Security Council on Situation in Libya", http://www.un.org/News/Press/docs/2011/sc10185.doc.htm, 2013 – 04 – 30.

[112] Statement by Cuba at the July 2009 UN General Assembly Informal Interactive Dialogue on the Responsibility to Protect, http://www.globalr2p.org/media/files/cuba-2009-r2p-debate.pdf, 2013 – 02 – 10.

[113] Statement by Sudan at the July 2009 UN General Assembly Informal Interactive Dialogue on the Responsibility to Protect, http://www.globalr2p.org/media/files/sudan-2009-r2p-debate.pdf, 2013 – 02 – 10.

[114] Statement by Pakistan at the July 2009 UN General Assembly Informal Interactive Dialogue on the Responsibility to Protect, http://www.globalr2p.org/media/files/pakistan-2009-r2p-debate.pdf, 2013 – 02 – 10.

[115] Statement by Malaysia at the July 2009 UN General Assembly Informal Interactive Dialogue on the Responsibility to Protect, http://www.globalr2p.org/media/files/malaysia-2009-r2p-debate.pdf, 2013 - 02 - 10.

[116] Statement by Ecuador at the July 2009 UN General Assembly Informal Interactive Dialogue on the Responsibility to Protect, http://www.globalr2p.org/media/files/ecuador-2009-r2p-debate.pdf, 2013 - 02 - 10.

[117] Statement by South Africa at the July 2009 UN General Assembly Informal Interactive Dialogue on the Responsibility to Protect, http://www.globalr2p.org/media/files/south-africa-2009-r2p-debate.pdf, 2013 - 02 - 10.

[118] GCR2P. "Implementing the Responsibility to Protect The 2009 General Assembly Debate: An Assessment", August 2009, http://www.globalr2p.org/media/files/gcr2p_-general-assembly-debate-assessment.pdf, 2013 - 04 - 30.

[119] Clinton Administration Policy on Reforming Multilateral Peace Operations [PPD25], released by the Bureau of International Organizational Affairs. Washington D. C., US Department of State, February 22, 1996.

[120] Global Centre for the Responsibility to Protect, "State Responsibility and Prevention: Summary of the Informal Interactive Dialogue of the UN General Assembly on the Responsibility to Protect Held on 11 September 2013", http://www.globalr2p.org/publications/243, 2014 - 01 - 20.

[121] Statement from the People's Republic of China at the

Informal Interactive Dialogue of the UN General Assembly on the Responsibility to Protect Held on 11 September 2013, http://www.globalr2p.org/media/files/china.pdf, 2014-01-20.

[122] Statement by Delegation of the Mission of the Russian Federation to the UN at the Informal Interactive Dialogue of the UN General Assembly on the Responsibility to Protect Held on 11 September 2013, http://www.globalr2p.org/media/files/russia-transcription.pdf, 2014-01-20.

[123] Department of Public Information · News and Media Division · New York, "World Leaders Pledge Wide-Ranging Steps On Poverty, Terrorism, Human Rights, UN Reform, As 2005 Summit Concludes in New York", http://www.un.org/News/Press/docs/2005/ga10385.doc.htm, 2013-10-30.

[124] Special Report of the Secretary-General on the United Nations Assistance Mission for Rwanda, http://www.un.org/zh/documents/view_doc.asp? symbol = S/1994/470&referer = http://www.un.org/zh/documents/index.shtml&Lang = E, 2013-04-30.

[125] Statement by China at the July 2011 UN General Assembly Informal Interactive Dialogue on the R2P, http://www.globalr2p.org/media/files/china1.pdf, 2013-02-10.

[126] "Report of the Panel on United Nations Peace Operations", http://www.un.org/en/ga/search/view_doc.asp? symbol = A/55/305, 2013-10-30.

联合国文件:

A/46/33

A/54/549

A/55/305 - S/2000/809

A/59/565

A/59/2005

A/60/PV. 8 A/63/677

A/63/PV. 105

A/64/864

A/65/877 - S/2011/393

A/66/874 - S/2012/578

A/66/PV. 2

A/67/929 - S/2013/399

A/68/389

A/HRC/19/68

A/RES/36/103

A/RES/39/46

A/RES/42/22

A/RES/45/130

A/RES/46/59

A/RES/55/2

A/RES/60/1

A/RES/63/308

A/RES/65/265

A/RES/2625(XXV)

A/RES/2131(XX)

A/RES/290(IV)

A/RES/377(V)

A/RES/1962(XVII)

A/RES/3452(XXX)

A/RES/2734(XXV)

S/RES/82

S/RES/84

S/RES/221

S/RES/502

S/RES/598

S/RES/660

S/RES/678

S/RES/688

S/RES/713

S/RES/733

S/RES/743

S/RES/748

S/RES/751

S/RES/757

S/RES/794

S/RES/787

S/RES/788

S/RES/808

S/RES/814
S/RES/816
S/RES/827
S/RES/837
S/RES/841
S/RES/873
S/RES/912
S/RES/940
S/RES/955
S/RES/1070
S/RES/1132
S/RES/1234
S/RES/1291
S/RES/1341
S/RES/1355
S/RES/1540
S/RES/1644
S/RES/1706
S/RES/1816
S/RES/1828
S/RES/1897
S/RES/1970
S/RES/1973
S/RES/1975
S/RES/1996
S/RES/2009
S/RES/2014
S/RES/2016
S/RES/2056
S/RES/2071
S/1994/565
S/1999/1257
S/PV. 6491
S/PV. 6498
S/PV. 6528

图书在版编目(CIP)数据

论保护责任中的武力使用/朱世宏著.—北京:法律出版社,2016.11
ISBN 978-7-5197-0239-7

Ⅰ.①论… Ⅱ.①朱… Ⅲ.①国际公法—研究 Ⅳ.①D99

中国版本图书馆CIP数据核字(2016)第272226号

论保护责任中的武力使用　　朱世宏 著　　**责任编辑** 李峰沄
装帧设计 李 瞻

开本 A5　　**印张** 8.625　　**字数** 203千
版本 2016年11月第1版　　**印次** 2016年11月第1次印刷
出版 法律出版社　　**编辑统筹** 学术·对外出版分社
总发行 中国法律图书有限公司　　**经销** 新华书店
印刷 北京京华虎彩印刷有限公司　　**责任印制** 陶 松

法律出版社/北京市丰台区莲花池西里7号(100073)
电子邮件/info@lawpress.com.cn　　销售热线/010-63939792/9779
网址/www.lawpress.com.cn　　咨询电话/010-63939796

中国法律图书有限公司/北京市丰台区莲花池西里7号(100073)
全国各地中法图分、子公司电话:
第一法律书店/010-63939781/9782　　西安分公司/029-85388843
重庆公司/023-65382816/2908　　上海公司/021-62071010/1636
北京分公司/010-62534456　　深圳公司/0755-83072995

书号:ISBN 978-7-5197-0239-7　　**定价**:38.00元
(如有缺页或倒装,中国法律图书有限公司负责退换)